新时代 北京卷

教育文库

北京市海淀区中关村第一小学

向"加法"要无穷大

小学科学教育新样态

商红领　邓翼涛◎主编

中国言实出版社

图书在版编目（CIP）数据

向"加法"要无穷大：小学科学教育新样态 / 商红
领，邓翼涛主编. -- 北京：中国言实出版社，2025.5.
（新时代教育文库）. -- ISBN 978-7-5171-5103-6

Ⅰ. G623.62

中国国家版本馆CIP数据核字第2025P9Q706号

向"加法"要无穷大——小学科学教育新样态

责任编辑：王君宁
责任校对：王建玲

出版发行：中国言实出版社
　　　地　　址：北京市朝阳区北苑路180号加利大厦5号楼105室
　　　邮　　编：100101
　　　编辑部：北京市海淀区花园北路35号院9号楼302室
　　　邮　　编：100083
　　　电　　话：010-64924853（总编室）　010-64924716（发行部）
　　　网　　址：www.zgyscbs.cn　　电子邮箱：zgyscbs@263.net

经　　销：新华书店
印　　刷：廊坊市印艺阁数字科技有限公司
版　　次：2025年6月第1版　　2025年6月第1次印刷
规　　格：710毫米×1000毫米　　1/16　　19.5印张
字　　数：320千字

定　　价：89.00元
书　　号：ISBN 978-7-5171-5103-6

本书主编简介

商红领

北京市海淀区中关村第一小学教育集团校长，北京市政协委员、海淀区人大代表，北京市特级教师、正高级教师，北京市优秀教师、师德先进个人，北师大小学教育研究中心兼职研究员、教育部首期中小学名师领航工程数学学科导师、实践导师，国家级课题主持人。曾获国家级教学成果二等奖、北京市基础教育教学成果一等奖、全国教育科研优秀成果一等奖、北京市基础教育课程建设优秀成果一等奖、北京市基础教育优秀课堂教学设计一等奖等奖项，所授课例入选教育部基础教育精品课。

邓翼涛

北京市海淀区中关村第一小学教育集团党委副书记、中关村校区执行校长，高级教师、北京市科学学科骨干教师、中国教育发展战略学会科学与工程专委会理事、中国科协辅导员协会科普研学专委会委员、北京市青少年科技教育协会理事、海淀区挂牌责任督学。主编出版《神奇物理学》《Z星探险团》等著作。被授予北京市科普先进工作者、海淀区学习之星、海淀区优秀教育工作者等称号。

文库编委会

主　任：顾明远

编　委：（以下按姓氏笔画排序）

本书编委会

主　编：商红领　邓翼涛

副主编：张海宏　胡文利　金　亮

编　委：（以下按姓氏笔画排序）

王希颜　田春娣　边　颖　杨福利

张智勇　陈志豪　姚慧玥　秦治军

席　双　章卫平

总　序

党的二十大报告中指出，"教育、科技、人才是全面建设社会主义现代化国家的基础性、战略性支撑。必须坚持科技是第一生产力、人才是第一资源、创新是第一动力，深入实施科教兴国战略、人才强国战略、创新驱动发展战略，开辟发展新领域新赛道，不断塑造发展新动能新优势"。为深刻领会以习近平同志为核心的党中央作出这一战略部署的深义和赋予教育的新使命新任务，加快建设教育强国，加快推进教育高质量发展，展示新时代我国基础教育的发展变革和取得的重大成就，中国言实出版社策划、出版了"新时代教育文库"丛书。

进入新时代以来，教育系统全面贯彻党的教育方针，落实立德树人根本任务，培养德智体美劳全面发展的社会主义建设者和接班人；促进教育公平、提升教育质量，加快推进教育现代化，办好人民满意的教育。教育的中国特色更加鲜明，教育面貌正在发生格局性变化。新时代以来，我国教育普及水平实现了历史性跨越，更好地保障了人民受教育的机会；教育服务能力稳步提升，为国家重大战略实施和经济社会发展提供了强大的人才和智力支撑；教育改革开放持续深化，服务全民终身学习的教育体系进一步完善。"新时代教育文库"丛书记录了、见证了基础教育事业的发展变革，对研究我国基础教育具有一定的史料价值。

本丛书选题视野开阔，立意深远。丛书以地区分卷，入选学校办学特色鲜明、教学教研成果突出，既收录了办学者、管理者高水平的理论研究创新成果，也收录了一线教师对课堂教学的真实感悟案例，收录了一线管理者的成功经验总结，这些，对基础教育工作者、研究者具有一定的参考价值。

　　是为序。

中国教育学会名誉会长、北京师范大学资深教授

2022 年 12 月

序 一

激发好奇心与求知欲：科学教育的创新实践

作为一名长期从事科学研究和科学教育的工作者，我深感荣幸能为中关村第一小学的《向"加法"要无穷大——小学科学教育新样态》这本书撰写序言。这本书让我看到了教育工作者对科学教育的深刻思考与创新实践，也让我感受到科学与教育融合的无限可能。作为教科版小学《科学》教材的主编，我深知科学教育在基础教育中的重要性，也深刻体会到科学与教育的最新理念如何塑造着下一代的思维方式与创新能力。

科学教育不仅是知识的传授，更是科学思维、探究精神与创新能力的培养。在当今科技迅猛发展的时代，科学教育的目标已经从"知道什么"转向"如何思考"和"如何创造"。这本书正是基于这样的理念，将科学前沿与教育实践紧密结合，为读者呈现了一个充满活力与创新的科学教育框架。

科学教育的最新理念：从知识传递到能力培养

传统的科学教育往往以知识传递为核心，强调对科学事实、概念与原理的记忆与理解。然而，这种模式在当今时代已显得力不从心。科学知识的更新速度日益加快，单纯的知识积累已无法满足未来社会的需求。因此，科学教育的最新理念正逐渐从"知识传递"转向"能力培养"，强调科学探究、批判性思维、问题解决能力以及创新精神的培养。

在小学《科学》教材的编写过程中，我们始终秉持这一理念，力求通过生动有趣的实验、探究活动和真实问题情境，激发学生的好奇心与求知欲。例如，在"物质的变化"单元中，我们设计了"厨房里的科学"探究活动，让学生通过观察日常生活中的现象，理解物质的变化规律。这种基于真实情境的学习方式，不仅帮助学生掌握科学知识，更培养了他们的观察能力、推理能力与问题解决能力。

这本书同样体现了这一理念。书中不仅介绍了科学知识，还通过丰富的案例与活动设计，引导学生主动探究、动手实践。例如，在"生态系统"单元中，设计了"校园生态调查"活动，让学生通过实地观察与记录，理解生态系统的组成与功能。这种以学生为中心的教学设计，正是科学教育最新理念的生动体现。

科学前沿理念：从学科分立到跨学科融合

科学的发展正日益呈现出跨学科融合的趋势。人工智能、生物技术、纳米技术、量子计算等前沿领域的发展，无不依赖于多学科的交叉与协作。因此，科学教育也需要打破传统学科的界限，注重跨学科思维的培养。

在小学《科学》教材中，我们尝试将物理、化学、生物、地球科学等学科的知识有机融合，设计了一系列跨学科主题。例如，在"能源与环境"单元中，我们不仅介绍了能源的种类与利用，还结合环境科学的知识，探讨了能源使用对环境的影响以及可持续发展的解决方案。这种跨学科的学习方式，不仅帮助学生建立了更完整的知识体系，也培养了他们的综合思维能力。

这本书同样体现了跨学科融合的理念。例如，在"人工智能与未来生活"单元中，不仅介绍了人工智能的基本原理，还结合伦理学、社会学等学科的知识，探讨了人工智能对社会的影响以及未来可能面临的挑战。这种跨学科的视角，不仅拓宽了学生的知识面，也激发了他们对科学与社会关系的深入思考。

科学与教育的融合：从理论到实践

科学与教育的融合，不仅需要理论上的创新，更需要实践中的探索。在小学《科学》教材的编写过程中，我们始终注重理论与实践的结合，力求通过丰富的实验与探究活动，让学生在实践中体验科学的魅力。

这本书同样注重实践性。例如，在"光的传播"单元中，设计了"自制彩虹"实验，让学生通过动手操作理解光的折射原理。在"声音的产生与传播"单元中，设计了"声音接力"游戏，让学生通过互动体验声音的传播方式。这些实践活动不仅帮助学生巩固了科学知识，也培养了他们的动手能力与团队协作能力。

面向未来的科学教育：从适应到引领

科学教育的终极目标，不仅是帮助学生适应现有的科技社会，更是培养他们引领未来科技发展的能力。在小学《科学》教材中，我们特别注重培养学生的创新精神与探究能力。例如，在"设计与制作"单元中，我们鼓励学生利用所学知识设计并制作简单的科技作品，如太阳能小车、风力发电机等。这种以项目为导向的学习方式，不仅激发了学生的创造力，也培养了他们的工程思维与实践能力。

这本书同样体现了面向未来的教育理念。例如，在"未来科技与人类生活"单元中，通过丰富的案例与讨论，引导学生思考科技发展对人类生活的影响以及未来可能面临的挑战。这种前瞻性的视角，不仅帮助学生建立了对科学的全面认识，也激发了他们对未来科技发展的责任感与使命感。

结　语

　　科学与教育的融合，正在为下一代的成长开辟一条充满希望的道路。这本书以其独特的视角与丰富的实践，为我们展示了科学教育的无限可能。作为一名科学教育工作者，我深感欣慰，也充满期待。希望这本书能够成为广大教师、学生与家长探索科学教育的良师益友，也希望我们能够共同努力，为培养具有科学素养、创新精神与社会责任感的未来公民贡献力量。

中国科学院古脊椎动物与古人类研究所研究员、中国科学院院士、教科版
小学《科学》教材主编、中国科普作家协会理事长

2025 年 3 月

序 二

科技革命重塑教育：从小学开始

人类因教育而文明，教育因科技而发展。回顾历史，每一轮科技革命都会给人类文明及教育形态带来变革。当前，以人工智能技术突破为引领的新一轮科技革命，重新划分了人与人造工具的能力边界，重新定义了教育的目标与模式，正在重塑信息时代人类生产生活方式，引领人类社会向着更高层次文明迈进。

中小学科学教育作为培养未来自主创新人才的摇篮，承载着塑造科学思维、激发探索热情、厚植家国情怀的使命。习近平总书记强调："要在教育'双减'中做好科学教育加法，激发青少年好奇心、想象力、探求欲，培育具备科学家潜质、愿意献身科学研究事业的青少年群体。"凸显了科学教育在中小学育人中的关键地位。

在当前建设教育强国战略布局中，加强中小学科学教育已成为当务之急，也是难点重点所在。着眼于此，聚焦以下六个关键维度精准发力，或成为全面提升中小学科学教育质量、推动科学教育创新发展的核心路径。

第一，优化育人目标，聚焦科学素养培育。人工智能时代，育人目标正从传统的知识本位、学科本位向素养本位深度转变。中小学科学教育应更加注重培养学生的高阶思维能力，如比较、分析、应用、迁移、综合、评价等，同时强化批判性思维、敢于质疑和实事求是的科学精神培养。

第二，完善课程体系，促进学科融合创新。一方面，要注重学段间的纵向衔接，依据学生的认知发展规律，设计从小学低段到高段循序渐进、逐步深化的科学课程内容。另一方面，加强学科间的横向融通。借鉴 STEM 教育理念，打破传统学科界限，将科学课程与语文、数学、艺术等其他学科有机融合。基于系统化的知识点逻辑关系，结合学校的教情和学情，构建多层立体网状知识图谱，实现科学教育的精准科学性、跨学科属性和因材施教，从而改善传统学科过度细分带来的教育碎片化和知识割裂问题。

第三，丰富教育资源，打造多元学习环境。教育数字化和人工智能发展打破资源瓶颈。学校应充分及时地抓准这一契机，借助人工智能技术开发数字教育资源，实现个性化推送。利用生成式人工智能辅助课程创作，构建师生共建共享的学习社区，通过智能评估更新资源，确保科学教育资源前沿适配，营造多元学习环境。

第四，加强师资建设，提升教师专业素养。高素质、专业化的科学教师队伍是提升科学教育质量的核心保障。一方面，要优化人才培养源头，扩大师范院校对科学教育专业的招生规模，优化升级课程体系。同时，加强与综合性大学的合作，拓宽优质人才引入渠道，吸引不同理工科背景的优秀人才投身科学教育事业。另一方面，注重在职教师的专业发展。

第五，创新评价体系，全面衡量科学教育。创新科学教育评价体系，应摒弃单一的以知识考核为主的评价方式，构建全面、客观、多元的评价体系。评价内容不仅要关注学生对科学知识的掌握程度，更要重视学生科学探究能力、创新思维、科学态度等方面的发展。采用多元化的评价方式，除传统的笔试外，增加实验操作、项目报告、科学演讲等考核形式，注重对学生探究过程的记录与反思。利用数字化建立成长档案，分析数据助力人才培养，同时评价教师教学，促进科学教育良性发展。

第六，加强实验实践探究，变革科学教育模式。摒弃传统讲授式教学与"黑板实验"，全面落实实验、实践和探究活动。积极采用项目式、探究式、合作式学习方式，让学生在主动参与、实践操作、合作交流中掌握科学知识、体验探究过程、培养探究能力与团队协作精神。借助数字化和人工智能技术，创设逼真情境，利用生成式人工智能设计实验、VR 模拟抽象现象、大数据辅助教学等。

北京市海淀区中关村第一小学与共和国同龄，是中国教育科学研究院教改实验基地校，地处中关村高科技园区核心地带，建校初期深深植入了科学教育的基因，很早就确立了"科学启智，教育立身"精神；始终走在教改前沿，是基础教育改革创新的一面大旗，先后推出了《做最好的我》《陪伴儿童成长》《寻找教育的最好发生》等成果。

学校此次推出的《向"加法"要无穷大——小学科学教育新样态》一书，回应了习近平总书记"做好科学教育加法"的殷殷嘱托，也是对新时代中小学科学教育实践的创新性探索。本书全面梳理总结了学校开展科学教育加法的所思、所想、所行，聚焦科学教育加法切入，立足学校发展基础和改革要求，明确科学教育的目标设定，始终将培养学生的科学素养和创新能力作为教育的出发点和落脚点，确保每一项教育措施都服务于学生科学素养的提升。做好科学教育加法这篇文章，核心在于以创新型人才培养为指针整体优化和升级学校科学教育体系。创新是引领发展的第一动力，而创新型人才的培养离不开科学教育的有效支撑。2025 年全国两会期间，习近平总书记在参加政协联组会时指出，"教育，不能把最基本的丢掉"。对于小学科学教育而言，这意味着要首先抓好科学家精神的弘扬和学习，让学生在生动实践中深切感受科学家精神，从小树立科学报国的理想和志向。中关村一小依托中国科学院的广阔资源支撑，通过课堂教学、社会实践等努力拓展学生近距离接触科学家的机会，增强学生的文化自信，让他们从小树立远大志向，厚植家国情怀。

本书从科学课程体系建构、科学教育在其他学科中的渗透、科学教育支持系统以及科学教育效果这四个维度，精准把握了科学教育发展的核心要点，全方位呈现出学校多年来深耕科学教育领域的策略与经验。学校从科学教育目标、内容、路径、机制等方面系统思考科学教育加法，全面优化升级学校科学教育实践路径，既关注科学课的创新实施，又关注语文、数学、艺术等学科的融合渗透，打破学科壁垒，形成了跨学科的课程体系，促进相关学科横向配合、互为补充，着力培养学生综合思维能力。活动是学生成长的重要载体。学校组织开展了丰富多彩的科学实践活动，如科技节、科学竞赛、科学考察等，让学生在实践中学科学、爱科学、玩科学，增强团队协作精神和创新意识。

"人工智能成为加快实现教育大国向教育强国迈进的关键变量。"在迈向智能时代的进程中，形成于工业时代的传统教育形态已无法适应数智时代对人的知识、技能和素养的新要求，学科间脱节、学段间脱节、知行脱节、理论与实践脱节的矛盾日益突出，教育的理念、体系、内容、范式、治理面临颠覆性变革。以 DeepSeek 为代表的国产大模型，以其高性能、低成本、全开源及强推理能力，显著降低了各行业 AI 应用门槛，为科学教育创新提供了重要支撑。人工智能技术的快速发展重塑了人类的认知边界，给教育领域带来深层变革。数智时代的科学教育已超越传统学科知识的传授，转向以科学精神、探究兴趣、创新能力、科学思维为核心的素养培育，要求教育者以系统性思维重构课程体系，以实践性体验深化学习过程，以科技赋能打破教育边界。在这方面，中关村一小积极回应国家发展战略需求，整合利用中关村地区科学教育资源，升级优化学校科学教育体系，这是一个很好的尝试，也提供了一个学校系统开展科学教育的典型范例。

2025 年 1 月，中共中央、国务院印发的《教育强国建设规划纲要（2024—2035 年）》明确要求"加强科学教育，强化核心素养培育"，向广大基础教育工作者发出新的号召。相信中关村一小的实践智慧，能够激发更多教育工作者的思考，为广大一线教育实践者创新科学教育提供参考借鉴，培养出更多具有科学素养、创新精神和实践能力的时代新人，更好支撑中国式现代化建设。

李永智

中国教育科学研究院党委书记、院长、研究员

2025 年 5 月

前　言

中关村第一小学科学教育发展历程

北京市海淀区中关村第一小学，简称"中关村一小"，位于中关村高科技园区核心地带，创办于 1949 年，与新中国共同成长。随着新中国的发展，学校不仅见证了时代的变迁，更在科学教育领域深耕细作，不断地进行探索与实践。

回望中关村第一小学科学教育的"孕育与萌芽"时期，自建校之初，中关村一小便与"科学教育"结下了不解之缘，其深厚的历史渊源为学校的科学教育发展奠定了坚实的基础。新中国成立初期，中共中央号召"向科学进军"，中国科学院迅速召集了大批海内外优秀科学家。为了满足这些科学家子女的教育需求，1958 年，中国科学院出资建立了一所新学校，将"保福寺小学"迁入，并更名为"中关村小学"，这便是中关村第一小学的前身。因此，中关村第一小学从建校开始便承载了科学教育启蒙的重任，从那时开始，学校的早期教育实践已经努力尝试在"儿童"与"科学"之间建立关联。

1959 年至 1961 年，中国科学院李佩教授经常带领研究所的科学家们到学校组织课外活动，如"观察天气的小组"和"识星象的小组"等。这些活动不仅充实了学生的课余时光，还极大地激发了他们对科学的热爱，为他们的科学探索之旅播撒了希望的种子。1980 年，中关村第一小学的学生走进计算所参观，目睹了我国自主研制的首台通用大型晶体管数字计算机的壮观景象。学生们深受震撼，其中一名学生代表全班同学给方毅副总理（曾任中国科学院院长）写了一封信。方毅副总理收到后迅速回信，并到校看望师生，他的话语如同和煦的春风，又似绵绵细雨，深深激励着同学们"勤奋学习，勇攀科学高峰"，更为学校探索创新人才培养之路点亮了明灯，指明了前行的方向。

这两则校史小故事深刻展现了中关村第一小学"科学启智，教育立身"的精神内涵。这一精神不仅彰显了学校办学的核心价值与整体思路——以科学教育为引领，打造特色教育品牌，致力于学生的身心健康、和谐发展及全面成长，更为学校后续在科学教育领域的深入探索与实践奠定了坚实而稳固的基础。

随着《国家中长期科学和技术发展规划纲要（2006—2020年）》的颁布，全国范围内的科学教育热潮涌动。中国科学院积极响应国家对于培养高层次创新人才的号召，通过科教融合的战略举措，推动科学教育的深入发展。2011年，中关村第一小学荣膺中国科学院早期人才培养基地，这不仅是对学校科学教育成就的高度认可，亦是对其未来持续进步的激励与期待。以此为标志，中关村第一小学在科学教育征途上的探索进入了崭新的阶段。

在科学教育深化发展的征程中，学校确立了以培养学生自主学习能力和创新精神为核心的育人目标，设计了独具特色的"6-2-6"自主发展课程体系，并全面系统地构建了包含国家课程、地方课程及校本课程在内的"三类课程"架构。学校明确了各学段课程的目标、理念与形式，通过整合跨学科资源，打造了综合性课程体系。与此同时，学校推行基于真实情境的项目式学习，拓宽资源渠道，最终打造出独具特色的"科学园"课程体系，为学生的全面发展提供了坚实支撑。此外，学校还开展了"新课堂自主教学"研究，通过改革教学方式和方法，激发学生的学习兴趣和主动性。在实践中，学校不断丰富科学教育内涵，将科学知识与实践活动深度融合，让学生在动手实践中领略科学的魅力。并且，学校组织科技类社团参与世界级科技竞赛，与中国科学院合作探索创新人才培养模式，为学生提供更多的科学实践机会，深度开发"打破边界"的学校资源系统，形成了隐性课程，全面提升了教育质量和学生素养。近年来，跨学科学习、项目式学习等方兴未艾，"双减"政策出台，"新课程标准"颁布，教育改革正在走向深入，学校在五育融合、学习空间建设、综合性学习、弘扬科学家精神等方面做了尝试。这些发展历程不仅体现了中关村第一小学的蓬勃发展，更展示了学校在不同时期不断探索、创新、提升的教育实践。多年来，中关村第一小学在科学教育领域取得了显著成果，通过丰富的科技节活动和科学教育实践，不仅培养了学生的科学素养和创新能力，还营造了尊重差异、激励特长的文化氛围。学校利用其独特的地理位置优势，长期浸润在浓厚的科技氛围中，为国家科技人才的培养做出了重要贡献。

在我们看来，科学教育加法的本质在于对科学教育进行深度优化与提升，以实现教育的全面进步。本书将以中关村第一小学为实践样本，深入剖析科学教育加法的内涵与外延，旨在阐明如何通过精准的策略和措施进一步丰富和提升科学教育的质量。科学教育加法，绝非教育内容的简单堆砌，而是对科学教育体系进行深度打磨与系统升级的过程。它涉及对教育目标的精准定位、教育内容的创新设计、教育方法的灵活运用，以及教育评价的全面改革。在实践中，学校凝练了优化科学教育的实践经验：首先，明确了科学教育的目标设定，将培养学生的科学素养和创新能力作为教育的出发点和落脚点，确保每一项教育措施都服务于学生科学素养的提升。其次，丰富了科学教育的内容设计，构建了"6-2-6"自主发展课程体系，将国家课程、地方课程与校本课程巧妙融合，形成了三类课程体系，从而实现了教育内容的多元化与深度化。再次，探索了可行的实施路径，中关村第一小学通过改革科学课程体系、转变课堂教学模式、深化科学实践活动，并推进社团活动项目化，为科学教育加法提供了生动的实践范例，展示了如何通过具体举措进一步优化科学教育。最后，建立了有效的机制保障，学校在优化学习空间、提升教师素养、整合教育资源、完善评价机制等方面做出了不懈努力，确保了科学教育法的顺利实施和持续发展。

以上的实践经验展现了科学教育加法在激发学生科学兴趣、提高科学素养、培育创新能力等方面的显著成效，充分证明了科学教育加法的本质——即通过不断优化和创新，让科学教育更加精准、高效，为学生的全面发展奠定坚实基础，推动学校教育质量向更高层次迈进。

2025 年 5 月

目　录

第一章 科学教育加法赋能学校高质量发展

一、我们为什么要做科学教育加法？

力行科学教育加法，是国家实现人才自主培养之必需。当今世界百年未有之大变局加速演进，科技发展日新月异，并深刻改变着人类生活和社会结构，大国博弈加剧，关键技术受制于人，自主培养顶尖科技与创新人才已成为新时代国家发展的重大战略任务。自党的十九大以来，国家持续加大投入，将科教兴国、人才强国战略作为发展核心，加速推进教育强国建设。党的十九大报告明确提出，"建设教育强国是中华民族伟大复兴的基础工程"；在2018年召开的全国教育大会上，习近平总书记进一步强调"加快推进教育现代化、建设教育强国、办好人民满意的教育"；党的二十大报告要求"实施科教兴国战略，强化现代化建设人才支撑"；党的二十届三中全会指出，"教育、科技、人才是中国式现代化的基础性、战略性支撑"；在2024年召开的全国教育大会上，习近平总书记明确指出，"建成教育强国是近代以来中华民族梦寐以求的美好愿望，是实现以中国式现代化全面推进强国建设、民族复兴伟业的先导任务、坚实基础、战略支撑"。

近年来，国家出台一系列政策文件，如《全民科学素质行动规划纲要（2021—2035年）》《关于新时代进一步加强科学技术普及工作的意见》及《关于加强新时代中小学科学教育工作的意见》，均清晰勾勒出基础教育阶段在科学教育加法上的实施路径。科学教育改革与发展已提升至新高度，在学校高质量发展的进程中，扎实开展科学教育加法，既是教育者不可推卸的责任，也是时代赋予的必然使命。

力行科学教育加法，乃提高学生科学素养的育人之必需。基础教育作为国家教育体系的战略基点，承载着铸魂育人的根本任务，肩负着培养青少年科学兴趣、树立科学志向的崇高使命。特别是小学阶段，作为科技创新人才培养的黄金时期，若能充分利用，将极大激发学生的科学兴趣，促进其科学思维的形成，并显著提升科学素养。2020年9月，习近平总书记在科学家座谈会上指出，"好奇心是人的天性，对科学兴趣的引导和培养要从娃娃抓起"，不仅强调了早期科学教育的重要性，也指出了学校在培养学生科学素养方面的关键作用。为充分利用这一关键期，学校应积极营造"善待个性、尊重差异、激励特长"的校园文化，为每个孩子提供自由成长的沃土。这不仅要求学校增强教师科学教育的意识，使他们能够成为引导学生探索科学世界的灯塔，还要求学校开展丰富多彩的科学教育实践，让学生在多种多样的实践中感受科学的魅力，强化对科学的热爱。同时，学校需构建稳固且长效的因材施教体系，依据学生的特性与需求，提供定制化科学教育支持，确保儿童在早期即获得适宜的科学素养培育，为其未来科学探索之路打下坚实基础。

力行科学教育加法，乃发挥学校育人本体的使命之必需。中关村第一小学地处中关村国家自主创新示范区的核心区和全国科技创新中心核心区，地理位置得天独厚，为学校发展提供了巨大的空间与机遇。中关村第一小学自建校以来，得到了党和国家领导人以及中国科学院历任院长、众多科学家的关怀与支持，激励学生崇尚科学、追求真理、勇攀高峰。在这片科学与创新的热土上，中关村第一小学自然而然地融入了科学教育的文化基因，这股浓厚的科学氛围如同春雨般滋润着学生们的心田，激发了他们热爱科学、学习科学的无限热情。学生们在这样的环境中成长，自然而然地形成了对科学的浓厚兴趣，他们向往未知、探求真理，渴望在未来的科学领域中有所建树。新时代的召唤与学生发展的要求，促使我们基于儿童立场，深入思考并不断探索真正的科学教育应有的模样，从而为国家的科技创新和人才培养注入更强动力。这些问题不仅是中关村第一小学必须面对的，更是所有教育工作者应共同承担的"时代之问"。

二、我们如何理解科学教育加法？

习近平总书记在2018年9月召开的全国教育大会上指出，"办好教育事业，家庭、学校、政府、社会都有责任"。科学教育是事关全社会的系统工程，开展科学教育的核心目标在于发展学生的科学素养，让学生形成较为浓厚的科学兴趣、较为扎实的科学知识、适应未来社会的思维品质和质疑探索的科学精神。

学校是科学教育的主阵地，课堂是科学教育的主渠道。我们主张，科学教育应全面融入学校整体育人体系，既需校内各学科相互支撑，又需家庭和社会协同努力；既要确保高质量的课堂教学，又要强化实践探索的科学教育功能。做好科学教育加法，需全面审视学校育人实践，以系统思维改进和优化科学教育体系，助力学校实现高质量、可持续发展，让教师更有信心、更有力量开展科学教育，让孩子拥有科学家的思维方式、学习习惯和求索精神。

今天的科学教育仍然存在一些问题，如重知识学习、轻素养培育；重教师讲授、轻主动探究；重课堂教学、轻活动育人；重学校场域、轻协同育人等，为了有效地解决这些问题，科学教育加法首先要回答三个根本问题：为谁培养人？怎么培养人？培养什么人？科学教育不仅传授科学知识和实验技能，更应培养孩子们的思维能力、创新精神以及解决问题的能力。例如，在初中物理课程中，孩子们通过观察电路的连接方式和电流流向，理解电路中的串联和并联关系，运用逻辑思维去分析电路图，理解电流路径，并预测电路中各部分元件的工作状态。此外，科学教育应着力培养孩子们的问题解决能力，鼓励他们提出问题、寻找答案并解决问题。在科学实验的过程中，孩子们培养了独立思考、合作交流和解决问题的能力。科学教育还应注重激发孩子们的创新精神，鼓励他们提出新的想法、尝试新的方法，并勇于挑战传统观念。因此，我们重点从"目标、内容、路径和机制"四个方面来思考科学教育加什么的问题。

（一）精准清晰的科学教育目标

科学教育的培养目标应是一个有机整体，既注重学生的理想信念与文化自信的培养，又强调创新思维与批判性思维的训练，同时重视实践能力提升，为新时代科学人才成长奠定良好基础。

教育人肩上承载着"为党育人、为国育才"的神圣使命与责任，教育目标设定的核心，在于明确"为谁培养人"与"培养什么人"的根本问题。面对未来社会对创新人才的迫切需求，科学教育需更鲜明、更全面地凸显培养目标，即旨在培养出既拥有深厚文化底蕴，又具备国际视野的新时代科学人才。第一，强化理想信念教育是科学人才培养的基石。我们应增强学生的中华文化认同感，使其深刻理解"科学无国界，科学家有祖国"的内涵，从而牢固树立家国情怀，甘愿为国家的科技进步贡献力量。第二，文化自信是科学人才不可或缺的精神支柱。在高精尖技术日新月异的今天，实现技术自立自强的重要性、必要性毋庸置疑。中国在 5G 技术、高铁技术、特高压输电技术、超级计算机技术等领域取得的突破性成就，充分展示了中国科技自立自强的决心和能力。通过科学教育，增强文化自信，培育出一批愿意积极献身祖国科学研究事业的少年儿童，让他们从小树立远大志向，为实现中华民族伟大复兴中国梦而不懈奋斗。第三，创新思维的培养是科学教育的核心任务。我们致力于发展学生思维的发散性、独创性、变通性，让他们在面对复杂问题时能够多角度思考，敢于打破常规，提出新颖见解。第四，批判性思维的培养同样重要。我们要提高学生敢于质疑、会提问题、推理论证的高阶思维能力，让他们在面对复杂信息时能够保持清醒头脑，做出理性判断。第五，实践能力的提升是检验科学教育成效的关键。我们补充工程教育内容，让学生在真实情境中解决真实问题，以此认识世界，锻炼动手与问题解决能力，为他们的美好未来打下坚实基础。

（二）关注核心素养的科学教育内容

科学教育的内容选择应是一个有机整体，既关注"新"与"趣"的结合，又强调"真"与"根"的并重，同时也不忽视"魂"的塑造，以培养学生的科学素养与创新能力为旨趣，系统设计科学教育内容。

系统优化科学教育内容，是做好科学教育加法的应有之义。为此，我们从五个方面优化和完善科学教育内容。第一，"新"是科学教育内容的鲜明特征。我们要增加那些更加贴近儿童生活、反映未来社会特征以及科学最新进展的内容，让学生在学习过程中能够紧跟时代步伐，了解科学发展的前沿动态，从而培养他们的前瞻性和创新精神。这些内容既能拓宽学生知识视野，又能激发他们对未知世界的好奇心和探索欲。第二，"趣"是科学教育内容的吸引力所在。增加浅显易懂且蕴含科学原理的趣味实验，能在轻松愉快的氛围中激发学生学习兴趣，让他们在动手实践中感受科学魅力，培养对科学的浓厚兴趣和热爱。趣味实验不仅能锻炼学生的动手能力，更能激发其观察力与思考潜能。第三，"真"是科学教育内容的本质要求。我们应精选科学史哲精髓，使学生在学习科学知识的同时，深刻领悟科学本质、发展历程及科学家们的精神风貌。这些史哲内容能够帮助学生形成对科学的准确理解，培养他们的科学精神和人文素养，让他们在面对科学问题时能够保持理性思考和批判性思维。第四，"根"是科学教育内容的基石。我们要不断激发学生的科学兴趣，厚植科学精神，让他们在学习科学的过程中建立起对科学的敬畏之心和热爱之情，从而在科学探索的道路上不断前行。第五，"魂"是科学教育内容的灵魂所在。我们应大力弘扬科学家精神，让学生在科学学习中感受科学家们追求真理、涵养自由人性的高尚情操。这些科学家精神不仅能够激励学生追求卓越、勇攀科学高峰，还能培养他们的道德品质和社会责任感，让他们成为有担当、有作为的新时代科学人才。

（三）多维系统的科学教育路径

科学教育加法的实施应是一个多维度、系统化提升学生科学素养和创新能力的过程。第一，学科融合教育，作为一种旨在打破学科壁垒、促进孩子全面发展的教育理念与实践，是科学教育加法实施的基础。我们需扩大科学教育的边界，促进相关学科之间的横向配合与互为补充。跨学科的知识整合与教学融合，能使学生更全面地认识科学现象，掌握科学方法，并提升解决实际问题的能力。这种融合不仅限于自然科学领域，还应涵盖社会科学、人文科学等多个方面，以形成更加完整、系统的科学教育体系。第二，通过实践活动增强科学素养是科学教育实施的关键。我们要拓宽科学教育的渠道，通过动手动脑的活动让学生在做中学、在乐中学。组织丰富多样的科学实验、科学竞赛、科学考察等活动，让学生在实践中感受科学的魅力，激发对科学的兴趣和热爱，提升他们的创新精神和实践能力。第三，社团建设是科学教育加法实施的重要平台。我们要搭建科学教育平台，组建丰富的科技类兴趣小组和梯队完善的社团。社团活动使学生深入探索科学前沿，与同伴共议科学议题，营造积极向上的学习氛围。此外，社团建设还锤炼了学生的团队协作与领导力，为其未来铺就坚实之路。第四，环境育人是科学教育加法实施的必要条件。我们致力于营造浓厚的科学教育氛围，提供完备的基础设施与物质支持。建设科学实验室、科技展览馆等场所，配备先进的科学仪器和设备，让学生能够在良好的环境中进行科学探究和学习。同时，强化校园科学文化氛围，以科学名言、成果展示等激发学生的探索热情。第五，技术赋能是科学教育加法实施的创新手段。我们拓展科学学习领域，借助现代信息技术，增强科学教育的专业性。通过虚拟现实、增强现实等技术手段，让学生能够在虚拟环境中进行科学探究和实验，感受科学的真实性和趣味性。同时，利用大数据、人工智能等技术对学生的学习过程进行精准分析和评估，为教学提供科学依据和个性化指导。

（四）立体完善的科学教育机制

为保证上述各项措施的实施，我们着力构建一个全方位、多层次、立体化的科学教育育人机制，为科学教育的高质量发展奠定坚实基础。此机制不仅能增进学生对科学的兴趣与成就感，更能激活其创新思维与探索欲望，为他们在科技创新的征途上持续奋进奠定坚实基础。

第一，挖掘资源，形成大中小幼一体化纵向贯通育人机制。我们需深入发掘各阶段科学教育的独特价值及内在联系，打造从幼儿园至大学全程贯通的科学教育体系。通过课程设计、教学方法、评价体系等方面的协同创新，确保学生在不同教育阶段都能获得科学知识的系统学习与科学能力的逐步提升。同时，加强各教育阶段之间的衔接与沟通，形成科学教育的连续性和递进性，为学生的科学素养培养提供有力保障。第二，整合资源，形成家校社网协同横向联通育人机制。我们需打破传统教育模式，将家庭、学校、社会和网络等各方资源进行有效整合，形成协同育人的强大合力。家庭应作为孩子科学启蒙的摇篮，积极参与，营造浓厚的家庭科学氛围；学校则需发挥专业优势，提供优质教育资源；社会应成为科学实践的广阔天地，提供丰富机会；而网络，作为信息时代的新平台，应成为科学教育的新阵地，便捷高效地服务于学生学习。家校社网紧密携手，实现科学教育的全面覆盖与深度渗透，共同为学生的科学素养培育搭建多元化平台。

三、我们进行了哪些科学教育加法的探索？

近年来，跨学科学习、项目式学习等方兴未艾，"双减"政策出台，《义务教育课程方案和课程标准（2022年版）》颁布，教育教学改革不断引向深入。为落实这些改革新要求，切实提升育人质量，学校积极行动，在五育融合、学习空间优化、综合性学习活动及科学家精神弘扬等领域持续开展深入探索与实践。

（一）课程育人结构化，构建科学教育融合通道

中关村第一小学通过长期的课程改革实践，坚持发挥课程结构化育人的功能，构建了以自主选择为价值取向的多样化课程体系，培养与世界对话的未来人才。这种结构化引导教师从"育人"的高度来思考课程与教学，让教师成为课程改革的主语，形成了中关村第一小学教师行动主张———一名好教师就是一门好课程。

我们将学校可以提供给学生的成长机会进行课程化处理，打通学生成长的融合通道，形成了基于儿童立场的"6-2-6"自主发展课程体系（见图1-1），打破学科边界，构建学科领域课程群。

图 1-1 基于儿童立场的"6-2-6"自主发展课程体系

做科学教育加法，不仅要对科学学科及其相关的数学与科学领域进行拓展，更要以"数学与科学"为核心，将科学教育全面融入自主发展课程体系，构建一个涵盖科学、技术、道德、人文、艺术和体育等多方面的跨学科课程体系。

横向而言，我们需探索如何在结构化课程中激发学生的科学兴趣，培养其思维品质与科学精神，同时传承科学家精神，造就一批有理想、有本领、有担当的葵园学子。纵向来看，我们要回应基础教育阶段的大中小幼一体化贯通培养路径，为创新型人才持续成长奠基（见图1-2）。

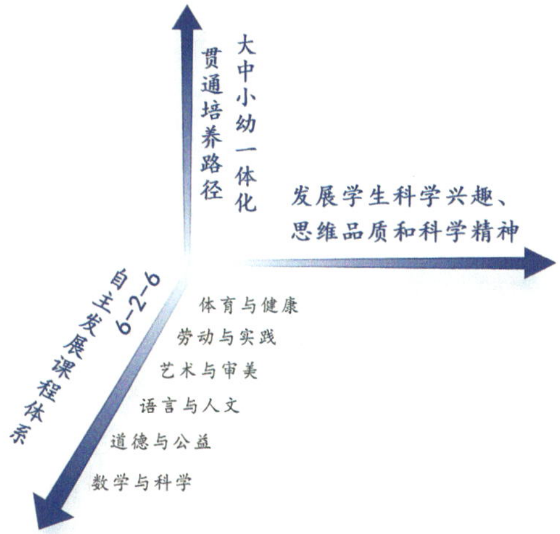

图 1-2 全方位育人：科学素养与综合发展的立体框架

（二）课堂学习探究化，构建科学素养发展的进阶课程

科学课堂是科学教育的主渠道。做科学教育加法，首先要抓住课堂教学这个主渠道，推进科学课的高水平实施。《义务教育科学课程标准（2022年版）》强调了科学观念、科学思维、探究实践、态度责任等核心素养的培养，明确科学教育从传统的"知识本位"转向注重学生综合素养的"素养立意"。那么，做实科学教育加法，课堂学习该"怎么加"？

推进育人方式改革是此次新课改的新要求，突出强调发挥实践的独特育人功能，并在新课标中专门做出10%学科实践的安排（见图1-3）。在不断实践的过程中，学生能将学科基本知识用于真实问题解决，在问题解决中理解和修正学科知识，体会科学家工作是一项创造性的崇高事业，对于培育具备科学家潜质、愿意献身科学研究事业的青少年群体，是合理的学习方式。

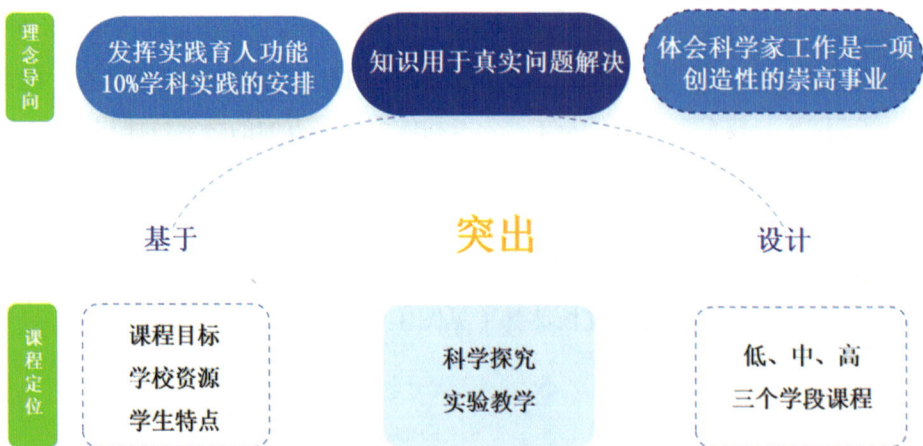

图1-3　课程学习探究化

因此，我们在这里提出课堂学习探究化——在学科实践引领下的科学探究。

我们基于课程目标、学校资源、学生特点，以"科学探究"为主要教学方式，突出实验教学，整体设计低、中、高三个学段的课程形式、课程理念和课程目标（见图1-4），让学生从"玩科学"开始，经过"学科学""用科学"，最终达到"爱科学"，实现课程愿景和每个学段的课程目标。

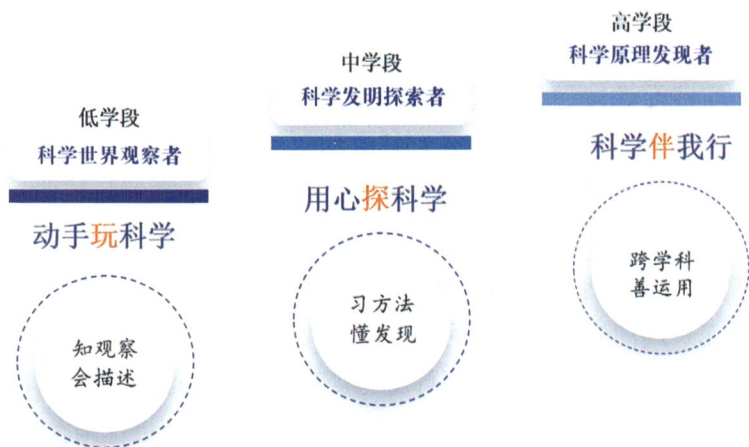

图 1-4 科学探究阶梯

1. 低年级课程形式为"科学世界观察者"，课程理念为"动手玩科学"

低年级学生形象思维十分活跃，主要以"玩"为主。课程设置从有趣开始，让乐趣唤醒学生的好奇心，把大自然带进课堂，把有趣的科学现象带进课堂，把动手创造带进课堂，让科学的乐趣铺满学生未来科学探索的道路。课程目标是让低年级学生"知观察，会描述"。

2. 中年级课程形式为"科学发明探索者"，课程理念为"用心探科学"

中年级学生的专注力日益增强，课程巧妙地利用他们的好奇心，引领他们踏入探索的奇妙旅程。在这里，科学、技术、数学与艺术交相辉映，学生们通过亲身的科学探究，主动揭开世界的神秘面纱，深入理解其奥秘，逐渐掌握科学方法，并在这一过程中发现自我。课程目标是让中年级学生"习方法，懂发现"。

3. 高年级课程形式为"科学原理发现者"，课程理念为"科学伴我行"

高年级学生的思维方式正由形象思维向抽象思维华丽转身。在项目式学习的引领下，他们仿佛化身为工程师，以工程思维为武器，改造世界。在真实的问题情境中，他们戴上工程师的"眼镜"，跨学科知识如臂使指，经历着不断迭代与优化的过程，为世界带来更加美好的变化。课程目标是让高年级学生"跨学科，善运用"。

教学过程中我们强调以实践探究为主线，引导学生在与同伴相互协作、与教师相互探讨中发现问题并解决问题。在科学探究中，让学生经历"从一个问号生成更多问号，并最终变成一个个感叹号"的历程，让科学素养生成更进一步。

（三）实践活动项目化，联结科学课堂与真实生活

在实践探索的道路上，我们深刻体会到，传统的 40 分钟课堂已不足以满足学生对知识的渴望和对真实世界的好奇。为了让学生能够超越课堂的局限，直面并解决真实世界中的问题，我们进行了系统的思考和改革。

我们系统整合了课外活动和课堂教学，将科学教育的范围从课堂延伸至课外，开辟了广阔的实践领域，为孩子们展现了更为宏大的真实世界图景，并推动了实践活动的项目化运作。项目化的实践活动追求像科学家一样思考与行动，学生通过一定时间对一些具有真实性、复杂性的问题进行调查、探究，从而获取知识、形成素养（见图 1-5）。

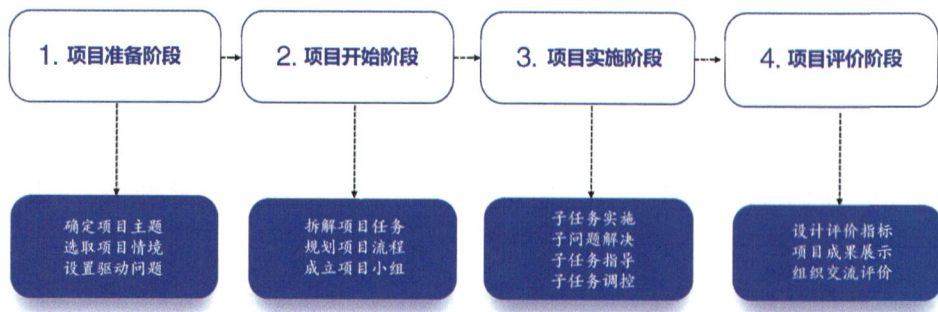

1. 项目准备阶段	2. 项目开始阶段	3. 项目实施阶段	4. 项目评价阶段
确定项目主题 选取项目情境 设置驱动问题	拆解项目任务 规划项目流程 成立项目小组	子任务实施 子问题解决 子任务指导 子任务调控	设计评价指标 项目成果展示 组织交流评价

图 1-5　实践活动项目化

我们以不同领域的项目为驱动，支持丰富多样的可选择课程有效落地，满足学生们不同发展需求（见图 1-6）。我们提供了多样化的社团，旨在提升学生的动手能力和创造力，同时促进理论知识向实践技能的转化。开展系列节日课程，如体育节、科技节、飞行节、诗歌节、国际节等，引导学生在真实的主题中进行探究。

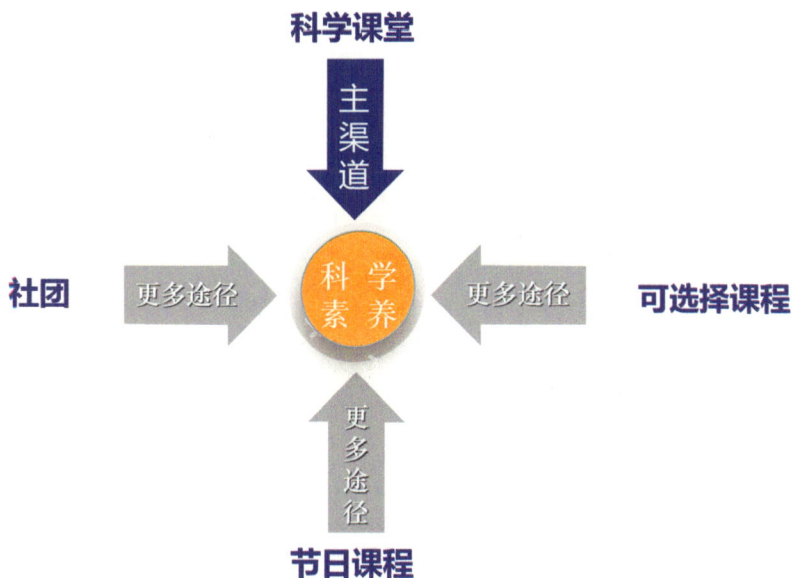

图 1-6　科学素养的多途径培养

　　例如，在体育节刚刚结束时，学生们发现在操场上观看足球表演以及足球训练会遮挡视线，看不全面，而高处的视野会好很多。这一问题激起了学生的好奇心和探究热情，师生随即共同确定了探究主题——为足球教练设计并建造一座训练指挥塔台。该项目横跨科学与技术、数学、艺术等多个领域，涵盖设计项目方案、实物模型制作及现代科技应用等子项目，其核心在于引导学生运用整体思维和工程思维，设计并建造出能够解决实际问题的塔台（见图 1-7）。这一科学项目学习源自学生真实的生活经历，学生产生的问题是真实的，最终产出的结果也是服务于真实生活的，所有环节均紧密围绕学生的真实生活展开，因此极大地激发了他们的兴趣和探究热情。

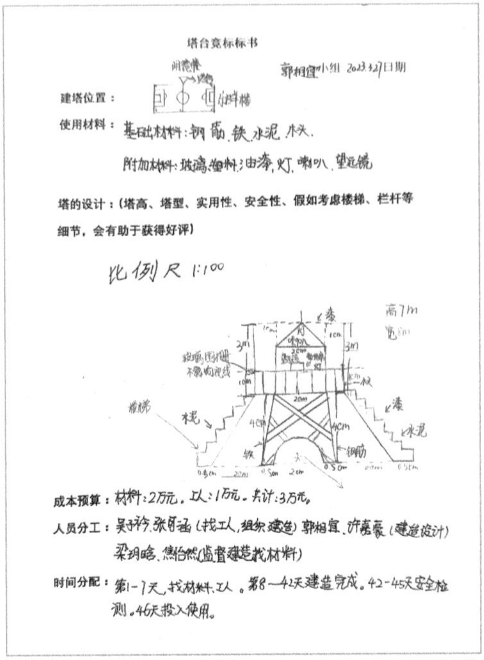

图 1-7　学生们制作的塔台竞标标书

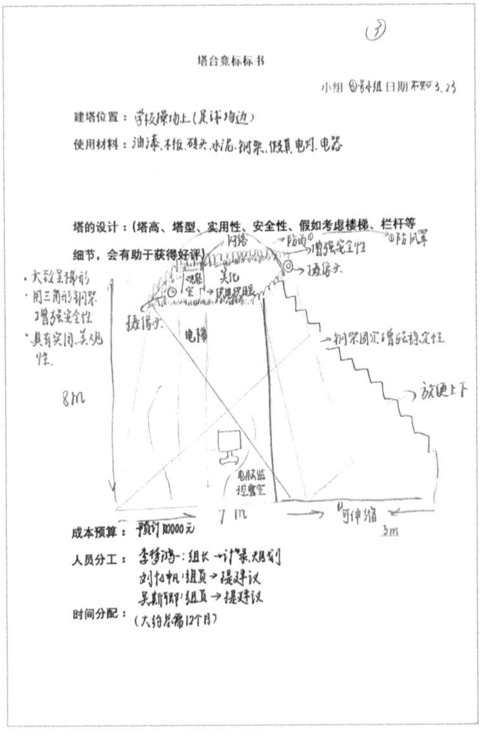

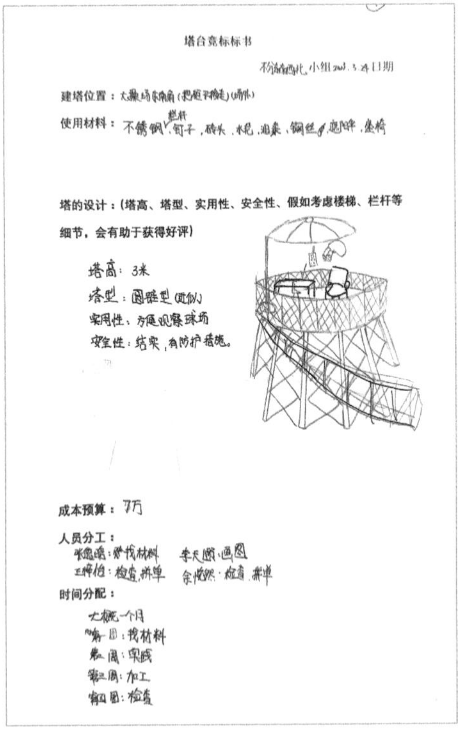

（四）学科融入差异化，筑牢科学教育的学科基础

在科学教育实践中，激发学生的科学兴趣、奠定扎实的科学知识基础以及提升科学思维品质是不可或缺的。科学以外的其他学科同样蕴藏着丰富的科学教育资源，各具特色，为科学教育提供了多元化的视角和路径。因此，我们注重扎实推进各个学科教学，以高质量的学科学习支撑学生科学素养的提升。

例如，在道德与法治学科中，我们借助《网络新世界》的学习内容，通过模拟"科学教育参会人员"的情境，让学生亲身体验互联网技术的巨大影响力，感受其为社会生活带来的便捷。这一过程中，学生的网络认知和辨别能力不仅得到提升，更在潜移默化中树立了正确的价值观和社会责任感。这与《义务教育科学课程标准（2022 年版）》中强调的"遵守科学技术应用中的公共规范、法律法规和伦理道德"的要求相契合，同时也体现了《义务教育道德与法治课程标准（2022 年版）》中关于遵守社会规则、敬畏自然、保护环境的育人理念。

在劳动学科中，《水培的奥秘》一课利用学校空中小农庄的高科技种植设备——深液流栽培系统，为学生提供了一次与科技型劳动亲密接触的机会。通过亲身参与水培生菜的种植过程，学生不仅积累了宝贵的科技种植实践经验，更对新型农业的发展前景有了全新的视角和认识。这既是对《义务教育科学课程标准（2022 年版）》中"理解科学探究的一般过程和方法"的生动诠释，也是对《义务教育劳动课程标准（2022 年版）》中提升现代服务技能、增强公共服务意识的积极响应。学生在劳动中学会了遵循自然规律，培养了珍爱生命、热爱自然的科学态度。

在数学学科中，《确定位置》一课通过送餐机器人工作的真实情境，引导学生综合运用科学、数学、信息技术等多学科知识，解决实际问题。这一教学设计，不仅让学生在真实情境中积累了活动经验、感悟了思想方法，更实现了学科间的深度融合，促进了学生跨学科理解和核心素养的提升。这既符合《义务教育科学课程标准（2022 年版）》中关于模型建构能力的要求，也体现了《义务教育数学课程标准（2022 年版）》和《义务教育信息科技课程标准（2022 年版）》中对于合理利用现代信息技术、发展计算思维和创新意识的重视。

在语文学科的课堂上，《我的奇思妙想》一课巧妙地利用问题情境激发学生的无限想象力，鼓励他们大胆展开奇思妙想，并用既严谨又生动的语言来详细介绍自己的创意发明。这一习作过程，不仅培养了学生的创新思维和写作能力，更渗透了科学精神和方法。正如《义务教育科学课程标准（2022 年版）》

和《义务教育语文课程标准（2022年版）》所倡导的，好奇心和想象力是激发学生科学兴趣的重要源泉，而实事求是的科学态度和科学思想方法，则是学生科学素养的重要组成部分。例如，《义务教育科学课程标准（2022年版）》强调了科学普及教育思想和实践探究教学思想，旨在培养学生的科学素养和实践能力。同样，《义务教育语文课程标准（2022年版）》提出了全面提高学生的语文素养，倡导自主、合作、探究的学习方式，以及增强语文课程实施的开放性，这些都强调了学生综合素养的培养。通过这一课程，学生在想象与创造的海洋中遨游，同时也为未来的科学探索播下了希望的种子。

（五）教育资源多元化，助力科学教学质量全面提升

科学教育的多元化资源供给不仅是推动教育持续发展的需要，更是适应新时代人才培养的必然要求。为培养具有独立科学思维、扎实科学能力，崇高科学精神的人才，我们选择建构跨学科、综合性的教育资源。

科技进步与社会发展日新月异，学校教育的边界随之拓宽，不再囿于传统课堂。基于此，我们重新审视并拓展了学校发展及课程建设的资源观念，力求为学生打造更多解决真实情境问题的学习平台。中关村一小积极探索校园内外多样化的学习场景，包括量子实验室、STEM教室等专业教室，小农庄、科学院所资源，以及1米菜园等社会大课堂，这些场所不仅提供了丰富的实验和观察机会，还让学生在真实的环境中体验和学习。学校通过校园流动科技馆、葵园博物馆等创新举措，将更广阔的世界引入校园，激发学生的自主学习兴趣。同时，我们敞开校门，打破学校与社会科学教育资源的壁垒，凭借优越的地理位置，整合社区丰富资源，并与中国科学院、航天城、中央党校等携手，共同打造校内外一体的科学教育资源，为学生提供多元化专业课程，促进资源共建共享，全面提升学区教育教学质量，弘扬中关村区域文化，积极回馈社区与社会。我们探索跨学段联合，构建大中小幼一体化科学教育机制，与高校、科研院所、对口中学和周边幼儿园合作，开展联合科学教育实践活动，如邀请农科院专家开展讲座、毕业生分享经验、幼儿园小朋友体验种植等。此外，学校立足育人目标，积极构建家校教育共同体，通过家校社横向联动，鼓励家长参与科学教育，成为资源供给者，开展"跟爸爸妈妈看社会""家长导师团"等活动，共同研发"科学家课程"系列科学课，让家长成为学校科学教育的重要力量。

（六）科学教师队伍专业化，促进科学教育可持续发展

教师发展是学校可持续发展的源头活水。针对不同阶段教师发展需求的不

同特点，学校开发了目标引领类、互动分享类、专题专攻类、课程领导力类和评价激励类五类教师专业发展课程，形成目标明确、内容丰富、形式多样、平台宽广、分级清晰、与时俱进的校本研修体系（见图1-8）。

图1-8 中关村第一小学校本研修课程体系

针对科学教师专业化发展，学校把"爱学习、勇实践、善研究、勤反思"作为重点。鼓励教师踏入科学院殿堂，师从科学家，将学习视为毕生的追求；实施项目实践活动，借助"水课程"等特色项目，强化教师的课程引领能力；积极参与课题研究，在中国社科院STEM教育研究中心立项了3项课题，促进科学教师教学研究能力；勤于反思，先后编写了学生读本《外星来信》《Z星探险团》《神奇的物理学》（见图1-9至图1-11），受到学生喜欢，也提升了科学教师的专业化水平。

图1-9 中关村第一小学自编科学读本《外星来信》

图 1-10　中关村第一小学自编科学读本《Z 星探险团》

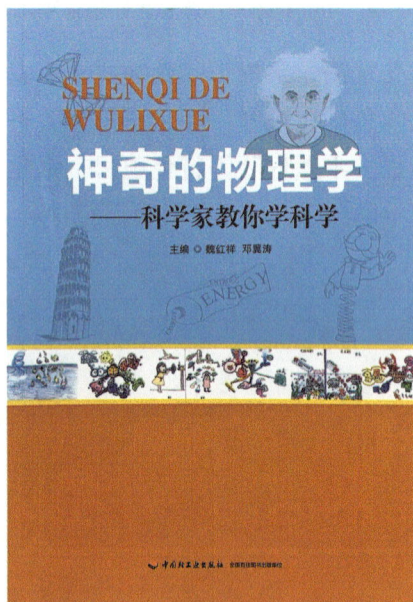

图 1-11　中关村第一小学自编科学读本《神奇的物理学》

第二章　科学课程体系的建构与实施

科学课程体系的建构与实施是科学教育的核心环节，关乎学生科学素养的培育和未来创新能力的发展，因此，如何构建一套行之有效的科学课程体系至关重要。我校坚守儿童立场，依托"6-2-6"自主发展课程体系的升级迭代，围绕"数学与科学"核心领域，构建了跨学科、全面覆盖、多角度的"科学园"课程体系，培育了多元化、差异化、自主化、创新化的课程文化，不断深化和拓展科学教育的内涵与价值。为确保"科学园"科学课程体系能够有效发挥其功能，我校研究并实施了切实可行的课程路径，涵盖了从基础课程到拓展课程、研究型课程的全方位设计，并配套了相应的实施策略与评价标准。

一、科学课程理念与目标

（一）课程发展历程

在当前世界百年未有之大变局下，科技飞速发展，国际竞争加剧，人才培养成为国家战略的核心。党的二十大报告强调，"教育、科技、人才是全面建设社会主义现代化国家的基础性、战略性支撑"。2023 年 2 月 21 日，习近平总书记在二十届中央政治局第三次集体学习时指出："要在教育'双减'中做好科学教育加法，激发青少年好奇心、想象力、探求欲，培育具备科学家潜质、愿意献身科学研究事业的青少年群体。"教育部等十八部门发布《关于加强新时代中小学科学教育工作的意见》提出，"推动中小学科学教育学校主阵地与社会大课堂有机衔接，提高学生科学素质，培育具备科学家潜质、愿意献身科学研究事业的青少年群体，培养社会主义建设者和接班人，为加快建设教育强国、科技强国、人才强国，全面建设社会主义现代化国家夯实基础"。

自党的十八大以来，教育改革提升至新高度，北京市基础教育致力于提升学生科学素养，探索创新人才培养。小学阶段是培养创新素养的关键期，通过激发学生创造力、培养自主创新习惯，为其终身发展奠定基础。

中关村第一小学面对时代赋予的育人新课题，不仅注重学生全面发展，更致力于促进学生个性的形成。学校倡导"人人都有想法、人人都能创造、人人都会成功"的教育理念，通过丰富的科技节活动和科学教育实践，营造"善待个性、尊重差异、激励特长"的文化氛围。中关村第一小学的教育实践，如自主课堂和项目式学习，旨在激发学生自主学习与创造的动力，培养他们适应终身发展的品格和能力。面对好奇心强烈、想象力丰富、探求欲不断增长的6—12岁少年儿童，教育过程中会面临一系列问题：学生缺乏探究创新的意识与动手动脑的能力；教师缺乏跨学科跨领域教学的思想理念；学校缺少科学知识系统建构，且资源匹配不足。因此，我校基于儿童立场，从校本化课程改革实践切入，以课程为主要依托、以科学学科为典范，针对实践中的真实问题，开展循环往复的诊断、归因、行动研究，不断完善优化学校课程体系，打通学生核心素养培养的教学路径，着力解决学生自主发展能力不足、核心素养培养模式亟待更新等关键问题，将理论探讨与实践探索紧密结合。

如何让科学课程与学生的兴趣、需求保持一致？激发学生成长的内驱力，促进学生自主、有价值地学习，是科学课程改革的基本出发点。儿童立场是中关村第一小学的办学立场，我们相信每一名儿童都是不可复制的奇迹和独特的存在，每一名儿童都有多样发展的需求和潜力，每一名儿童都能在教育场中发展出具有科学特性的独特品质，形成相应能力。

基于以上思考，学校以科学课程教育为载体，进行实践探索，激发学生参与科学课程的主动性、积极性和创造性。学校致力于研究、发现和引领儿童，从儿童视角出发，探索符合其成长规律、促进其全面发展的科学课程体系，旨在构建多元、差异、自主、创新的课程文化，这既是我们的责任，也是我们的使命。为此，学校历时十二年的探索，最终形成指向学生自主创新能力发展的"科学园"科学课程体系（见表2-1）。

表 2-1　聚焦学生自主创新能力培养的"科学园"科学课程体系建设历程

阶段	时间	主要方法途径举措
1. 初步探索	2001.09 — 2011.07	实施课程三级管理，推进国家、地方、学校课程体系建设； 建设可选择课程； 增设综合实践活动课程，形成学校特色空间"空中小农庄"； 设置节日课程，创设"挑战天下"科技节系列活动； 组织开展科技类社团； 建立教师培养体系，推进教学方法改革； 成为中国科学院早期人才培养实验基地
2. 进阶研究	2012.09 — 2014.07	系统建设"三级课程"：国家课程、地方课程、校本课程； 形成学段课程设置内容，形成学段课程目标、理念、形式； 开发可选择课程，建构 16 门科学家课程，形成《神奇的物理学》等特色校本课程； 开发基地课程，整合周边科学院所等社会资源； 开展"挑战天下"科技节活动，形成"不让一个孩子当观众"的节日课程理念； 组织科技类社团，参与世界级科技竞赛； 携手中国科学院，以人才培养实验基地项目为抓手，探索创新人才培养模式； 开发学校环境资源，初步开发学校隐性课程
3. 整体推进	2015.09 — 2017.07	加强科技类实践活动，增设 10% 综合实践活动； 补充科技类可选择课程； 实施 STEM 教育，促进学科融合； 建设"打破边界"的学习资源系统； 加强信息化手段，系统规划科学类专业教室； 依托科研课题开展课堂评价研究； 制定完善科学课程方案
4. 深化研究	2018.09 — 2021.07	推进三级课程的深度融合； 增强学段教学内容的连贯性，突破学科壁垒； 开展科技类课后服务课程； 整合跨学科资源，建构综合性课程体系； 开展基于真实情境的项目式学习； 拓展资源供给方式，将学习发生的场所延展； 基本形成"科学园"课程体系样态
5. 系统梳理	2022.09 — 2023.07	建构以探究为主要形式的科学课堂； 持续深入推进 10% 的综合实践活动实施； 创新资源供给方式，建立广义的资源供给体系； 发展贯通教育，联合周边大中小学开展主题实践活动； 推动实践活动课程化实施； 优化可选择课程内容，为学生提供更灵活、更多元的课程； 系统整合"科学园"课程体系
6. 优化实施	2023.09 — 2024.09	优化"科学 +"跨学科主题学习，在六大领域开展跨学科主题学习； 引入智能化教学工具，提高课程实施效率； 深度开发多元课程资源，让真实学习随时发生； 形成较为完备的"科学园"课程体系； 继续优化，积极实践

（二）课程理念

"科学园"科学课程体系秉承学校儿童立场的办学理念，把儿童视为完整的个体予以尊重——围绕儿童与自然、儿童与社会生活、儿童与自我关系等主题，尝试打破学科间的壁垒，对社会、历史、文化、科学等领域进行整合，拓展儿童的知识经验和个体体验。学校坚持"自主、自立、自控、自新"的葵园精神，传承"自主"基因，倡导"人人都有想法、人人都能创造、人人都会成功"的自主教育核心内涵，将"自主"文化融入课程建设的每一个环节中，让课程建设的每一位参与者都充分挖掘自我潜能，自觉践行"自主"。学校践行"科学启智，教育立身"的学校精神，努力营造"善待个性、尊重差异、激励特长"的文化氛围，坚持做好科学教育加法，开展教育实践，引导学生在实践中探究科学规律、在探究中培养科学精神。

学校结合办学理念及办学特色，以促进学生全面发展为课程开发总目标，明确了"科学园"科学课程体系定位。学校充分利用校园每一处空间，精心打造出一个充满生机的生态环境，使校园成为学生们随时随地都能沉浸其中、自主开展"动手玩科学"活动的奇妙乐园，"科学园"秉持"趣游乐园，在自主探究中发挥创造"的理念，在这里，处处有惊喜、处处可探索、处处能创造。通过环境育人，涵养科学教育氛围，为科学教育提供必需的基础设施和物质条件，营造良好的科学教育文化氛围；通过技术赋能，延展科学学习空间，强化科学教育的"科学味道"。这样的环境不仅为学生们提供了随时随地自主学习、自由创造的广阔天地，还为他们构建了一个与生活紧密相连的科学学习环境与研究平台，让科学教育真正融入学生的日常生活。第一，打造高效科学课堂，培养学生科学核心素养，全面提高科学教学质量。第二，让学生更有可能保持科学探究的持续性，拥有更浓厚的探究科学奥秘的兴趣和热情，有力推动了社会化协同、智慧化传播、规范化建设的科学素质生态系统的构建。第三，通过活动育人，为学生们提供机会与平台，在乐园中加强社团建设，建起一个充满活力和创意的科学教育平台，学校鼓励学生根据兴趣组建丰富的科技类兴趣小组，形成梯队完善的社团体系，充分发展学生兴趣，激发自主学习的持续动力。第四，打破学科壁垒。促进学科间的深度融合，不断拓展科学教育的广度与深度，积极推动相关学科间的横向协作与互补共进。

科学课程以观察和实验活动为主要开展形式，为学生提供完整、体系化的科学探究活动，将学生在观察、实验、思考、探究、合作、讨论、反思、欣赏等过程中的体验和感受视为学习的重要方法和途径。

（三）课程建设目标

1. 课程总目标

核心素养是一个从学习结果界定未来人才形象的类概念，它涵盖多种不同的必备品格和关键能力。每一所学校所承担的培养目标又独具个性。为使学生核心素养及自主创新能力在学校切实生根，我们需构建契合学校本土化特色及教育实际的核心素养培育体系。按照国家育人要求以及中关村第一小学的实际情况，我们对标未来创新人才素养要求，制定了"科学园"科学课程目标：以学生为中心，以培养学生科学核心素养为指向，注重学生主体性的发挥，引导学生主动参与探究活动，培养创新思维和实践能力。整合我校周边丰富的高校、研究院所、博物馆、科技馆、企业等人文、科技资源，优化课程设置，构建新型学科实践课程研发平台，通过多种课堂实施途径培养学生。以学生自主创新发展为核心，培养科学素养，提高创新能力和实践能力，发展自主学习能力和合作交流能力，帮助学生解决真实情境的真实问题，认识真实世界，创造美好未来，成为具有思考能力、探究精神、创新思维的葵园学子。

2. 课程细化目标

"科学园"课程目标可以进一步细化为以下几个方面（见表2-2）。

表2-2　"科学园"课程细化目标

维度		具体目标
科学素养	掌握基本的科学方法，具有初步的探究实践能力	1. 培养科学探究的主动性。鼓励学生主动参与科学探究活动，愿意投入时间和精力去学习和实践。让他们体验到科学探究的乐趣，从而愿意持续参与并深入研究
		2. 形成科学探索的习惯。引导学生形成科学探索的习惯，愿意在日常生活中关注科学现象，提出问题，并尝试用科学知识解释和解决问题
		3. 加深对科学价值的认识。让学生意识到科学对个人和社会发展的重要性，通过实例和案例展示科学在各个领域的应用和贡献，增强他们对科学价值的认同
	掌握基本的科学知识，形成初步的科学观念	1. 掌握基础科学概念。小学生应能够学习和掌握自然科学领域的基础概念，如生物、物理、化学、地理、科学等，帮助他们构建对自然世界的基本认识
		2. 积累科学事实。小学生应能够记忆和理解大量的科学事实，如动植物的分类、天体的运行规律、物质的性质变化等，促进他们对科学世界的初步认知
		3. 系统性学习科学知识。小学生应能够系统地学习科学知识，了解各科学领域之间的联系和相互影响，以便在后续学习中能够综合运用
	掌握基本的思维方法，具有初步的科学思维能力	1. 鼓励发展创新思维与问题解决能力。在科学实践活动中，鼓励学生发挥创新思维，提出新颖的观点和想法，并运用所学知识解决实际问题
		2. 发展合作与交流能力。在科学实践活动中，鼓励学生与他人合作，共同完成任务。通过团队合作，培养学生的沟通能力和协作精神，让他们学会倾听他人的意见、分享自己的想法
		3. 促进科学知识的应用与拓展。学生应能够将所学的科学知识应用于实际生活中，解决身边的科学问题

续表

维度		具体目标
科学素养	树立基本的科学态度，具有正确的价值观和社会责任感	1. 树立正确的价值观和道德观。通过科学教育，引导学生形成尊重科学、尊重他人、关心社会、热爱祖国的良好品质
		2. 培养环境保护和可持续发展的意识。让学生理解科学、技术、社会与环境的关系，认识到保护环境、节约资源的重要性。培养他们的环保意识，引导他们积极参与环保活动，为可持续发展做出贡献
		3. 促进科学知识的应用与拓展。学生应能够将所学的科学知识应用于实际生活中，解决身边的科学问题

二、"科学园"课程结构与内容

（一）基本思路

基于中关村第一小学教育集团的办学传统与实际校情，我们致力于探索科学课程体系的建设，以促进学生核心素养的提升和自主创新能力的培养，具体思路如下：第一，如何通过课程体系的建设实现学生自主创新能力的发展？针对此研究任务，我们将从核心素养的育人目标出发，结合学校独特的育人理念和办学传统，对课程结构进行梳理。第二，如何根据顶层设计对多元课程进行系统整合，形成指向学生自主创新能力发展的课程新范式？针对这一问题，拟从学科课程中的四个核心问题入手进行推进：评估学科课程发展水平与特色；明确学科课程构建的主题与思路；设计学科课程内容；考量学科课程教学的成效。具体的思路是由学科课程专家引领，教研组教师深度碰撞，在已有实践的基础上，根据基于核心素养的课程目标，对学科课程建设的主要问题进行回答，寻找科学课程建设的着眼点和实施办法，形成中关村第一小学独具特色的科学课程新范式。

（二）课程框架

发挥课程结构化育人的功能是中关村第一小学在长期课程改革实践中的基本坚持。这种结构化方式促使教师们站在"育人"的高度，重新审视课程建设路径，实现从教教材向教学生的转变、从教室小天地迈向社会大舞台、从单一学科迈向全面育人、从课程的执行者华丽转身为课程的设计者与开发者，真正成为课程改革的主导力量。

在学校的课程理念下，我们致力于构建一个全面的课程体系，涵盖基础型、拓展型和研究型课程，通过六个核心领域（道德与公益、语言与人文、艺术与审美、劳动与实践、体育与健康、数学与科学）来推进课程实施。我们采用学科到超学科的立体思维，审视和促进学生的素养发展。通过一系列自主平台，如自主选择、自主管理、个性化问题解决、自主实践、自主展示和自主提高，我们实现了从普及储能到拓展深化、再到自主创新的课程阶段进阶，全面助力学生的成长，使学生成为会学习、懂生活、敢负责、善合作的学子。

基于学校的整体课程框架"6-2-6"自主发展课程体系的迭代与升级，以"数学与科学学科领域"为圆心，搭建多学科、全方位和多视角的跨学科科学课程体系。"科学园"科学课程分为基础型课程、拓展型课程以及研究型课程，在基础型课程中我们重点在跨学科课程方面进行探索实践，在拓展型课程以及研究型课程板块我们重点在创新课程、家校社一体化的实践活动、实践活动项目化方面进行创新实践，满足全体、群体、个体的发展需求，推动学生核心素养的发展，使学生成为勇于创新、挑战自我的葵园学子（见图2-1）。

图 2-1 聚焦学生自主创新能力培养的"科学园"科学课程体系

学校通过构建三级分层的科学课程体系，面向不同层次和不同个性需求的学生开设相应的课程。横向覆盖多个研究领域，纵向实现进阶式培养，由基础知识和技能的学习到能力的综合运用；由项目引领下的自主探究到自主开展创新型研究，最终实现自主创新能力的培养。

基础型课程属于必修课程，包括国家必修课程和校本必修课程，面向一至六年级全体学生开设。国家必修课程包含科学课，校本必修课程包含科学家课程及跨学科主题学习，依据《义务教育信息科技课程标准（2022年版）》，课程设计遵循科学原理和实践应用并重的原则，旨在培养学生的基础知识、基本技能和学科核心素养。课程实施采用大单元、STEM、自主探究等多样化方式，聚焦于学科核心概念的理解和科技前沿知识的拓展，以增强学生的跨学科思维能力。同时，课程鼓励学生以真实问题为引导，自主开展学习活动，从而促进其自主探究能力的发展。

拓展型课程属于选修课程。基于基础型课程的实施，学校依据学生个性化需求开设相应的可选择课程、主题实践活动、节日课程。课程致力于促进学生个性化发展，充分利用学校周边的自然资源、研究所资源和社区资源，采用更开放的课程实施方式和更灵活的学习内容，深入传授专业知识。通过学科实践和项目学习，课程旨在拓宽学生视野，并进一步提升其研究和创新能力。

研究型课程属于自选课程，指向创新能力和创新素养的发展和培养，是基础型课程和拓展型课程的进一步延伸，注重理论与实践相结合，突出学生的自主性。课程以毕业课程和社团课程构成，以课题研究、实验实践、跨学科主题学习等形式实施，促进学生研究能力和创新能力的发展。

三、"科学园"课程实施路径

课程实施是将课程理念、目标和内容转化为教育实践的关键环节。它不仅是前期课程设计的具体落实，也是检验课程效果、获取反馈的关键环节。在"科学园"课程的实施过程中，我们注重将理论与实践相结合，将课内与课外相融合，将学校与社会相连接。我们采用多元化的实施路径和创新教学策略，旨在为学生构建一个全面、多维度的科学探索平台，以此激发他们的科学兴趣，并着力培养他们的科学素养。以下将详细阐述"科学园"课程的实施路径、方法与策略，展现我们如何将课程理念落实到具体的教育实践中。

（一）基础型课程实施策略

1. 形成探究化的课程目标，根据学生的认知水平形成课程学段梯度

推进育人方式改革是此次新课改的新要求，特别强调了实践的独特育人功能。例如，在新课标中，学校特别安排了每周二下午半天作为学生学科实践活动时间，并且每学期设计了 15 次活动，其中 10 次为校内活动，以确保实践教学的实施。在不断实践的过程中，学生能将学科基本知识用于真实问题的解决，在问题解决中理解和修正学科知识，体会科学家工作是一项创造性的崇高事业，对于"培育具备科学家潜质、愿意献身科学研究事业的青少年群体"是合理的学习方式。因此，我们在这里提出的课堂学习探究化，是指在学科实践引领下开展科学探究。根据各年龄段学生的身心发展及认知能力特征，结合小学科学课程标准，精准定位课程整体构建方向。我校系统梳理并构建了三个学段的课程体系，具体参见表 2-3。

表 2-3　聚焦学生自主创新能力培养的"科学园"科学课程学段梯度

	课程目标	课程形式	课程理念	课程设置
低年级（一、二年级）	知观察，会描述	科学世界观察者	动手玩科学	从有趣开始，让乐趣唤醒学生的好奇心，把大自然带进课堂，把有趣的科学现象带进课堂，把动手创造带进课堂，让科学的乐趣铺满学生未来科学探索的道路
中年级（三、四年级）	习方法，懂发现	科学发明探究者	用心探科学	用好奇引导，让学生走进探索的世界，将科学、技术、数学、艺术融合在一起，通过科学探究过程，主动发现世界、理解世界、探究世界，获得科学方法，逐渐发现自我
高年级（五、六年级）	跨学科，善运用	科学原理发现者	科学伴我行	通过项目式学习，学生像工程师一样，用工程思维改造世界，在真实的问题情境中，带着工程师的"眼睛"，运用跨学科的知识，经历不断迭代的过程，改变世界，使其更加美好

在课程架构的目标定位上，我校依托学校资源和学生年龄特征，将"学科学、用科学、玩科学、爱科学"确立为整体课程导向，针对不同年龄段学生的学习特点和兴趣，分别设定低、中、高三个层次的课程形式、理念和目标，旨在引导学生从"玩科学"起步，逐步过渡到"学科学""用科学"，最终实现"爱科学"，达成课程愿景及各学段目标。

2. 整合社会资源，以科学家课程拓展科学课程

我校充分利用周边的专家资源及实践基地优势，积极与科学家们合作，研发出一系列注重学生动手操作能力培养、激发学生自主探究兴趣、适应学生个性化学习的科学特色课程。构建以主题学习为导向，重组科学知识，并具备"问题导入—实验探究—发现拓展"体系化特征的课程与教学结构，形成具有"科学家精神"内涵的科学课堂。同时，学校通过建立以中国科学院物理所为代表的学科活动基地，为学生创造了属于科学的"第二世界"，开辟了一条学科实践活动的常规路径，目前已形成 10 余门可供学生选择的课程（见表 2-4、图 2-2 ）。

表 2-4 "科学园"科学家课程名称

研究所	课程名称	导师
中科院软件所	探秘人机交互	刘杰等
中科院空天院	万物互联——无处不在的传感器	邹旭东等
中科院微电子所	信息社会的大脑——集成电路芯片	王盛凯
中科院自动化所	人工智能	梁慧
中科院物理所	神奇的物理学	魏红祥等
中科院动物所	野生动物世界	张劲硕
中科院生态研究中心	科学博览	陈梅雪、齐嵘
中科院声学所	物联网、声声入耳话声学	徐震等
中科院半导体所	半导体的世界	李明等
中科院力学所	航空航天知识漫谈	杨晓雷等
中科院古脊椎所	恐龙的前世今生	崔宁等
中科院化学所	解锁生活中的纳米超能力	蒋礼等
中科院植物所	探索植物智慧	韩小燕等

图 2-2 "科学园"科学家课程实录

3.跨学科深度融入教学，系统构建学科知识结构

社会和科学技术的飞速发展，对跨学科和多元化的复合型人才提出了更高的要求。跨学科教学已成为教师打破学科界限，培育学生创新思维与实践能力的关键途径。科学课程应该激发学生的科学兴趣，夯实学生的科学知识基础，提升学生的科学思维品质。同时，科学以外的其他学科教学中蕴含着诸多科学教育元素，而且每个学科都有其学科特点。因此，我们结合各学科自身特点，挖掘科学教育融入学科教学的方式，寻找每一门学科和科学教育之间的关联点，使学科本身的科学教育功能得到最大限度的发挥（见图 2-3）。

图 2-3 "科学园"学科融入课例

课程标准是我们寻找学科教学与科学教育结合的依据，通过研读、分析、对比学科课程标准，我们明确了学科教学中开展科学教育的契合点。同时，我们也发现不同学科在发挥科学教育功能的具体表现形式方面存在很大差异，例如，道德与法治、语文及劳动学科，其学习内容本身就蕴含了丰富的科学教育元素；而数学学科则尤为注重培养学生的思维能力，为科学教育的深入发展奠定了坚实的基础；艺术、体育与健康等学科则巧妙地将科学教育融入日常教学中，有效激发了学生对科学的兴趣、好奇心和探索欲。

"科学园"课程的实施是一个动态、持续优化的过程。通过形成探究化的课程目标、整合社会资源、推进实践活动项目化、深度融入跨学科教学、多元化利用教育资源等策略，我们构建了一个立体化、多维度的科学教育体系。这个体系不仅涵盖了课堂内外、校园内外的多种学习场景，还打通了大中小幼的纵向联系，为学生提供了丰富多彩的科学探索机会。我们相信，这种全方位、多层次的课程实施方式，能够有效激发学生的科学兴趣，培养他们的科学思维，提升他们的科学素养，为他们未来的发展奠定坚实基础。同时，我们也认识到，随着社会的发展和科技的进步，科学教育的内容和方法也需要不断更新。因此，我们将持续关注科教前沿动态，积极吸纳新理念、新方法，不断精进与优化"科学园"课程体系，为培养具备科学家潜质且矢志科学研究的青少年群体贡献力量。

（二）拓展型课程实施策略

在实践探索的历程中，我们深刻体会到，面对纷繁复杂的真实世界，传统的 40 分钟课堂模式已难以满足学生日益增长的学习需求。那么，怎样打破课堂限制，让学生去解决真实世界的真实问题？我们系统梳理课堂教学和课外活动，将科学教育从课内拓展到课外，开拓广阔的实践空间，为孩子们呈现更宏大的真实生活世界，推进实践活动的项目化实施。项目化的实践活动倡导像科学家一样思考与行动，学生通过一定时间对一些具有真实性、复杂性的问题进行调查、探究，从而获取知识、形成素养。

我们以不同领域的项目为驱动，推动丰富多样的选修课程有效实施，以满足学生多元化的发展需求。例如，学生提供多种多样的社团，帮助学生提升动手实操能力和创造力，促进理论知识向实践技能的转化，提升实践技能水平。

以科技节为例。学校围绕"挑战天下"的立意，连续 20 年开展主题科技节活动，每年的主题都来源于真实情境（见图 2-4）。党的二十大报告明确指出，"发展海洋经济，保护海洋生态环境，加快建设海洋强国"。在这一战略指导下，我国海洋经济高质量发展成效显著，海洋科技创新取得突破性成果，海洋生态文明建设加快推进。因此，2023 年的科技节以海洋为主题，旨在进一步推动海洋强国建设，为全面建成社会主义现代化强国贡献力量。

图 2-4　"科学园"科技节活动主题和内容

　　围绕海洋这一宏大的主题，学校精心策划了三项活动：海洋巡游、集体挑战项目及 99 个挑战小屋个人赛，旨在让不同年级的学生都能参与其中。这些活动鼓励学生们在真实情境中探索，通过完成大项目下的各个子项目，亲自解决那些真实而富有挑战性的问题。

　　比如，在海洋巡游活动中，孩子们分低、中、高三个年段分别设计以"奇妙海底世界""奇趣海洋探秘""齐愿海洋守护"为主题的班级巡游队伍。这是一项集探究、设计、动手制作于一体的综合性项目，孩子们在参与过程中将逐一攻克各个子项目，不仅锻炼了他们的综合能力，还吸引了更多学生的热情参与（见图 2-5）。

图 2-5 "科学园"科技节海洋巡游项目

　　在"海洋历险——纸船竞速""海底寻宝——制作夹持装置""挑战10909——制作戈德堡装置"三个项目中。学生思考如何让纸船在水中疾驰且平稳，如何让夹持装置既轻便又易于操控，如何更迅速、更便捷地夹取更多物品，以及如何通过巧妙的机关传动使小球精准到达指定位置。在这个过程中，学生们发现问题、解决问题、寻找更多解决问题的思路，也体现出很多跨学科的元素（见图 2-6 至图 2-8）。

图 2-6　海洋历险——纸船竞速

图 2-7　海底寻宝——制作夹持装置

图 2-8　挑战 10909——制作戈德堡装置

（三）研究型课程实施策略

　　研究型课程是培养学生科学素养与创新能力的重要一环。在科学教育的征程中，我校始终秉持开拓进取、勇于创新的精神，深度聚焦研究型课程的开发，将课题研究的创新模式深度融入日常教学体系。从主题的精心选取到课程内容的细致编排，从教学方法的多元探索到评价机制的优化升级，我校正以持之以恒的努力，不断丰富研究型课程的内涵与形式，为学生打开通往科学殿堂的创新之门。

　　我校课题研究的内容涉及广泛，涵盖了学生们感兴趣的传统文化、天文地理、经济、科技等多个领域。对于涉及科学领域的课题，科学组的教师们审慎实践，立足学生科学思维的培养，帮助学生确定与生活实际相关联的可操作性选题，厘清课题研究的基本方法：确定研究主题、制定学习计划表、进行实验、数据整理与分析、研究结果发表与展示。

　　我校的毕业课程由"曾经的我们""明天的我们""未来的我们"这三个板

块组成。2017 年，我校毕业课程在往年的基础上，以"My City"为主题，展开了一个全新的活动领域——课题研究。

表2-5　学生课题研习与学案指引

发表内容	确认	发表内容	确认
研究题目	√	实验材料	√
摘要	√	实验步骤	√
问题	√	实验数据分析	√
提出假设	√	研究结果	√
研究背景	√	讨论与展望	√

自课题研究开展以来，科学教师们在科学课上会带领学生对他们感兴趣的内容进行分享交流，让学生们"头脑风暴"，说出一些自己有疑惑或感兴趣的话题，展开讨论。学生们自主开发出了很多有趣的题目，如《纸飞机机头形状与纸飞机飞行距离的关系》《纸飞机机翼与飞行距离和时间的关系》《香蕉与土豆谁更容易发霉》《怎样才能让小蜗牛出壳》《两个物体是否同时落地》《冰箱里的气球》《自动水龙头的浪费水量有多少》《怎样做出人造彩虹》《苹果氧化观察试验》等。除此之外，还有一些同学开展了创新发明的课题研究，如《制作农事小日历》《书签式读书灯》《便携式折叠担架》《巧捕蟑螂装置》《乒乓球拾球器》《门镜潜望镜》等。通过课题研究，学生不再是被动的知识接受者，而是积极主动的探索者。他们从纷繁的生活现象中自主确定研究主题，制订详细的学习计划；在进行实验、整理分析数据时，学会严谨求证、理性判断；在遇到难题时，自主学习，努力寻求解决方案。在课题研究的过程中，学生提高了自身的逻辑思维与规划能力，发展了批判性思维，实践能力得以显著提升。

四、科学课程评价

科学教育评价体系是科学教育加法支持系统中的重要组成部分。一个科学、全面、有效的评价体系，可以准确反映教学效果，促进教师专业成长，推动学生全面发展。我校历经多年教学实践，构建了涵盖课程、教学、学生科学素养、实践活动及项目式研究等多维度的综合评价体系。该评价体系紧密结合学校实际，全面考量学生年龄特征与认知规律，强调过程与发展并重，力求实现评价的科学、全面与有效。

"科学园"课程是我校教育体系中不可或缺的一部分，旨在培养学生的科学习惯、实践能力和创新精神。为持续完善科学教育，学校对课程与教师实施评价，同时从学生终身发展的角度，对学生的成长进行持续关注和评价。通过多元评价，达成课程目标，助力学生素养提升。

（一）课程评价

课程评价是教育过程中不可或缺的一环，它对于提升教学质量、促进课程改革和保障学生学习效果具有重要意义。课程评价旨在全面审视课程设计、实施及成效，及时发现问题并改进，同时促进教师反思教学、优化策略、提升教学水平。做好课程评价，首先，在于确立科学的评价内容与方式，全面覆盖课程目标、内容、方法、过程及成果。其次，采用多元化的评价方法，如问卷调查、访谈、观察、文本分析等，确保评价结果的客观性和全面性。最后，对评价数据进行深入分析，提出具体的改进措施，并将评价结果反馈给教师、学生和管理者，形成一个持续改进的良性循环。通过这样的课程评价，我们能够不断优化课程体系，提高教育质量，更好地服务于学生的发展（见表2-6）。

表2-6　"科学园"课程评价内容和方式

评价内容		评价主体	评价方式
课程内容	课程纲要	"科学园"课程建设委员会	汇报展示
	课程方案	行政主管部门、专家	文本分析
	课程资源	"科学园"课程设计组成员、学校科学课程评审委员会	SWOT分析、诊断监测
教师教学	课程设计	课程设计组成员、学校课程评审委员会	文本评价、交流互动
	课程执行	学生、教师、教研员、专家、学校科学课程评审委员会	听课观察、个别访谈、问卷调查、汇报展示
学生学习	学习过程	学生、家长、教师、学校教学主管部门、基地合作机构人员	听课观察、评价量表（五星评价）、汇报展示
	学习成果	学生、家长、教师、校外合作机构人员、各赛事评委	评价量表、汇报展示、问卷调查、测试检验

（二）教师评价

为促进教师专业成长、提高教育教学质量、确保教育目标的实现，学校建立了公正、合理、全面的教师评价体系，包括专业素养和教学素养两个一级指标，以及从教行为规范、学术素养出色、课程实施素养、教学效果等二级指标（见表 2-7 ）。

表 2-7　教师评价表

一级指标	二级指标	参考标准	分值	自评	校评
专业素养	从教行为规范	认真落实劳动课程标准及教育教学相关政策要求，自觉遵守课堂常规，完成教学任务，落实学生减负工作。有效课堂教学，打牢基础课程	2		
	学术素养出色	（课堂实践）能挖掘学生潜力，拓展相关科学课程	60		
		（研究能力）用科研的思维探究"科学园"课程创新教学方法和手段，探索适合学生特点的科学教育范式			
	课程实施素养	以多种形式整体性、系统性开展"科学园"课程建设与实施	20		
		用科学教育方法激发学生的学习欲望，培养学生的科学素养及思考与思维的能力			
教学素养	教学效果	根据教学目标完成教学任务	9		
		能帮助学生完成"科学园"课程，形成科学成果	9		
合　计					

首先，一级指标涵盖教学能力、科研能力、师德师风、学生满意度等多个维度。其次，评价方式结合定量与定性评价，如课堂观察、学生反馈、同行评议等，确保评价结果既准确又公正。最后，评价过程需强化教师参与及反馈机制，激励教师自我审视，并为教师提供有针对性的改进建议与成长平台。此教师评价体系能激发教师工作热情，推动教师队伍整体素质提升，最终造福学生，助力教育事业蓬勃发展。

教师评价体系的完善是一个持续改进的过程，其目的在于通过科学的评价方法和有效的激励机制，推动教师不断提升教学能力，促进学生全面发展。

（三）学生评价

1. 评价方式

中关村第一小学"科学园"课程在不同实施形态中的方案都是不同的，课程内容是多学科融合的，项目实现手段也是多样的，因此我们致力于构建一个多元化、全面性的评价体系，以确保客观、准确地评估学生在课程中的学习成果。主要包括表现性评价、展示性评价、过程性评价、诊断性评价和生成性评价。这些评价方式的设计和实施，充分体现了"以学生为中心"的教育理念，注重对学生学习全过程的关注和引导。

（1）表现性评价。

表现性评价旨在全面考查学生在设计动手实践过程中的综合素养，具体包括表达能力、逻辑思维能力、创新创造能力以及实际操作能力。细致观察学生在项目设计、实验操作、问题解决等关键环节的表现，教师能更准确地评估学生的科学素养和综合能力，进而提供精准指导和支持。

（2）展示性评价。

展示性评价涵盖小组展示和个人展示等形式，全面评估学生在科考站方案设计、项目成果介绍等环节的表现。这种评价方式不仅关注学生的表达能力和团队协作精神，更能够深入挖掘学生的创新思维和问题解决能力。通过展示性评价，学生能够在实践中锻炼自己的表达能力和自信心，同时也能够从同伴的展示中汲取灵感和经验。

（3）过程性评价。

过程性评价注重全面关注学生设计制作的学习过程，而非仅看重最终成果。它贯穿于项目实施的各个阶段，通过学生自评、同学互评和教师点评等多种方式，全面记录并评价学生在学习过程中的表现。这种评价方式有助于教师及时发现学生在学习过程中遇到的问题和困难，从而为其提供更加个性化的指导和帮助。同时，过程性评价也能够增强学生的自我反思能力和自主学习能力。

（4）诊断性评价。

评价表以当节课的课程目标为基础，将目标细化为 A、B、C 三个等级（见表 2-8）。学生需自行保管评价表，并随时记录个人学习进展，每个学习单元结束后，再将反馈提交给教师。此评价方式能让学生明确知晓每个学习阶段的状况与进步，进而更有针对性地调整学习策略与方法。同时，教师能通过学生的反馈迅速掌握教学效果，为日后的教学改进提供坚实支撑。

表 2-8　诊断性评价表

课题	知识能力	A 级	B 级	C 级
小孔成像	1. 小孔成像原理 2. 相机的简单构造	能理解小孔成像原理	理解小孔成像与相机的关系	能动手制作简易相机

（5）生成性评价。

在科学素质课程实践中，注重学生科学素养的形成与发展，以科学笔记的形式将学生在课堂学习中的知识要点和观察与思考记录下来，同时以知识拓展的方式让学生对自己的课堂学习进行生成性评价。科学笔记可以课上完成，也可以课下自测；既有文字的自我检测，又有实验的步骤和计划，全方位呈现科学探究的过程，让学生真正养成科学的思维习惯和方式方法。

2. 评价内容

学生是学习的主体，学校所有的一切也是为了学生。因此本课程从学生的实际获得角度来评价课程实施的效果。根据项目实施流程，评价内容主要包括以下三个方面：

（1）知识掌握和运用情况评价。

这一评价主要关注学生在文献收集、实地调研等活动中运用自学的科学知识分析问题、解决问题的能力，以及小组合作中的表现、作品的创意等方面。教师会细致观察学生的学习过程，深入分析学生的学习成果，以此来评估学生是否熟练掌握了文献收集和调研的技巧，以及是否具备了自主学习的能力和良好的团队合作能力。

例如，在"科学园"课程的火星探测站项目中，教师会着重评价学生是否能灵活运用所学的天文学和物理学知识，设计出既科学又合理的火星探测方案；是否能够通过查阅资料，了解火星环境的特点；是否能够在小组讨论中积极发表自己的见解，与他人有效合作等。

（2）设计环节表现评价。

这一评价主要关注学生在整个科考站项目中设计环节的表现，包括从美观、稳定性、智能化和生态适应等方面进行草图设计和文字说明，小组讨论优化设计方案，工程图纸绘制等。教师通过评价学生的设计过程和成果，判断学生是否掌握了设计构思的方法，是否培养了团队合作精神，能否运用生物、数学、物理、地理、工程等学科知识解决问题等。在实际评价过程中，教师不仅重视学生的设计成果，更看重学生在设计过程中的思维发展和创新思考。

例如，在设计火星探测器时，学生需要深入理解火星环境的极端特性，如极端的低温、低气压和强辐射等，并据此提出创新的技术解决方案。比如，火星探测器的设计必须考虑如何在恶劣的环境中保持稳定运行，如何保护电子设备免受高辐射损害，以及如何在低气压条件下实现有效的气动控制。此外，小组讨论中应鼓励学生理性分析同伴的建议，不断优化设计，以确保探测器能够适应火星的特殊环境。

（3）动手实践操作评价。

该评价聚焦于学生在科考站项目中动手实践的表现，涵盖 3D 打印、激光切割、金工木工及编程控制等技术的运用。教师通过评价学生的操作技能和成果，判断学生是否通过本课程拥有了工程思维和技术意识，是否提高了物品设计和制作能力等。评价过程中，教师既看重学生完成制作任务的情况，更强调其问题解决能力和创新思维的培养。

例如，学生在 3D 打印遇到难题时，能否冷静分析并解决；在编程控制探测器时，能否按需优化程序以提升效率。

3. 评价工具

（1）科学素养测评指标体系。

学校深度参与了海淀区教育科学"十三五"规划群体课题"区域中小学科学素养提升的实践研究"，为了确定本校学生在科技教育中的具体问题，学校组织学生参与海淀区科学素养调查。调查前期，学校深度参与了测评指标的开发与测试，包括试卷开发、第一批测试、学区组织的前测、测评解读以及后续的一系列测试（见图 2-9）。

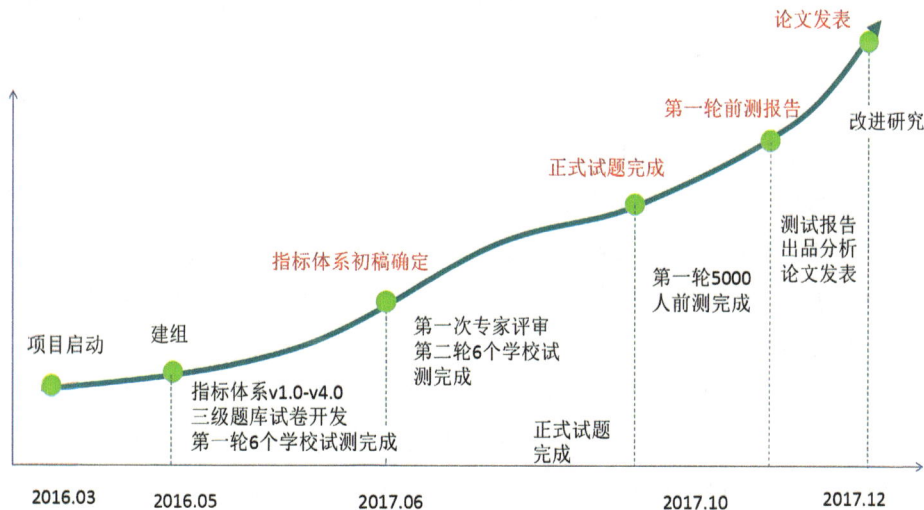

图 2-9　学生科学素养评价指标开发测试计划

传统考试一般会设置选择题，直接看分类结果。而改进后的这道题，采用了流程图，引导学生经历比较与分类、分析与综合等思维过程，从定性和定量两个方面进行科学推理，实现了对学生科学过程与能力的全面考察（见图 2-10）。

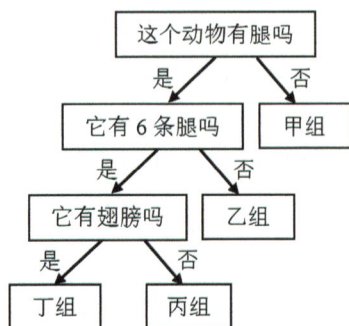

图 2-10　科学素养评价样题设计思路

测评数据根据学生的知识掌握水平分为五个阶段：

学生水平 1：未掌握本学段的科学知识，不具备本学科应该发展的科学能力。

学生水平 2：掌握本学段少量的科学知识，具备本学科应该发展的一些科学能力。

学生水平 3：能运用科学知识与方法解决简单问题，具备一定的科学思维能力、探究能力、实践创新能力和交流反思能力。

学生水平 4：能运用科学知识与方法解决较复杂的问题，具备良好的科学思维能力、探究能力、实践创新能力和交流反思能力。

学生水平 5：能灵活运用科学知识与方法，创造性地解决真实问题，表现出良好的科学素养。

根据学生在测评过程中的具体情况，总结制定了五个能力培养目标：

① 激发学生兴趣，开展任务驱动式和项目式学习，培养学生实践创新能力；

② 培养学生仔细观察、动脑思考、主动提出问题的能力；

③ 培养学生的创新思维和设计思维，以及在真实世界中解决真实问题的能力；

④ 培养学生制订计划的能力，在科学实验的过程中不断质疑和验证；

⑤ 培养学生科学的探究精神，涵养学生的责任与担当。

并由这些目标入手，设计课堂教学实践活动，着力提高学生科学素养。

（2）科学学科评价卡：以"科学素养"为核心的新型课堂评价方式。

2022 年，新修订的《义务教育科学课程标准》正式颁布，核心素养不仅是课程标准修订的基石，也是课程培养的目标。科学课程旨在培养学生的核心素养，以满足个人终身发展和社会发展的需求，体现了科学课程的育人价值。核心素养涵盖科学观念、科学思维、探究实践以及态度责任等多个方面。

学校开发的校园评价卡（见图 2-11），作为一套高效的过程性评价手段，具有过程性、便捷性、统一性和可视性等主要特征，通过"五育融合"的评价为班级管理赋能，促进了学生的健康成长。在"五育融合"的基础上，与科学学科的核心素养紧密结合，发展出了科学学科的评价体系。科学学科评价卡分为基础级和进阶级两个层次。

图 2-11　科学学科部分评价卡

①基础级评价卡。

主要由科学教师在课堂上发放。这些评价卡全面覆盖了科学学习的各个领域，能够准确反映学生的科学素养发展水平。

科学观念评价卡：评价学生的科学世界观和方法论的形成。

科学思维评价卡：评价学生的逻辑思维、批判性思维和创新思维能力。

探究实践评价卡：评价学生的动手能力、实验设计能力和数据分析能力。

态度责任评价卡：评价学生的科学态度和社会责任感。

②进阶级评价卡。

前两种主要由科学教师在课堂上发放，最后一种需要学生在葵园少年科学院自主兑换。这种层级分明的设置，既能有效激发学生的学习热情，又能积极引导学生主动投身于科学探究活动中。

初级小科学家评价卡：评价学生的基础科学研究能力。

高级小科学家评价卡：评价学生的综合科学研究能力。

科学勋章评价卡：奖励在科学探究中表现突出的学生。

这种多层次、多角度的评价体系，不仅全面评价了学生的科学素养，也为学生提供了清晰的发展目标和激励机制。科学学科评价卡体系的实施，显著提升了学生对学校科学课堂的兴趣和参与度，小组讨论氛围热烈，合作探究过程深入细致，课后研究型作业完成质量高。科学学科评价卡全面提升了学校科学教育的成果。

五、科学课程体系创新与特色

学校科学课程建设的创新特色主要体现在以下四个方面：

第一，形成"不让一个孩子当观众"的科学课程实施理念。该理念旨在培养学生的科学学科素养，弘扬科学家精神，其前提是激发学生对科学的兴趣。学校在课程实施中始终秉持这一理念，因此，课程实施中更注重内容的广泛性、分层性、特色性，确保不同学段、不同认知水平的学生都能参与各项活动，促使学生在喜爱科学的基础上发展各项综合素养。

第二，课程体系的设计体现跨学科融合元素，有助于培训学生的综合素质。学校在科学课程建设中，打破了传统学科之间的界限，整合了不同学科知识，实现了跨学科的教学模式。这种跨学科融合教学不仅丰富了课程内容，也促进学生构建全面认知、形成思维方式，深化对科学原理的理解与应用，培养了学生的综合素质和创新能力。

第三，实施跨场域拓展教学，构建随时学习环境。学校充分利用校内外资源，拓宽教学场域。依托科研家校社合作，融合科学课程与实际问题，让学生在实践中领略科学魅力。拓展学习空间，挖掘多重功能，运用智慧化手段，营造"随时随地学科学、用科学"的泛在学习环境，跨场域拓展教学不仅让学生回归真实生活场景，还拓宽视野，提升实践能力和创新思维。

第四，学生本位的创新实践。学校坚持以学生为本，注重培养学生的创新实践能力。在科学课程中，鼓励学生主动参与实验、研究和创新活动，让他们在实践中掌握科学知识和技能。例如，提供学生自主实验和研究的平台；组织科学竞赛和项目，激发学生的创新思维和动手能力；鼓励学生参与学术交流和合作，提升他们的科学表达和团队协作能力。通过高校创新实验室的实践、企业创新培训项目的实施、社会组织的创新人才培养计划以及国际交流与合作培养模式，学生本位的创新实践不仅激发了学生的学习兴趣和动力，也有效培养了他们的创新能力和解决问题的能力。

学校的创新教育不仅丰富了课程内容，而且显著提升了学生的综合素质和创新能力，为培养未来的科学人才奠定了坚实基础。

六、案例：探究化的科学课堂

低年级案例：动手玩中悟科学

教学理念：动手玩科学

课程形式：有趣的科学世界

教学强调：知观察，会描述

案例 1 纸的魔法世界：折出无限可能 [1]

《神奇的纸》是教科版《科学》教材二年级上册第二单元《材料》的内容。本单元在科学学科领域中属于物质科学领域，主要涉及物质的结构与性质、工

---

[1] 此案例由孙重霞老师提供。

程设计与物化两个核心概念，以及结构与功能两个跨学科概念（见图 2-12）。

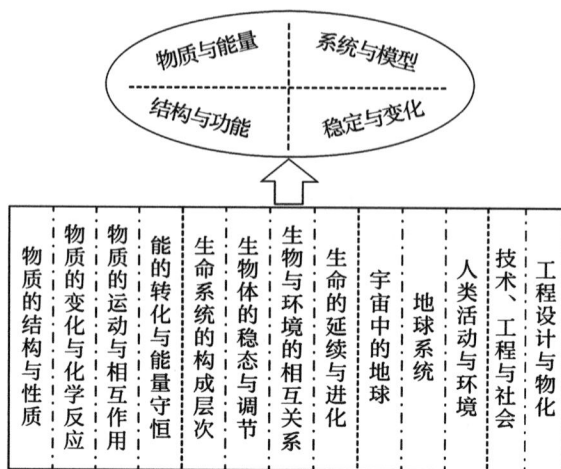

图 2-12　科学课程的内容结构

　　本单元从教育的视角来看，其最大的价值在于激发小学生探究物质世界的好奇心，形成一些初步的物质科学意识，为科学素养的全面发展奠定基础。

　　物质、物体和材料是"物质的结构与性质"中最基本的概念，物体是具象化了的物质，材料是功能化了的物质，正是通过对具体物体特征和材料性能的认识，学生才能逐渐认识"物质具有一定的特性与功能"的概念，进而掌握"物质的结构与性质"这一核心概念，形成"结构与功能"的跨学科概念。

　　进入 21 世纪以来，国际科学教育研究和科学课程改革取得了显著进展，其中之一就是强调思维型科学探究。而我国《义务教育科学课程标准（2022版）》明确把科学思维定为科学课程要培养的四大核心素养之一，而且是培养的核心。

　　科学教育的核心目标是促进高阶思维能力的发展。科学探究始于问题，终于问题解决与知识运用，助力学生的思维在实践过程中实现进阶发展。美国教育家杜威曾说："问题是思维教学的主线，思维教学要通过问题的解决才能实施。"美国心理学家布鲁纳也说过："教学过程是一种提出问题和解决问题的持续不断的活动，思维永远是从问题开始的。"所以，问题的提出及有效设计是促进学生科学思维发展的核心。

　　小学生特别是低年级段学生，存在生活经验少、思维水平低、课堂专注力低、学习兴趣持续时间短等问题。学生的探究活动只停留于在观察的基础上做出猜测，不能向验证猜测、得出解释方向深入。这样，思维只是停留在低阶水平，不能实现进阶发展。

针对小学生特别是低年级段学生存在的问题，需要设计有吸引力、挑战性、逐渐进阶的问题，即层层进阶的问题求解型任务，引导学生进行思维型科学探究活动。

在《神奇的纸》一课中，学生对纸加工前后的状态进行对比，从而认识到加工后的纸具有神奇的本领。学生首先观察并推测简单加工后的瓦楞纸具有的神奇本领，接着通过观察法、实验法进行不断验证，最终得出瓦楞纸具有更好的回弹能力、支撑能力和隔热能力的结论。而在比较支撑能力的过程中，在情境中设置游戏任务，利用任务驱动推动了三个层层进阶的思维型探究活动的开展，以便激发学生的参与兴趣，在分析问题、解决问题的过程中推动学生积极思维，实现思维的进阶发展。

一、学习目标

基于对新课标及学习内容的分析，确立如下教学目标：

（一）科学观念

通过对纸加工前后的状态对比，认识纸经过加工、改造、优化后性能会发生改变，认识到纸的性能改变或优化后可以用来制作符合一定功能需要的物品。

（二）科学思维

通过多角度、多方式的观察、比较，能描述出纸在改变前后的变化；能用对比的方法观察、研究、分析纸加工前后的变化，并在已有证据的基础上提出瓦楞状纸新性能的研究。

（三）探究实践

通过观察、比较加工前后的纸，初步推测并设计简单实验验证普通纸加工成瓦楞状纸后具有更好的回弹、支撑和隔热的性能。

（四）态度责任

仔细观察和比较，如实表达观察到的现象；通过观察材料加工改造前后的变化，培养加工、改造材料的兴趣。

二、情境任务

在这个任务中，学生们将扮演"纸的工程师"，探索普通纸经过加工变成瓦楞纸后的神奇变化。首先，学生需要通过动手实践，将普通纸折叠成瓦楞状，并观察其形状的变化。接着，学生们将参与一系列有趣的探究活动，验证瓦楞纸的回弹能力、支撑能力和隔热能力。

三、教学活动

活动一：动手加工普通纸为瓦楞状纸，初步认识瓦楞状纸

通过前测我们了解到，二年级学生对纸的特点和用途已经有基本的认识，能够描述出：纸很软、薄，怕水、火等，可以用来画画、写字、折纸等，有一些做手工的基础，能够折出小扇子。

本活动由"你能用一张普通纸做什么"导入，接着进行了把普通纸正反折叠的折纸比赛，在用眼睛观察形状后引出瓦楞状纸（见图2-13）。最后聚焦到"普通纸加工改造成瓦楞状纸后，能具有更多神奇本领、成为神奇的纸吗？"学生在此做出自己的各种猜测。

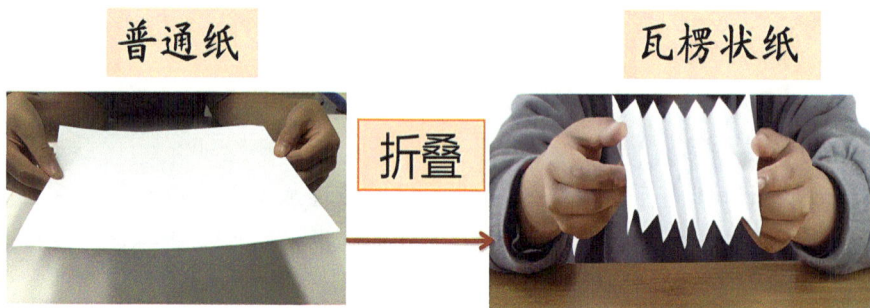

图 2-13　加工普通纸为瓦楞状纸

本活动的导入，既能调动学生回答问题的热情，同时也帮学生梳理普通纸具有的各种性能。折纸比赛，不仅可以训练学生的折纸能力，为后面的活动做准备，而且还可以增强学生改造纸的兴趣、加深学生对瓦楞状纸的认识，为观察纸加工前后的变化做铺垫。而学生对加工成的瓦楞状纸的神奇本领的猜测，是思维型科学探究的开始，也是学生认识建立或修正并再建的开始。

活动二：探索纸的神奇本领，进行思维型科学探究

探究1：纸的回弹能力

低年级学生认识世界的方式首先是用各种感官进行观察。首先，学生将上个活动中使用普通纸折叠成的瓦楞状纸与普通纸进行比较，用自己的小手轻轻压一压、按一按。其次，在学生初步体验的基础上，利用一个在家会接触到的"鸡蛋掉落"的情境引入，提出"瓦楞状纸是否可以拯救掉落的鸡蛋"的问题，

在学生做出猜测后出示视频，请学生观看视频并观察鸡蛋落到瓦楞状纸上后纸的变化（见图 2-14）。学生在这个探究过程中逐步总结出"普通纸加工折叠成瓦楞状纸后具有回弹的能力"的结论。

图 2-14　感受瓦楞状纸的回弹能力

在折叠、认识瓦楞状纸的基础上，要求学生先进一步观察、比较、描述两种纸的不同，在感官观察的基础上，创设情境问题，让学生做出猜测，再利用实验视频的视觉冲击，验证猜测。在这个探究过程中，学生不仅实证了瓦楞状纸的回弹能力，而且加深了对它的了解，并对其用途有了新的认识。

探究 2：纸的支撑能力

学生对于普通纸和瓦楞状纸的支撑能力谁更强有了一定的了解，如何在这种了解的基础上引导学生逐步形成概念并能利用所学来解决问题，实现思维的进阶发展？本课通过创设情境，设计游戏化、层层闯关的进阶问题解决型任务，具体做法如下。

（1）创设思维型情境。

大家今天都是纸桥工程师，要建造支撑本领强的大纸桥，我们需要按要求逐步完成纸桥的建造。

在游戏化的思维情境中让学生理解将要进行的挑战任务，既能激发学生的好奇心、好胜心，也符合二年级小朋友的认知水平和动手能力。

（2）在情境中设计层层进阶的问题求解型任务。

任务 1：建造支撑本领强的大桥，我们首先要选择建造纸桥的材料，你会选择普通纸还是瓦楞状纸呢？我们来比一比——"纸桥支撑能力大比拼"（见表 2-9）。

表2-9 纸桥支撑能力大比拼记录表

不同的纸桥		重物个数
普通纸桥		（　　　）个
瓦楞状纸桥		（　　　）个
双层瓦楞状纸桥		（　　　）个

任务2：我们做的瓦楞状纸桥已经有了很好的支撑力，但与现实中的大桥相比，有什么缺点？还需要做什么？

任务3：现有纸桥已竣工，纸桥结构不能再改变了，但有一个重物需要我们的纸桥支撑，现在只能给你一张普通纸，你该怎么做？

这三个问题求解型任务层层进阶，驱动学生深入探索，实现思维进阶。

在任务1中，学生首先通过观察普通纸和瓦楞状纸做出推测；然后通过"纸桥支撑能力大比拼"活动，用两种纸桥支撑重物的数据验证推测；最后得出结论——选择瓦楞状纸，并做出瓦楞状纸桥。

接着，任务2中提出瓦楞状纸桥与现实中的桥存在不同，要求学生进行改进。学生通过观察、比较，提出瓦楞状纸桥不宜通行，需要添加平的桥面，并提出使用普通纸。在这一过程中，学生不仅能继续进行探究，而且能发现问题、分析问题，并利用已有的知识（普通纸平滑的特点）提出解决办法。学生思维达到了高阶的水平。

而任务3驱动学生将本节课初步形成的概念（普通纸加工成瓦楞状纸后有更强的支撑能力）进行了应用实践。不仅帮学生巩固了概念，而且使学生将新知进行了应用，再次实现了思维的进阶发展。

本探究活动借助游戏任务，驱动三个层层进阶的思维型科学探究活动开展。学生在选择纸建桥、改造纸桥以及增加支撑能力的过程中不仅两次证明了瓦楞状纸比普通纸支撑能力强，而且实现了从单层瓦楞状纸到增加平面再到双层瓦楞状纸的不断进阶，学生在这个过程中实现了思维的进阶发展（见图2-15）。

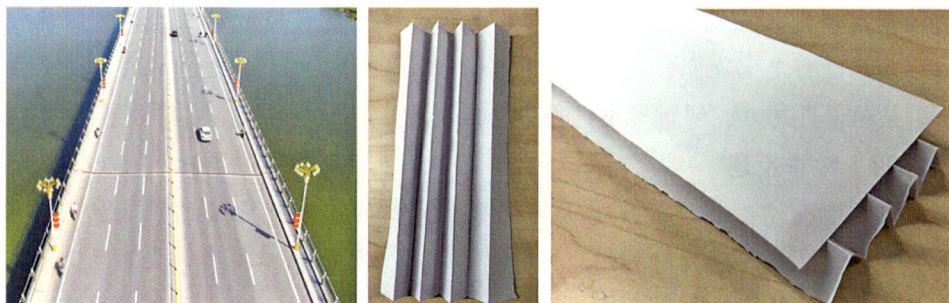

图 2-15　增加桥面

探究 3：纸的隔热能力

在观察、推测的基础上，学生首先从感官上进行体验，用手摸一摸，感受纸加工前后的隔热效果，有了普通纸和瓦楞状纸隔热能力的比较。接着，为了更真实、更直观地看到两种纸隔热能力的不同，应用了感温贴纸来展现隔热实验的结果（见表 2-10）。

表 2-10　纸的隔热能力记录表

工具		
	普通纸	瓦楞状纸
包住热水杯后	黑色（　　　） 红色（　　　）	黑色（　　　） 红色（　　　）
结论	（　　　）有更好的隔热本领	

学生在这一实验中经历"观察—推测—验证—解释"的科学探究过程，实验方法也从简单的感官感受到使用更科学的方法得出实验结果。这样的探究，既可以培养学生的实证意识，也可以培养学生改进、创新实验方法的创新能力、创新思维。

活动三：拓展各种各样的纸

生活中还有很多其他不同的纸，它们有什么功能，又是怎样做出来的呢？通过这个问题，学生的研究视角就从普通纸通过简单折叠发生形状的改变拓展延伸到通过不同加工方法做出各种不同功能的纸上，甚至进一步延伸到生活中的其他材料上。在这个过程中，学生逐渐认识到材料经过加工、改造、优化后，其性能会发生改变，人类可以根据自身需要对自然材料进行各种改造。学生的推理论证能力、创新思维也得以继续发展。

四、教学反思

本环节是学生在进行了本节课内容后进行的逻辑梳理的过程。首先，利用板书研讨纸加工前后的变化，主要包括加工方法、纸结构形状及功能上的变化。其次，从纸的折叠加工拓展到其他的加工改造方式，认识改造后的特点和用途。通过梳理，对聚焦问题形成解释，回扣课题，同时，培养学生的梳理能力、总结归纳能力。最后，将材料的特点与用途建立联系，为后面章节内容的学习打下基础。

（一）设计思维型科学探究活动，驱动学生思维进阶

在教学中注意遵循学生的认知、发展规律，在情境中设计游戏性的任务，并利用游戏任务的层层进阶驱动学生在挑战任务的过程中构建新知，实现思维的进阶发展。

（二）生活和科学课堂的随机切换，处处都有科学探究

低年级学生有少量的生活经验，但都是零碎的，学生没有将它们与课堂知识关联起来。在课堂上要给学生提供机会去进行关联思考，让学生从生活情境问题出发，在活动中经历"观察—推测—验证—得出结论"的科学探究过程，并注重对数据的比较与分析，初步培养学生的实证意识。

（三）利用科技产品，提供视觉实验现象

低年级学生对实验现象的认识、描述容易模糊，可以借助其他手段，例如成像方面有镜头慢放、慢动作拍摄甚至 AI 成像等，温度显示方面有融化、感温油墨、感温贴纸、温度计、测温仪等，让学生直接看到实验现象或数据，帮助学生理解实验现象、得出正确结论。

案例2　天气大变脸：认识自然的千姿百态 [①]

《各种各样的天气》是教科版《科学》教材二年级上册《我们的地球家园》单元中的内容，属于"地球与宇宙科学"领域，它将帮助学生形成以下三个主

---

① 此案例由张洋老师提供。

要概念：

主要概念 1：在太阳系中，太阳、地球、月球都在有规律地运动着。

主要概念 2：地球上有大气、水、生物、土壤和岩石，地球内部有地壳、地幔和地核。

主要概念 3：地球是人类生存的家园。

《我们的地球家园》属于教科版《科学》二年级上册第一单元，本单元涉及的内容从整体的地球家园有什么，到具体的地球家园上的动植物、地球周围的太阳和月球的变化、地球家园上天气及四季的变化，再升华到"做大自然的孩子"，整个单元实际统整"地球与宇宙科学领域"的三个主要概念，旨在建立"地球是一个复杂的系统，是人类生存的家园"的大概念，初步树立科学的人地协调可持续发展观。本单元应关注对学生"关联"思维能力的培养，引导学生从多角度看待事物，将知识关联起来，形成对事物的整体性认识。本单元也着力培养学生对待自然和环境友善的情感、态度和价值观。

《我们的地球家园》面向低年级阶段，该阶段所学习的科学知识大多属于事实性知识，即对观察的物体和事件进行客观、确定的陈述，主要源自学生运用感觉器官观察世界时所形成的感觉经验。本单元将带领学生开展对人类赖以生存的地球的初步认识，并为后续的地球与宇宙领域的学习打下基础。

二年级学生处于从具体形象思维逐步向抽象逻辑思维过渡的阶段，二年级学生的思维方式以形象思维方式为主，随着学生对事物的充分感知，可以采用多种方法初步培养其抽象思维。

所以，在本节课中，根据低年级学生的特点，将传统的讲授为主的课堂教学模式转变成以游戏、闯关和角色扮演的方式，让学生在兴趣中学习。

一、学习目标

（一）科学观念

知道天气现象有阴、晴、雨、雪、风等，能够区分阴天和多云。

（二）科学思维

了解阴、晴、雨、雪、风等天气现象的区别。

（三）探究实践

描述天气变化对动植物和人类生活所产生的有利和不利两方面的影响。

（四）态度责任

对探究天气现象给人类和动植物带来的影响这个问题感兴趣。愿意倾听、分享他人的信息，乐于表达、讲述自己的观点，能按照要求进行合作探究学习。

二、情境任务

在这个任务中，学生们将踏上一场关于天气的奇妙探险之旅，从识别天气现象到成为一名天气播报员，最终进一步理解天气对地球家园的影响。

三、教学活动

活动一：天气现象大闯关

天气是一定时间内大气的变化，学生在生活中已经积累了丰富的经验，课堂上要给学生时间和机会把生活中的经验进行总结和提炼。和讲授型课堂不同，本节课将采用闯关活动的方式，将晴、阴、雨、雪、多云等图片放到屏幕上，让学生自己选择图片进行表达，这里并不是说出天气的名称就可以了，还要讲一讲自己这么说的理由，也就是说出这个天气的特征，其他同学可以随时补充。和前测时出现的情况类似，大多数的天气学生都非常熟悉，只是到了多云和阴两个天气现象时遇到了困难，大家叽叽喳喳，一时间没有达成共识，这时教师将这两种天气的分类标准进行讲解，再让学生说说生活中遇到的阴和多云的情况，从而巩固对这两种天气现象的特征的认识。

活动二：我是天气播报员

在这个活动中，教师为学生提供一段视频，这段视频是一段用延时摄影拍摄的有变化的天气现象，开始是晴空万里，慢慢地云变得多了起来，从多云又到阴，忽然雷和闪电划破天空，暴雨接连而来，最后雨过天晴，天边有一抹彩虹。这次难度加大，需要学生面对着变化的天气现象，尝试当一次天气播报员，将刚才的天气变化说一说。这个活动既是对学过的天气现象的复习和应用，也能让学生感受到我们身边的天气都是在变化的。学生积极踊跃地参与了此项活动。

活动三：我是地球小居民

对于小学生来说，角色扮演是他们喜欢的学习方式，当每位学生分别扮演不同的动物、植物和人类时，课堂俨然是一个小小的地球家园了。学生从游戏中感受到天气的变化对所有的地球居民都会有影响，这种影响或许是有利的，或许是不利的。

天气变化影响着地球居民，因此人类才要了解天气并进行天气预报，这体现了人类与即将到来的天气之间的关联，动物、植物也是如此，在恶劣天气到来前，尤其动物会出现搬家、低飞等反应。同时，人类正在改变地球的模样，这也会对天气变化产生影响。

当最后一张图片展示出来时，学生能直观看到地球家园里天气、动植物、人类之间有着紧密而不可分割的联系，结合之前扮演游戏的经验，学生就更能体会地球居民之间要互相关心，同时更要关注我们共同的家园——地球。

四、评价工具

（一）课堂内的实时评价

（1）每个学习内容完成的时候，都会有一个奖章的评价，集齐三个奖章，就会获得本节课的奖杯。

（2）黑板标有小组组号，时时进行小组行为习惯的评价。

（二）课堂学习目标

通过教师提问、生生交流来对学生语言描述的逻辑和条理清晰程度进行评价。

水平一：能够说出阴、晴、雨、雪、多云等天气现象；能够说出天气对人类和动植物的影响。

水平二：能够说出阴、晴、雨、雪、多云等天气现象；能够说出这些天气的判断标准；能够从有利和不利两方面说出天气对人类和动植物的影响。

水平三：能够说出阴、晴、雨、雪、多云等天气现象；能够说出这些天气的判断标准；能够从有利和不利两方面说出天气对人类和动植物的影响，并且能够关联生活中的现象与同学进行交流。

（三）探究实践和态度责任

通过活动观察，在学生思维碰撞中进行评价。

水平一：愿意参与课堂活动，不愿意分享自己的观点。

水平二：愿意参与课堂活动，愿意分享自己的观点。

水平三：愿意参与课堂活动，积极分享自己的观点。

五、教学反思

（一）利用游戏闯关活动，尊重学生已有的知识，将其作为教学的生长点

本节课在备课与试讲的过程中产生了许多困惑。这节课的知识点比较散，很难找到一个问题将它们串起来，而且学生在课堂上的思维很发散、很难控制，备课一度陷入了困境。突破口：对学生进行了前测，从而发现了学生学习的起点，了解了学生的困难，找到了本课的线索——天气的变化。

（二）利用角色扮演活动，帮助学生进行关联思考，完成天气内容的学习

整节课下来，我发现学生丰富生动鲜活的生活经验是科学课堂的土壤，学生在生活中已经有了丰富的观察天气的经验，同时观察过很多动物和植物在天气变化中的反应，只是在生活中，这些经验之间是没有联系的、孤立的。通过本节课学生会将这些支离破碎的现象关联在一起进行学习并有所收获。

案例 3　餐具总动员：趣味中感知材料科学 [①]

《不同材料的餐具》是教科版《科学》教材二年级上册中的内容。本单元在科学学科领域中属于材料科学领域，涉及的学科核心概念包括材料的特性、材料的应用与选择、科学探究方法。跨学科概念为稳定与变化。

核心概念"材料与应用"主要包括以下三项学习内容：不同材料具有不同的特性，这些特性决定了材料的用途；通过观察和实验，学生能够发现和描述材料的特性；理解材料选择与生活需求和科学技术的关系。核心概念"科学探究方法"主要包括以下三项学习内容：观察与描述是科学探究的基础；通过比较与分类，学生能够更好地理解材料的多样性和应用；通过设计和实施简单实验，学生能够探索材料的特性和用途。

学生只有形成了科学的思维习惯才能将一般的实践能力和科学观念结合起来解决问题。《不同材料的餐具》学习的核心是通过探究不同材料餐具的特点和用途，让学生经历一个系统的科学探究过程：提出问题—观察与描述—设计实验—实施实验—分析与总结。通过餐具材料的探究活动，能够完善学生的知识结构，增强学生解决问题的综合能力和社会适应性；能够使学生在实验设计和实施中基于科学原理和实际需求，对材料选择进行评估，有依据地作出判断，有利于形成批判性、创新性思维能力，从而使学生跨越具体的学科知识，对材料科学与生活、技术有整体的认识。

一、学习目标

（一）科学观念

探究不同材料的餐具，学生将认识到，每种材料都有独特的特性，这些特性决定了它们的用途。

---

① 此案例由张金华老师提供。

（二）科学思维

通过实验设计与实施，学生能够将材料应用与实际生活关联起来，说明材料选择对生活质量和技术发展的促进作用，拓展科学思维。

（三）探究实践

通过探究活动，应用创造性思维提出多种设计方案，并基于批判性思维评价和优化材料选择。

（四）态度责任

通过了解不同材料的实际应用，学生将体会到科学知识在生活中的重要性，培养团队合作精神和坚持不懈的探究态度。

二、情境任务

《义务教育科学课程标准（2022年版）》提出，"实验探究项目要符合学习规律和学科特点，并在真实情境中进行"。一次科学课上，我带领学生们观看超市餐具区的视频资料，听到了这样一段对话：

A同学说："我发现超市里的盘子和碗有好多种，有的是金属的，有的是塑料的，还有的是陶瓷的。为什么它们要用不同的材料呢？"

B同学说："啊，为什么不统一用一种材料呢？比如金属的不是更结实吗？"

C同学回答："塑料的盘子更轻啊，拿起来方便。"

A同学疑惑地说："那为什么我们家有些盘子是木头做的呢？看起来挺好看的。"

听到同学们的对话，我意识到这是一个很好的教学契机，可以引导学生们深入探讨不同材料的餐具为什么要用不同的材料制造。于是，我在课堂上把这些对话分享给了同学们，并提出了一个真实情境下的科学趣味式学习活动——探究不同材料的餐具的特点，找出各自的优缺点以及它们在日常生活中的最佳应用场景。学生们将成为"小小科学家"，通过观察、比较、实验等方法，亲身体验并理解材料选择背后的科学道理。

为增加趣味性和创新性，我们设计了一个互动环节：请学生们自己设计一份"餐具菜单"，每个学生或小组选择一种材料，设计一种新颖的餐具，并说明为什么选择这种材料及其优缺点。这个任务不仅激发了学生们的创造力，还让他们在实践中学会应用所学知识。通过这个活动，同学们不仅能更好地理解不同材料的特性，还培养了批判性思维和创新能力。

最后，我们举办了一个"最佳餐具设计展"，学生们展示他们设计的餐具，并用简洁生动的语言向其他同学介绍他们的设计理念和材料选择。通过这样一个实际操作和展示的过程，学生们不仅增强了对材料科学的理解，还提升了表达能力和自信心。

这个情境任务设计不仅符合新课标的要求，还有效地激发了学生的学习兴趣，让他们在真实情境中进行科学探究，培养他们的综合能力和科学素养。

三、评价工具

多元评价方式是科学趣味式学习的重要环节，《义务教育科学课程标准（2022年版）》指出，"构建素养导向的综合评价体系，改进结果评价""强化过程评价，探索增值评价"。因此，创新多元评价方式是促进学生更真实地参与学习、发展科学思维和问题解决能力的重要途径。

在针对二年级小学生的《不同材料的餐具——趣味式学习》中，我们设计了适合低年龄段学生的评价工具，不仅关注学生的知识掌握和技能发展，还重视他们的思维方式、态度和责任感的培养。以下是具体的评价工具。

（一）星级奖励系统

为了激发二年级学生的积极性和参与感，我们设计了一个星级奖励系统。在每个活动环节中，学生可以通过表现获得星星，这些星星可以兑换小奖励或者用于班级荣誉墙展示。

（二）小组自评与互评

此外，在学习的不同阶段，教师可以组织学生进行小组自评和互评。每个小组成员根据以下维度对自己和组员进行评价，并写下简短的评语。

参与度：每个成员是否积极参与讨论和活动。

合作性：每个成员是否善于合作、互相帮助。

创意性：每个成员是否提出了有创意的想法和设计。

责任感：每个成员是否认真完成了分配的任务。

这种自评与互评不仅能促进学生自我反思和相互理解，还能增强团队意识和责任感。

四、教学活动

活动一：观察与记录，初步探究材料特性

首先，教师通过展示和讲解引导学生观察不同材料的餐具，如金属碗、陶瓷碗、塑料碗和木制碗。学生分组进行观察，使用眼睛、手、鼻子和耳朵等多种感官，记录每种材料的特性，例如颜色、光滑度、重量、气味和声音。教师提供观察记录表，帮助学生系统地记录他们的观察结果。

在这个环节中，学生需要学会使用科学词汇准确描述材料的特性，并与组员分享、讨论各自的观察结果。每个小组选出一个代表，向全班展示他们的观察结果和初步结论。在展示过程中，教师引导学生质疑和评价彼此的观察结果，提出改进建议。例如，"你们发现金属碗比塑料碗更重，那么为什么餐厅常常使用塑料碗而不是金属碗呢？"

这种质疑和讨论不仅有助于学生加深对材料特性的理解，还培养了他们的批判性思维。通过对不同材料特性及其应用的探讨，学生将认识到材料选择的多样性和复杂性。完成这一环节后，教师将根据学生的表现发放"善学评价卡"，表彰那些在观察和记录中表现优秀的学生。

活动二：猜谜游戏，巩固学生对各个材料特点的了解

学生在观察四种材料的餐具后，对各个材料的基本特点有了简单的了解，二年级学生特别喜欢做游戏，因此，这个环节用猜谜游戏最为合适。也就是说，把一种材料的餐具放进一个不透明的盒子里，然后让一个学生到前面去，他看到了这个餐具的材料，然后学生们开始针对材料的特性进行提问，这个学生回答是或者不是，看看谁能最快猜出是什么材料的餐具。每次这个环节都是学生最喜欢的，他们从开始要问十几个问题，慢慢过渡到问两三个问题就能快速猜出来。在提问中，学生的思维在飞速地对比各个餐具材料的相同点和不同点，经过几个回合的对比和猜谜，无形之中培养了学生的逻辑思维能力，而且激发了学生浓厚的学习兴趣。

活动三：设计与实验，探究材料应用

接下来，学生将进入设计与实验阶段。每个小组选择一种材料，设计一种新型餐具，并解释为什么选择这种材料以及其优缺点。学生需要绘制餐具设计图，详细描述餐具的形状、尺寸及功能，并说明材料选择的科学依据。

在设计完成后，学生将根据设计图制作餐具模型。教师提供必要的工具和材料，并指导学生如何安全使用这些工具。在制作过程中，学生需要解决实际操作中遇到的问题，例如如何使模型更稳固、如何减少材料浪费等。这些问题不仅考验学生的动手能力，还激发了他们的创造性思维。

完成模型制作后，学生将对其设计进行测试。测试内容包括餐具的承重能力、耐热性、稳定性和美观性等。每个小组需要记录测试数据，并根据测试结果改进他们的设计。在测试和改进过程中，教师引导学生通过批判性思维分析

测试结果，找出设计中的不足并提出改进方案。

在这一系列活动中，学生将经历从设计到制作、测试再到改进的完整探究过程，充分体会科学探究和工程设计的基本方法。教师将根据学生的创新性和问题解决能力发放"创新评价卡"，表彰那些在设计和实验中表现突出的学生。

最后，我们将举办一个"最佳餐具设计展"。每个小组展示他们的餐具设计图和制作的模型，并用简洁生动的语言介绍他们的设计理念和材料选择。其他学生和教师作为评委，对各个小组的设计进行评价，评选出"最佳设计奖""最具创意奖""最佳实用性奖"等多个奖项。

在展示环节，教师鼓励学生用批判性思维评判其他小组的设计，并提出建设性意见。例如，"你们设计的木制餐具很美观，但如果用来装热汤会不会容易裂开呢？"从初步观察与记录，到设计与实验，再到最后的综合展示，学生需要不断质疑现有的材料选择，提出改进方案，并通过实验验证他们的想法。在这个过程中，学生不仅掌握了科学知识，还学会了如何通过批判性思维和创新性思维解决实际问题。此外，教师可以引入一些前沿科技和实际案例。例如，介绍3D打印技术在餐具制造中的应用，让学生了解新材料如生物降解塑料的特点和优点。

通过这些创新性内容的融入，学生将不仅局限于传统材料的学习，还能开阔视野，了解材料科学的最新发展和应用。这种趣味式学习不仅提高了学生的科学素养，还培养了他们的综合能力，使他们在未来的学习和生活中能够更好地应用所学知识解决实际问题。通过不断的探索和创新，我们相信学生能够成长为具有科学素养、创新能力和社会责任感的未来人才。

五、教学反思

（一）教育者应该深化对评价育人功能的认识和挖掘

作为教育者，对评价的认识不能狭隘，评价不仅是对学生学业成绩的评定，更是对学生学习过程和能力发展的记录。在设计多元评价工具时，应从多维度进行思考，评价工具应丰富多样，涵盖知识、技能、思维和态度等方面。在课堂教学中，评价工具的应用应是伴随式的，让评价成为教学的一部分，帮助学生持续改进和提升。

（二）学习中的多元化评价方式应该以激发学生兴趣为目标

在科学项目学习中，评价卡真实记录了教师的每一次鼓励，使学生对评价不再是被动接受，而是在获取评价卡的过程中感受到认可和激励，逐渐喜欢上评价，甚至踊跃参与其中。例如，通过创设有趣的评价活动，如"科学探险之旅"或"材料大师挑战"，学生在完成任务的过程中获得评价卡，增加了学习的趣味性和成就感，激发了他们的学习兴趣和主动性。

（三）注重评价的过程性和增值性，培养学生的自主学习能力

在评价过程中，应注重过程评价和增值评价，关注学生的学习过程和进步，而不仅仅是最终结果。通过持续观察和记录，教师可以发现学生在学习中的成长点和瓶颈，并给予及时反馈和支持。例如，设置"成长记录卡"，记录学生在每个学习阶段的表现和进步，让学生能够直观地看到自己的成长轨迹，增强自信心和学习动力。同时，鼓励学生进行自我评价和反思，培养他们的自主学习能力和批判性思维。

（四）鼓励多样化的展示和交流，提升学生的表达能力和合作意识

在学习中，鼓励学生通过多样化的方式展示和交流他们的学习成果。例如，举办"科学展览会"或"材料博览会"，让学生展示他们设计和制作的餐具模型，并通过演讲、海报和视频等形式介绍他们的设计理念和实验过程。在展示和交流过程中，学生不仅能锻炼表达能力和合作意识，还能通过与同伴的互动和反馈，进一步完善作品和提升自己的思维能力。

通过这些多元化和创新性的评价方式，学生不仅能够在科学学习中取得更好的成绩，还能培养批判性思维、创新能力和社会责任感，真正实现科学教育的核心目标。

中年级案例：用心探索科学奥秘

教学理念：用心探科学

课程形式：科学发明探索者

教学强调：习方法，懂发现

案例4　网络安全卫士：守护数字世界的小英雄[1]

《在线安全——保护数字身份》是《信息科技》三年级第三单元的学习主题。在本单元的主题学习中，学生需要学习安全使用数字设备和网络的基本知

---

[1] 此案例由沈冬云老师提供。

识和方法。

根据《义务教育科学课程标准（2022年版）》相关要求，结合小学三年级的学生特点，我设计了本单元的教学目标：理解网络安全的重要性，知道个人信息的保护方法；学会识别和处理网络中的不良信息和网络欺诈；掌握安全上网的基本规则和技巧；学会使用网络工具进行学习和研究，如搜索引擎的使用、电子邮件的使用等；培养良好的网络道德，如尊重他人的隐私、不传播不实信息等；了解网络安全相关的法律和法规，知道在网络上的行为也是受到法律约束的；培养批判性思维，能够独立判断网络信息的真实性和可靠性。

在教学方法上，我使用了跨学科主题教学，强化跨学科主题教学中的关联：在实施信息科技课程时，注意系统化设计，并与"三个关联"紧密结合，即与其他学科、与社会实际及与学生生活经验的关联。在教学过程中，根据课程内容，层层深入、逐步递进，具体体现在分组讨论和实践操作中，引导学生认识网络使用中可能遇到的风险，以及如何避免这些风险，从而学会安全使用网络的方法。在讨论的过程中，通过多种活动提高学生的参与度。

《保护数字身份》是本单元的最后一课。在本单元的前三课中，学生已经系统地学习了《了解数字身份》、《注册数字身份》和《使用数字身份》，对网络安全有了相应的了解。这里，我设计了一节关于《保护数字身份》的教学案例，旨在帮助学生建立正确的网络安全观念，学会保护个人数字身份（见图2-16）。

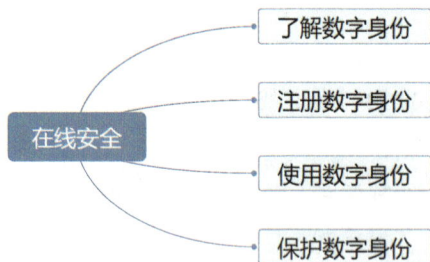

图 2-16　单元教学内容

一、学习目标

（一）科学观念

理解数字身份的概念，认识到保护个人数字身份的重要性。

（二）科学思维

学会识别和处理网络中的不良信息和网络欺诈。

（三）探究实践

学生能够掌握基本的网络安全防护措施，如设置复杂密码、不泄露个人信息等。

（四）态度责任

培养学生的网络道德意识，尊重自己和他人的数字身份，形成良好的网络行为习惯。

二、情境任务

在一个名为"智慧小镇"的虚拟社区中，学生们都是拥有数字身份的居民，此身份可用于参与社区活动、交流信息以及享受各种在线服务。然而，近期智慧小镇遭遇了几次网络入侵事件，导致部分居民的个人信息泄露，数字财产受损，社区的安全与和谐受到了严重威胁。为了应对这一挑战，智慧小镇决定发起一场"网络安全小卫士行动"。

三、教学活动

通过四个活动，层层深入地引导学生探究保护数字身份的方法和策略。

在教学活动开始之前，教师播放国家反诈中心的警察提示短片，短片讲述了在网络购物中数字身份被盗用的案例，详细描述了数字身份被盗用后可能产生的后果，如金钱损失、信用受损、个人信息泄露，以及这些后果对人们未来的影响等（见图 2-17）。

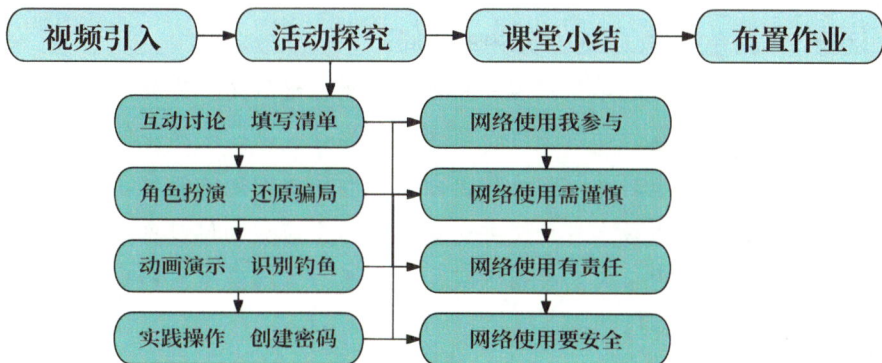

图 2-17　教学过程流程图

活动一：互动讨论，填写保护数字身份清单

引导学生思考：在生活中你是如何使用网络的，为什么保护数字身份很重要？并分享他们的网络使用习惯。从而使学生明白，在当今社会，科技飞速发展，网络无处不在，不仅给我们的生活和学习带来了很多便利，也带来了一些困扰和隐患。

分组讨论网络使用中可能遇到的风险，以及如何避免这些风险。讨论后创建一个《保护数字身份清单》，列出不应该分享的个人信息类型，填写如何在社交媒体等平台上设置隐私保护，以及使用官方网站和正版软件的重要性。讨论过程中请学生用自己喜欢的方式分享自己的观点。

《保护数字身份清单》（见表 2-11）是本节课学生需要讨论和填写的，随着学习的深入，学生逐列填写，并在讨论中进行完善。

表 2-11　保护数字身份清单（未填写版）

保护数字身份清单		
不应该分享的个人信息	设置隐私保护的方法	设置安全有效的密码

设置问题和讨论环节，鼓励学生分享他们对数字身份安全的看法，讨论自己或认识的人是否遇到过类似的情况，从而把信息安全和学生的生活实际联系起来，体现信息科技为生活服务的理念。

活动二：角色扮演，还原生活中的骗局

在分享过程中，鼓励学生模拟一些网络场景，进行角色扮演活动。学生可以选择扮演不同的角色，如被骗者、黑客、警察等，以此来加深他们对网络诈骗问题的理解，同时也培养了学生的创新思维和解决问题的能力等。让学生判断哪些行为可能会泄露数字身份，并讨论在生活中应该如何避免。引导学生在网络中采取积极和尊重他人的表达方式，避免参与网络霸凌或产生其他负面行为，共同营造良好的网络环境。

通过角色扮演，表演者可以与观众建立情感联系，增加信息的吸引力和记忆度，从而使学生明白，每个人都可能成为数字身份盗用的受害者，并且每个人都有责任保护自己的数字身份。

活动三：动画演示，识别钓鱼网站

由于课堂条件的限制，有些网络风险学生难以理解，课堂上又不能现场操作。比如我们应该如何识别钓鱼软件？教师可以事先制作简单的动画，并在课堂演示，展示恶意盗取别人隐私信息的过程，并解释这些风险是如何威胁到我们的数字身份的。

通过动态的、可视化的方式演示，学生直观地了解到钓鱼网站和链接盗取个人信息的过程，从而了解个人隐私泄露的危害。

活动四：实践操作，创建安全有效的密码

经过前面的学习和讨论，学生逐渐明白了设置密码可以有效保护个人信息，防止被不法分子窃取和滥用；同时有助于培养学生的网络安全意识和自我保护能力。引导学生讨论：什么时候需要使用密码？你是怎么设置密码的？让学生结合自身实际掌握创建密码的方法，体验用安全有效的密码保护数字身份的过程。此外，尝试使用在线密码强度检测工具，测试密码强度。思考为什么某些密码更安全，并强调定期更换密码的重要性。

附：在线密码强度检测工具

https://www.btool.cn/password-strength-analyser

指导学生利用密码管理工具创建一个既安全又容易记住的密码，并介绍一些预防密码被盗取的措施，如使用复杂密码、启用双因素认证、定期检查账户活动、避免在不安全的网络环境下登录敏感账户等。

通过创建和检测密码，学生真切地感受到密码的重要性，提升在线安全意识，并养成创建和使用强密码的习惯。最后，根据课堂的讨论和探究，请学生完善《保护数字身份清单》。表2-12是学生经过学习和讨论后完成的。

表2-12　保护数字身份清单（填写版）

保护数字身份清单		
不应该分享的个人信息	设置隐私保护的方法	设置安全有效的密码
真实姓名、身份证号	使用官方网站和正版软件	增加密码长度、定期更换密码
父母信息、电话号码	社交媒体谨慎使用个人信息	结合大小写字母、数字和特殊字符
详细家庭住址	小程序或学习APP避免过多信息的填写	避免易猜序列
家庭收入	保护家庭信息	利用替换和变种

家庭任务：要求学生与家长一起检查家中的网络安全防护措施，并制订一个家庭网络安全计划。鼓励学生绘制一张关于保护数字身份的海报，并于班级进行展示（见图2-18）。

图 2-18　学生海报作业

四、教学反思

通过本节课的学习，学生了解了保护数字身份的重要性，并学会了保护数字身份的具体方法，如定期更换密码、不在公共场合留下个人信息等。数字身份的唯一性与信用价值强调了保护个人隐私的必要性，要求我们增强自我管理能力，树立在线社会生存的安全观。

通过以上教学设计，以及使用多种教学方法，如案例分析、角色扮演、小组讨论等，学生不仅能够理解数字身份的概念，还学会了如何在实际生活中设置安全有效的强密码，保护自己的数字身份，为其在数字化社会中安全地成长打下坚实的基础。

由于部分学生平时不能上网，导致其在讨论和实践中的参与度不高，不能很好地评估他们对数字身份保护的认识和掌握程度。

在科技飞速发展的今天，教师如何持续更新课程内容，确保学生能掌握最新的信息安全知识和技能也尤为重要。

综上所述，在网络应用过程中，我们应合理使用数字身份，深刻理解其对日常学习与生活的重要作用和深远意义。我们通过规范的网络信息交流，浏览和传播符合社会主义核心价值观的信息，学习用社会公认的行为规范进行在线交流，认识到自主可控技术对保障数据安全的关键作用。此外，认识并采取常见的防护措施，有意识地保护数据，是我们在数字时代保护个人数字身份和隐私的基石。让学生加强对自己数字身份的保护与管理，不仅提升了他们自我管理的能力，也是按照规范开展信息活动、保护在线社会安全的重要体现。

案例5　沙漠绿洲梦：点亮低碳未来 [①]

《沙漠驿站——低碳小屋》之《设计与制作照明系统》单元由三个主题构成：

主题1：了解沙漠环境及新疆太阳能发电的概况。

主题2：学习电路连接的基本原理以及3D打印技术等信息知识。

主题3：设计太阳能发电低碳小屋模型，不断调试和迭代模型直至解决问题完成创意搭建。

本单元旨在帮助学生了解科学家探究问题的过程，使学生像科学家一样经历"发现现象—提出问题—猜想（假设）—实验设计—得出结论"的过程，培养学生的科学思维，提升学生的科学素养；系统性地训练学生的工程思维，固化工程师的思维框架（明确问题、制定方案、实施方案、改进调试，在不断迭代方案中创造性解决问题），提升学生的工程素养和综合实践能力。

本节课是《设计与制作照明系统》单元的最后一课。在之前的学习中，学生已经了解了沙漠的环境概况以及设计低碳小屋的原则，在此基础上完成了低碳小屋照明系统的电路图，并进行了初步搭建。本节课的主要内容是制作并组装低碳小屋外壳、迭代低碳小屋模型直至创造性地完成作品，并进行分享和评价。

一、学习目标

（一）科学观念

通过完成沙漠建设低碳小屋的任务，培养学生在生活中减少对高碳能源的依赖，大力发展可再生能源，降低碳排放的意识，帮助学生树立低碳环保的科学观念。

（二）科学思维

通过分析、推理简单电路的连接方法，进一步综合设计低碳小屋电路（串联、并联），培养学生科学思维的逻辑性。

---

① 此案例由朴蕾老师提供。

（三）探究实践

通过完成沙漠建设低碳小屋的任务，使学生了解工程师解决问题的方法，并应用方法制作低碳小屋模型；通过小组合作培养学生团结、协作的能力。

（四）态度责任

通过了解丝绸之路和驿站发展的历史，培养学生爱护、保护国家历史遗迹的爱国情怀。

二、情境任务

古尔班通古特沙漠位于我国新疆，是中国的第二大沙漠。历史中，古尔班通古特沙漠南缘有一条至今仍保留着路基痕迹的唐代古道——唐朝路，在丝绸之路上具有关键意义。

新疆太阳能资源丰富。2021年，新疆的首个光热发电站调试完毕，这个发电项目通过仪器收集太阳能转化为电能，可实现年供电量1.983亿千瓦时，每年可节约标准煤炭6.19万吨。结合目前的低碳经济，新型环保节能建筑渐渐走入人们的视野，太阳能低碳环保屋是一种由太阳能板搭建的房屋，即便是没有通电的地区也能自给自足。

新疆五家渠市非常重视唐朝路沿线历史遗迹的开发，而沙漠作为一个特殊旅游资源，具有别样的特色和魅力，这类资源在中国的开发还为数不多。目前，政府正在大力扶持沙漠旅游业发展，希望能建设沙漠驿站，在为旅客提供放松身心场所的同时防风固沙、治理沙漠。

结合以上背景，我将本课的任务确定为古尔班通古特沙漠驿站设计房屋，实现利用太阳能发电并用开关控制灯泡明灭的功能。

三、评价工具

课堂评价是教学过程中的重要环节，具有多方面的作用和意义。好的课堂评价能够为学生提供及时的反馈，让他们明确自己的优点和不足，增强学习的动力和自信心，促进自我反思和改进。传统的终结性评价具有局限性，而过程性评价与传统的终结性评价相对，更注重学生在学习过程中的努力度、参与度、进步情况，以及所表现出的各种能力和素养。量规是一种过程性评价的工具，很适合在本课中进行"任务驱动型"的评价。

因此，本节课在组内、组间和教师的评价时，采用了评价量规的方式。

（一）学生小组内部成员进行团队的沟通与协作评价

低碳小屋模型的组内评价表框架包括团队名称、团队建设、团队分工和参与程度。评价等级分为5星、3星、1星3种。学生根据自身表现，对照评价表格进行自我评价。

（二）学生小组之间进行作品的设计与制作评价

低碳小屋模型的组间评价表框架包括方案设计图、作品完成程度、测试与迭代和造型创新性四个维度。评价等级分为5星、3星、1星3种。组内成员进行协商，对照表格对其他小组进行组间评价。

（三）教师进行作品的汇报与交流评价

低碳小屋模型的教师评价表框架包括汇报结构完整、语言表达、行为动作和倾听反馈四个维度，评价等级分为5星、3星、1星3种。教师根据每组同学的整体表现，对照表格进行评价。

四、教学活动

活动一：回顾任务、激发兴趣

在本环节，教师带领学生一起回顾核心任务：为古尔班通古特沙漠设计低碳小屋的照明系统，实现将太阳能转化为电能，并用开关控制灯泡的功能。学生分享设计方案，包括低碳小屋的电路图和低碳小屋的结构图。此活动的教学目的是回顾课程的背景和情景、明确核心驱动任务，激发学生的制作热情。

活动二：小组讨论、确定方案

在本环节，教师引导学生讨论方案的可行性，指导学生讨论并迭代设计方案。大家为不同组的同学提出建议，并修改本组设计方案。此活动的教学目的是通过学生间的相互评价，迭代本组的设计方案，提高学生的表达、沟通和协作能力。

活动三：实施方案、调整迭代

在本环节，教师指导学生各种工具的正确使用方法，包括如何使用胶枪、连接杆的连接技巧等。学生则制作"低碳小屋"外壳、制作组装和调试"低碳小屋"模型。此活动的教学目的是通过模型的制作、迭代，提高学生的动手能力，同时体验工程师的工作过程。

活动四：测试模型、展示交流

在本环节，教师讲解评价标准，并引导学生及现场其他教师进行评价。学生分组分享作品，进行汇报和模型展示，其他学生和教师评价每组学生的作品。此活动的教学目的是通过评价表格和现场教师评价引导学生从多个维度进行他评和自我评价。

五、教学反思

（一）课程注重学生科学思维的培养

科学思维的培养是一个长期且系统性的过程，本课程的教学是在真实的生活情景下，提出为古尔班通古特沙漠设计"低碳小屋"的照明系统的问题，激发学生的好奇心和设计欲。在设计连接电路的探究中，学生逐渐掌握提出问题、做出假设、设计实验、收集数据、分析结果、得出结论等一系列科学研究的方法，培养学生的科学思维，提升学生的科学素养。

（二）课程注重学生工程素养的提高

本课程从开始基本都是以 PBL 模式进行的。在问题中提出假设，在实验中进行分析和推论，在实践中学习原理，在制作中不断迭代。强调现实生活中真实问题的解决，并在解决问题设计模型的过程中，系统性地训练学生的思维，固化工程师的思维框架，提升学生的工程素养。

（三）课程注重多维度评价学生

多维度评价学生能更全面地反映学生的发展状况，发现学生的优势和不足，为学生的个性化发展提供指导。本课程采用多样化的评价方法和工具，如量规评价、项目报告、自我评价、同学互评、教师评价等。评价出最佳造型创意、最美设计图、最完善室内规划、最佳团结协作、最佳小组汇报、综合排行第一名等不同奖项，确保评价结果的多样性和有效性，促进学生全面而有个性地成长。

案例 6　科技讲述中国故事：传统与现代的完美融合 ①

《用信息科技讲中国故事》是一个将传统文化融入信息科技教学中的创新案例。通过学生的仔细观察、深入思考和亲身实践，体会中国传统文化的奥妙，让信息科技在中华文化的土壤中生根发芽，用信息科技讲好中国故事。

一、学习目标

（一）科学观念

理解不同时代有不同的文化，文化具有传承性和开放性。认识到文化需要在与其他文化的交流中不断吸取新内涵，以实现创新发展。

---

① 此案例由黄凯老师提供。

（二）科学思维

了解信息科技对中华优秀传统文化发展的推动作用，认识到传统文化在信息化、数字化变革中呈现出新的内容和形式。

（三）探究实践

将更多具有趣味性的传统文化融入信息科技的教学中。尝试在保持自身文化特质不变的情况下，实现传统文化的创造性转化和创新性发展。

（四）态度责任

激发学生的爱国热情，增强学生的民族自豪感，让学生体会到中华传统文化的博大精深、源远流长，激发学生对中华优秀传统文化的学习兴趣。

二、情境任务

随着信息科技的飞速发展，学生们的生活方式、学习方式乃至文化传承方式都在发生着深刻的变化。在这个时代背景下，如何将中华优秀传统文化与现代信息科技相结合，既保留传统文化的精髓，又赋予其新的生命力和表现形式，成为一个值得探索的课题。本项目旨在通过一系列实践活动，促进学生们在亲身体验中理解文化的传承性与开放性，感受信息科技对传统文化发展的推动作用，并激发学生的爱国热情和民族自豪感。

三、教学活动

活动一：汉字之趣，培养学生汉字的输入与拆分、基本图形的绘制与调整能力

汉字，又称中文、中国字，别称方块字。汉字历史悠久，除了是汉语的记录符号外，还蕴藏着中国人的深刻智慧与独特思维，以及丰富的人生哲理。

汉字是象形文字的代表。象形文字的结构形态多种多样，主要有以下三个特点：

第一，有些象形字以刻画实物的整体，表达一个意思。比如"月"字就是月亮的形态；"目"字就画成人的眼睛等。

第二，有些象形字以刻画实物的局部代表整体，表达一个意思。比如"牛"字即用牛的角代替，用羊的角来形象地表达"羊"字的意义等。

第三，虽然古代象形文字与图画有着密切的渊源，但二者有着根本区别。从一定意义上说，古代象形文字是可以发音的图画，它一经产生就成为一种语言，具有专门的意义，而图画无法成为语言。

基于汉字的这些特点，教师尝试带领学生设计汉字，把汉字设计得更有画面感，拥有情感、具有温度，并引导学生从不同的视角来理解汉字，体验汉字

之美。

以下是同学们的作品（见图 2-19）。

图 2-19　学生设计的作品

文字是没有变化的，学生每年却是不同的，相同的字、词、句，在不同人的眼里，可能会产生不同的感受。如果什么都是规划好的，包括结果，那就没有意思了。希望通过这类课程，让信息科技更贴近生活实际，让学生把对生活的体验、对社会的认知记录在字、词、句之中。

活动二：成语之简，加强图形组合、编辑顶点使用能力

在课程建设中，如果只是设定好方向，设定好轨迹，把人带到那儿，那这仅仅是一个训练。课程建设应该创造一个开放的世界，而这个世界存在诸多我们无法预料的情况，学生们身处其中，能创造或实现的成果往往都是独特的，因为每个学生是独一无二的。每个人在这个世界里面都能得到认同，这才是一个好的、优秀的课程的建设方向。有了前面"汉字之趣"的教学经验，能不能深入一步，将更多的汉字组合起来，创作出别出心裁的成语呢？

介绍成语的特点：形式整齐、结构固定、言简意赅。成语以四个音节为主要形式；构成成分不能任意更改；简短的形式包含着丰富的内容。

教学中，教师的任务包括提供资源、创设氛围。此项任务，就是教师将小学阶段学生应该掌握的成语以文本文件的形式提供给学生。创设的氛围，就是将学生们的优秀作品在课前展示给学生，帮助学生去创造一个成语的世界，创造一个改造成语的机会。

学生在自由、轻松的氛围中，发挥自己的想象，利用之前学习的拆分文字的方法拆分成语。根据成语的含义，对拆分后的成语进行美化，完成创意作品（见图 2-20）。

图 2-20　学生作品

活动三：诗词之美，提升图文混排、图层操作能力

由于今人和古人在思想、认知、生活等方面存在较大差异，致使学生在学习古代文学作品时常常会遇到一些困难。面对形式单一且枯燥的古代文学作品，学生往往表现得很不耐烦，更不要说引导他们学习其中的传统文化知识了。针对这一问题，我在讲授图文混排相关知识的时候，尝试引入古诗词相关内容。

鼓励学生反复阅读、认真思考后，借助信息科技手段，将生硬、抽象的古诗词转换成生动、直观的内容。带领学生将古诗词描述的场景，用生动的画面展现出来。引导学生站在诗人的视角体会诗词之美，引起情感共鸣，进而挖掘诗词背后的文化价值。

教师以信息科技的相关知识为基础，以古诗词为切入点，带领学生创作"童趣古诗词"的创意作品。在制作时，我告诉学生，古诗的大意不能改，但是可以融入自己的想法，让古诗更有血有肉，更能打动别人。

学生们的作品，有的恬淡自然，有的华丽壮美，有的安谧幽静，有的雄伟壮阔。通过这些作品，我们可以看到，学生深刻地理解了古诗词，并将自己的理解融入诗情画意中（见图 2-21）。

图 2-21 "童趣古诗词"创意作品

活动四：流行语之妙，提高学生综合使用能力

介绍年度流行语的概念和特点。每年的社会热点、时事新闻都是不同的，教师可以在其中寻找有用的素材，并把这些素材融入教学中，使得传统文化与时事热点能够更好地融合与创新，让老树发新芽。

引导学生创作属于自己的年度流行语。"道路千万条，安全第一条"出自影片《流浪地球》，是 2019 年十大流行语之一。有学生选择用这句话来设计制作（见图 2-22）。

道路千万条，安全第一条

图 2-22　学生设计制作的年度流行语

也有学生对这句话进行了演绎，创作出了属于自己的、独特的"××千万条，××第一条"。比如，"爱好千万条，作业第一条""队形千万条，整齐第一条""家人千千万，妹妹 No.1"，等等。

四、教学反思

"汉字之趣"教学活动在实现信息科技教学目的的同时，使学生体会到传统文化的人文价值和学习价值，还激发了学生学习信息科技的动力，培养了学生作为中华优秀传统文化传承人的意识。

对于这类课程，我的感悟是，"纸上得来终觉浅，绝知此事要躬行"。课堂上，学生徜徉在成语的世界里乐此不疲，精神世界得到了极大的丰富。通过对成语的创作，学生可以把自己看到的、听到的、想到的融入自己的作品中，从而更好地认识成语，更好地理解成语。

由学生们创作的"童趣古诗词"作品我们可以看到，学生在制作时，能够很自然地将信息科技与传统文化融合在一起，完成精彩的再创作。学生不仅对信息科技相关知识进行了灵活运用，同时也对古诗词进行了深入了解，在轻松、愉悦的氛围中接受了中华优秀传统文化的熏陶。

对于这类课程，我的感悟是，"旧书不厌百回读，熟读深思子自知"。诗词，语文老师可能已经详细讲过了，学生也看过很多遍，甚至能够熟练地背诵。课堂上，在"把诗歌转化为画面"这一任务的引导下，大家的学习热情再次被点燃，学生们积极、主动地将自己的理解演绎成一幅幅图画，这种方式相较于单纯的文字理解要更容易。

这类课程让学生成为学习的主体，使学生输出的是真实的情感与体会。学生完成"童趣古诗词"的过程，就是对诗词的再梳理、再提炼和再总结。在欣赏他人作品时，学生们又实现了对诗词的再认识、再理解和再提高。虽然这些诗词年代久远，但是融入了学生的想法之后，诗词能够呈现出更美、更亲切、更自然且富有童趣的面貌。

这节课不仅让学生们能够充分表达自己思想情感，也让教师跟上时代、跟上潮流。信息科技把文字、图片、音频、视频等有机融合，给人以图文并茂、生动风趣之感，最大限度激发和调动了学生学习的积极性，增强了教学互动的热烈度。传统文化是中华民族经过长期的历史积淀而形成的文化瑰宝，是先人留下的宝贵财富。将传统文化与信息科技有效融合，是当代传承传统文化的新途径。作为信息科技教师，应该秉持现代信息科技与中华优秀传统文化相结合的理念，充分利用信息科技教学平台，融入传统文化元素开展教育教学活动。如此一来，学生在持续的学习中，其信息素养、知识文化素养、道德修养和民族意识得以不断提升。让信息科技在中华文化的土壤中生根发芽，用信息科技讲好中国故事，是培养学生文化自信和创新能力的有效途径。

案例7　AI 助手来帮忙：智能时代的游戏设计之旅①

《算法的描述》是五年级学段的第一个单元，本课的学习内容聚焦于算法，涵盖究竟什么是算法、生活中哪里存在算法、如何描述算法等。通过身边实例，学生能够理解算法是通过明确的、可执行的操作步骤描述问题求解方案的，并且能够用自然语言、流程图来描述算法的；能采用计算机科学领域的思想方法来界定问题、分析问题。算法的学习有助于促进学生初步形成计算思维，同时也为第二、第三单元体验程序结构和枚经典算法打下基础。我以"AI智能体辅助下的'猜数字'游戏设计与制作"为主题，基于《义务教育信息科技课程标准（2022 年版）》，结合小学五年级学生的认知特点和学习需求，设计一个融合信息技术、数学和科学知识的跨学科项目式学习活动。通过 AI 智能体的辅助，学生能够提升信息意识、计算思维、数字化学习与创新以及信息社会责任等方面的核心素养。

一、学习目标

（一）信息意识

通过 AI 智能体辅助下的项目式学习，使学生认识到算法在游戏设计中的

---

① 此案例由刘芯源老师提供。

重要作用，并学会利用算法解决问题。

（二）计算思维

学生能够运用 AI 智能体提供的工具，进行算法设计、程序编写和问题解决，理解算法的执行过程和效率。

（三）数字化学习与创新

学生能够利用 AI 智能体提供的平台和工具，进行数字化学习资源的获取、加工、管理和评价，并进行创新性的项目设计和实践。

（四）信息社会责任

学生能够认识到信息科技带来的伦理和安全挑战，学会保护个人隐私、尊重他人知识产权，并能够自觉遵守信息科技领域的价值观念、道德责任和行为准则，形成良好的信息道德品质。

二、情境任务

设计并制作一个"猜数字"游戏。学生们将扮演程序员的角色，经历一个完整的游戏设计与制作过程：需求分析、算法设计、程序编写、测试和评估。

三、评价工具

本项目将采用多元化的评价方式，包括：

（一）AI 智能体评估

AI 智能体将根据学生在项目中的表现，提供个性化的反馈和指导，并评估学生的信息意识、计算思维、数字化学习与创新以及信息社会责任等方面的核心素养发展水平。

（二）教师评价

教师将根据学生在项目中的表现，进行综合评价，并给予个性化的反馈和指导。

（三）评价卡评价

分为两道题目：第一，同伴创作的令你印象深刻的作品。第二，自我课堂评价，由 1 星到 5 星。

（四）课堂积分卡

教师自主开发的评价工具，用于激发学生的学习兴趣，促进学习态度的端正，以及合作能力、创新能力和问题解决能力的提升。

其中，葵园币兑换券与学校自主开发的校园评价卡联动（见图 2-23）。校园评价卡是学校多元评价的创新之举，在顺应时代要求并结合学校理念的基础上，学校从德智体美劳五育出发，设计出明德、善学、健康、崇美、创新五种评价卡。

问题转移券	网上下载券	入场券
可把问题转移给班里的一位同学回答	出示此券可在网上下载一次素材资料	出示此券可跟刘老师石头剪刀布三局，赢一次再来一局
合影券	电影券	葵园币兑换券
出示此券可与同学或者刘老师进行合影	全班出示10张此券可兑换一节信息类观影课	出示此券可兑换一次想要的葵园币
积分加分券	免罚券	点歌兑换券
出示此券可加2积分	出示此券可抵消一项惩罚	出示此券可在课堂点指定歌曲一首
奖状兑换券	网上下载券	再来一次
可兑换一张奖状	出示此券可在网上下载一次素材资料	出示此券可再抽取一回宫盒奖券
合影券	电影券	葵园币兑换券
出示此券可与同学或者刘老师进行合影	全班出示10张此券可兑换一节信息类观影课	出示此券可兑换一次想要的葵园币
积分加分券	免罚券	点歌兑换券
出示此券可加2积分	出示此券可抵消一项惩罚	出示此券可在课堂点指定歌曲一首

图2-23 课堂积分卡第一版&第二版

四、教学活动

活动一：生生互动，体会人人交互与人机交互的区别，熟悉游戏规则

以学生熟悉的游戏进行导入，有助于学生集中注意力，快速进入上课状

态。该游戏规则清晰、逻辑性强，学生不会感到陌生，并且能够聚焦课堂教学内容，为后续流程图的修改打下基础（见图2-24）。

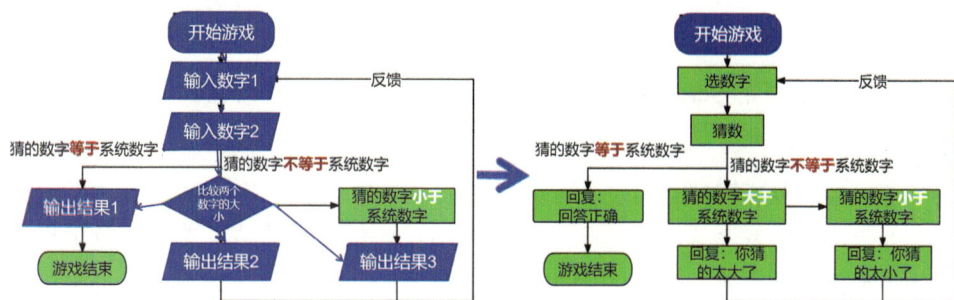

图 2-24　游戏规则

活动二：编译过程的具体步骤

教师利用 AI 智能体向学生介绍"猜数字"游戏，并引导学生思考：从人与人互动、到人机互动，我们身为程序的设计者，应怎样转变思路？我们的设计目标是什么？然后确立游戏目标：玩家需要在尽可能少的次数内猜出随机生成的数字。

学生首先思考"猜数字"游戏的设计需求，例如，游戏界面需要简洁、美观且易于操作；音效设计可以增加游戏的趣味性；成就系统可以设置不同难度等级，鼓励玩家挑战更高难度。接着，学生进行头脑风暴，提出改进游戏设计的建议。例如，可以添加多人对战模式，让玩家之间进行互动和竞争；设计不同的游戏关卡，增加游戏的挑战性和趣味性；将游戏与数学知识结合，如将数字与数学运算结合，让玩家在游戏中学习和巩固数学知识，增加游戏的挑战性。

接下来，学生需要学习如何与"智能体老师"沟通。首先，要注意礼貌用语，如使用"请""谢谢"等。其次，在沟通的过程中，学生应清晰表达自己的问题和想法，避免使用模糊或有歧义的词汇，先表达自己的身份，然后表达要解决的问题，以及需要获得哪些帮助。在沟通的过程中，学生应尊重智能体助教的反馈和建议，并进行认真思考。最后，要积极地思考，不断地沟通反馈，只有积极互动、提出问题、表达想法，才会获得有针对性的回答与帮助。

游戏流程：

（1）通过 Scratch 中的随机数功能，生成一个 1 到 100 之间的随机数字，玩家输入一个猜测的数字，电脑提示玩家猜测的数字是太高、太低还是正确，玩家根据提示继续猜测，直到猜出正确答案。

（2）根据规则设置，设计"猜数字"游戏的算法，包括随机数生成、比较大小、判断游戏结果等步骤。

（3）学生利用 Scratch 编程写出代码后，小组内组队测试，并根据测试结果进行评估和改进。

活动三：游戏优化

首先，在游戏界面设计方面，学生将学习如何设计简洁、美观且易于操作的游戏界面。他们可以设计不同的主题，如科幻、卡通、奇幻等，通过智能体助教的指导，学生运用色彩搭配、图标设计、布局规划等技巧，创造出吸引玩家的游戏界面。

其次，在游戏音效设计方面，学生将了解音效在增加游戏趣味性方面的作用。他们可以设计不同的音效，如背景音乐、猜对数字的声音、猜错数字的声音等。通过智能体助教的指导，学生运用音效编辑软件，创作出符合游戏氛围的音效，以及学会如何调整音量、选择音效播放时机等，以提升游戏体验。

最后，在游戏成就系统设计方面，学生将学习如何设置游戏成就，以鼓励玩家挑战更高难度。他们可以设置不同的成就，如连续猜中10次数字、猜中所有数字、挑战最高难度等。学生运用成就系统激励玩家持续游戏，以及平衡成就的难度和设置奖励，以保持玩家的游戏热情。

在完成游戏设计的过程中，学生将运用所学知识，充分发挥创意，设计出独具特色的"猜数字"游戏。通过与智能体助教的互动，学生将不断提升自己的信息意识、计算思维、数字化学习与创新以及信息社会责任等方面的核心素养，为未来的学习和生活打下坚实的基础。

玩家可以选择不同的游戏难度，难度越高生成的数字范围越大，玩家猜测的次数限制也越多。为了帮助学生更好地进行算法设计，AI 智能体提供了算法设计指导，包括检验算法流程图的正确性，如何实现该功能，以及如何测试和调试算法。AI 智能体会根据学生的需求，提供相应的指导和建议，引导学生克服算法设计的困难，并提升算法设计的效率和质量。

五、教学反思

本项目式学习活动将根据学生的反馈和教师的教学反思，不断进行改进和完善，以提升学生的学习效果和项目质量。预期成果包括：学生能够掌握算法设计的基本原理和方法，理解算法的价值，并选择合适的算法解决问题；能够进行游戏设计和制作，并在与智能体的沟通中进行创新性的游戏创作，提升数字化学习与创新能力；能够提升信息意识、计算思维、数字化学习与创新以及信息社会责任等方面的核心素养，为未来学习和生活打下坚实的基础。

在本课的教学过程中，进行了跨学科融合，将信息技术、数学和科学等学科知识进行融合，促进学生综合素养的提升。同时，利用信息科技学科的学科特点，将 AI 智能体辅助教学，利用 AI 智能体提供有针对性的教育，促进学生数字化学习和创新能力的提升，提供个性化的反馈和指导。最后，本次游戏制作被拆分成了几个部分，首先是游戏规则体验环节，从人与人之间的互动过渡到人机间的互动，引导学生转变角色，以程序员的身份进行游戏的编译。在最后的体验环节，智能体与同伴对于游戏的评估与体验是项目的重点，有助于完善学生的闭合教育。本次项目式学习，通过真实的项目情境，让学生在实践中学习和应用知识，提升解决问题的能力，同时培养学生的团队合作和沟通能力。

本案例可以应用于小学五年级的信息科技课程教学，也可以应用于其他学科的教学活动，如数学、科学、英语等，为学生提供多元化的学习体验和成长机会。"AI 智能体辅助下的'猜数字'游戏设计与制作"是一个具有创新性和实用性的案例，它能够有效提升学生的学习兴趣和参与度，促进学生综合素养的提升，为学生未来学习和生活打下坚实的基础。

案例 8　小小工程师：复现科技的魅力[①]

《复现工程装置》是一个通过小组科研探究，复现电子控制炮塔工程装置的教学案例。本课程旨在让学生体验一个较为全面的工程实践与迭代的过程，培养学生的科学思维和工程素养。

一、学习目标

（一）科学观念

了解炮塔发射的主要原理，并能区分其与普通子弹在发射原理的不同之处。

---

① 此案例由张建老师提供。

（二）科学思维

强化工程实践中的迭代意识，提高学生观察事物、分析解决问题、人际交往、小组合作的技能。

（三）探究实践

掌握基本工具的操作技能及对学具进行加工的方法。

（四）态度责任

在科学实践的过程中，体悟"永不放弃、永不言败"的科学家精神。

二、情境任务

在本节课中，学生们将化身为小小炮塔工程师，开启一段充满挑战与创新的旅程。观看火炮视频后，学生们思考如何制作发射装置，激发创新思维。观摩小炮塔发射，学习其原理，团队合作制作炮塔，最后在科研大会上分享自己的收获。

三、教学活动

活动一：体验与制作

播放一段新型火炮武器发射视频。由于使用的是电子点火装置，炮弹的速度非常快，场面震撼。

随后，出示此次活动要制作的"小炮塔"（见图2-25），强调它也是利用电子控制点火的炮塔，并询问学生想不想看它的发射。

图2-25　小炮塔

活动二：创新与探究

1. 扩展思维、鼓励大胆想象，激发研制兴趣

在观看"小炮塔"发射之前，教师引导学生思考"有没有方法制作一个能够发射炮弹的装置呢？"学生应用原有知识、经验提出制作炮塔的设想，鼓励学生发明、创新。

2. 观摩发射，营造自主探究氛围

教师邀请一位同学来执行发射任务，并提示学生认真观察发射过程及步骤，思考原理。通过观摩小炮塔发射，激发学生深入思考及探究的热情。

3. 组建科研团队，开展自主探究

教师协助学生组建科研团队，3—4 位学生组成一个科研小组。教师引导学生关注科研注意事项（安全、爱护实验器材等，见图 2-26、图 2-27）。

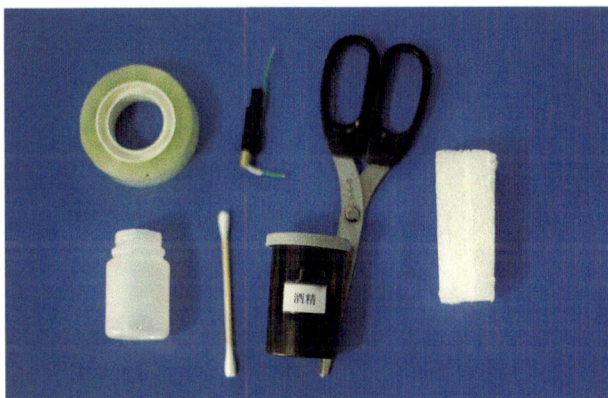

图 2-26　"小炮塔"的制作材料及用具

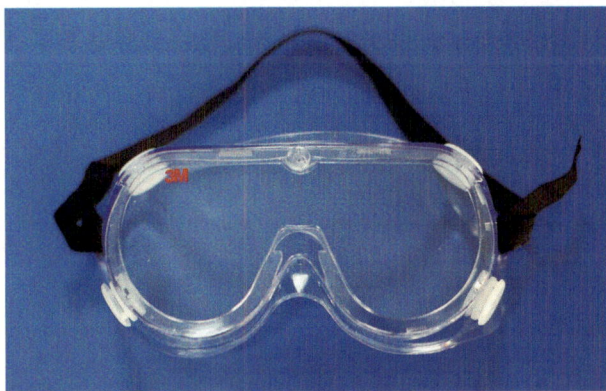

图 2-27　学生使用的安全护目镜

4. 自主探究，举办科研大会

教师与学生一同梳理科学工程实践的迭代循环过程，帮助学生建立参与科研活动的自信心，体悟"永不放弃、永不向困难低头"的科学家精神。

四、教学反思

工程实践中，成功源于反复迭代与试错。本课引导学生感受科学工程实践中的迭代思维（见图 2-28），在复现小炮塔制作过程中，学生们经历提问、想象、计划、创造、完善、再提出问题、想象、计划、创造、完善等迭代过程，为其今后参与科学研究活动奠定基础。在科学实践过程中，创设组建武器科学研究团队的情境，既能够激发学生们的学习兴趣，又能让学生们通过角色体验活动，深入感受科学精神，对成为一名科研人员所应具备的素养有初步认知。

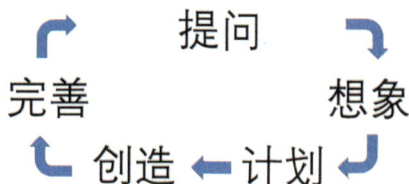

图 2-28　迭代思维图

案例 9　编程中的数学之舞：平移与旋转的优雅演绎 [1]

《图形化编程中的平移与旋转——探索数学之美》是一个结合数学中的平移与旋转概念，利用图形化编程（如 Scratch）来加深学生对空间变换的理解，并促进跨学科知识的融合与应用的教学案例，针对已具备基本的图形化编程知识的小学高年级或初中一年级学生。

一、学习目标

（一）科学观念

平移与旋转的基本概念及其在图形变换中的应用。

（二）科学思维

培养学生的逻辑思维能力和问题解决能力。

---

[1] 此案例由刘强老师提供。

（三）探究实践

掌握在图形化编程环境中实现图形平移与旋转的方法。

（四）态度责任

激发学生对数学与编程的兴趣，体验数学与编程结合的乐趣。

二、情境任务

在这个任务中，学生们将通过一系列有趣的活动，深入探索平移和旋转的数学原理，并将其应用于图形化编程中。通过观察生活中的平移和旋转现象，学习其数学原理，并在 Scratch 中实践图形变换编程。学习了在 Scratch 中实现图形的平移和旋转后，接下来，学生们分组选择主题，设计并编程，实现图形变换。最后，展示作品并进行互评，教师总结应用并鼓励继续探索，如设计结合平移、旋转和缩放的动态场景，并加入在线社区交流学习。

三、教学活动

活动一：数学原理与编程实践

通过展示一些日常生活中的平移和旋转现象（如推拉门、旋转门），引导学生思考这些现象背后的数学原理，回顾平移和旋转的定义和基本性质。

通过多媒体展示几个包含平移与旋转动画的图形化编程示例，激发学生的好奇心和学习兴趣。

活动二：平移与旋转的探索

讲解平移和旋转的概念。平移：物体在同一平面内沿某一方向移动一定的距离，不改变其形状和大小。旋转：物体绕某一点或某一直线作圆周运动，同样不改变其形状和大小。

在 Scratch 中，展示如何选择一个图形（如小猫角色），并通过编程实现其水平或垂直平移。接着，演示如何设置旋转中心，实现图形的顺时针或逆时针旋转。

活动三：实践操作

将学生分成小组，每组自主选择一个主题（如"创建旋转风车""制作平移的列车"等）。

学生根据选择的主题，在 Scratch 中设计并编程，实现图形的平移与旋转。教师巡回指导，解答学生在编程过程中遇到的问题。

活动四：成果展示与评价

每组选派代表上台展示他们的作品，并解释实现平移与旋转的方法。鼓励学生从创意性、技术实现、团队合作等方面对展示的作品进行评价。

总结平移与旋转在图形化编程中的应用，强调跨学科学习的意义，并对学生的努力和创意给予肯定。

活动五：拓展延伸

提出一个更复杂的编程任务，如"设计一个结合了平移、旋转和缩放的动态场景"，鼓励学生课后继续探索和实践。

介绍一些在线资源或社区，鼓励学生加入并与其他编程爱好者交流学习。

四、教学反思

本案例成功地将数学概念与编程技能相结合，增强了学生的学习兴趣和理解深度。通过实践操作，学生不仅掌握了编程技能，还加深了对数学概念的理解。小组合作和作品展示环节培养了学生的团队协作能力和表达能力。教学设计注重理论与实践的结合，有助于学生将所学知识应用到实际问题中。

案例 10　光的魔法反射：揭秘自然界的镜像世界①

《光的反射》是一节探索光学现象的科学课，旨在帮助学生理解光的反射原理，并通过实验和观察深化对这一概念的认识（见图 2-29）。

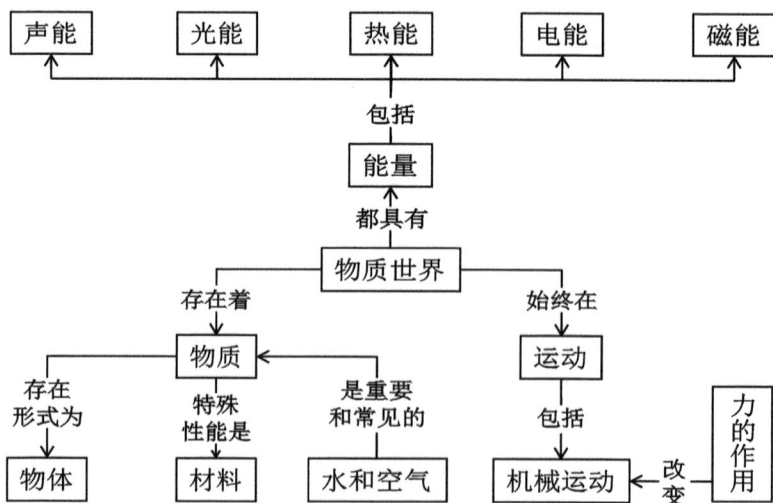

图 2-29　课标中物质世界标准的内容

――――――――――

① 此案例由王红丽老师提供。

各册涉及的能量教学内容如表 2-13 所示。

表 2-13　各册涉及的能量教学内容

年级	内容
三下	磁铁
四上	声音
四下	电
五上	光
五下	热
六上	能量（电磁铁、能量的转换）

五年级上册教材之前所涉及的三种能量形式，分别借助一些特殊的物体来帮助学生研究不可视的现象。光的研究必须引入光线这一概念，而光线是一种几何抽象，在实际生活中又不可见，因此，教师必须设法让学生的思维变得直观可视，寻找方法帮助他们形成关于光的反射的概念。

一、学习目标

（一）科学观念

能够说出光碰到镜面等物体时会改变传播方向，被反射回去，形成反射现象；明白反射光也是沿直线传播的；能够描述反射光线的方向会随入射光线方向的改变而改变；初步了解多次反射。

（二）科学思维

通过自制实验器具，让光的反射清晰可见，让常态不可见的光路可视化，这样学生可以如实地记录反射现象发生时入射光线和反射光线的变化，不仅能帮助学生观察实验现象，更有助于学生收集实证以达成本课的科学概念，为学生的探究搭建了脚手架。

（三）探究实践

光的反射现象学生是知道的，为了提高课堂的有效性，设计了闯关游戏"照亮时光机器"，让学生初步了解光的反射现象，并会画光路图。通过"照亮感光锁"闯关活动，让学生了解入射光线与反射光线的关系，得出反射光线随入射光线的改变而改变的结论，为学生的研究提供实证。再通过"照亮宝箱"的闯关活动研究反射次数的问题。最后通过"制作潜望镜"活动，引导学生进行元认知，再从应用和拓展等方面完善学生的科学概念。这一系列结构性活动呈现有序信息，引导学生真实记录光路图，展现思维过程，搭建学习支架，助力经验结构化。

（四）态度责任

五年级学生的情感状态建立在认知状态的基础上，由于其已经积累了一定的生活经验，光的反射相关知识对于他们而言并不陌生，且乐于探究身边的科学知识。然而，光束不可见这一特性对学生的研究产生了极大的阻碍，致使学生通常难以对光进行长时间、持续性的研究。

二、情境任务

在这个任务中，学生们将通过三关挑战，探索光的反射现象并解锁宝藏。第一关：用激光笔照亮"时光机器"，了解光的反射并画光路图。第二关：利用反射光打开"感光锁"，观察入射光线和反射光线的变化。第三关：通过多次反射照亮"宝箱"，进一步探究光的反射规律。成功闯关后，了解潜望镜的构造和原理，尝试课后制作，将所学知识应用于实际生活，感受科学的魅力。

三、教学活动

活动一：创设情境，引发探究

在"任务驱动模式"下开展探究活动，能够促使每个学生通过动脑、动手亲自实践，从而构建知识体系，学会思考。学生在参与活动的过程中，获得独特感受，将体验进行内化吸收。

教师介绍游戏关卡：

第一关：照亮"时光机器"，穿越时空到达藏宝地。

第二关：照亮"感光锁"，打开宝藏大门。

第三关：照亮"宝箱"，获得宝藏。

活动二：探索与发现

1. 第一关：初步了解光的反射现象

（1）让光照到"时光机器"上。

首先，教师提出"怎样用激光笔照亮'时光机器'"的问题，引导学生交流方法、动手实验。适时进行小结——依据光直线传播这个性质，只要激光笔对准"时光机器"，就能照到它。其次，带领学生探索新知。提出问题："在学生激光笔不对准'时光机器'的情况下，你们能不能照到它？"学生相互交流照射方法，并请代表到讲台实际操作同学们讨论的方法。通过实验学生们可以发现，光在直线传播的过程中碰到平面镜等物体会改变传播方向，被反射回去。

（2）让光路可视如实画光路图。

学生在白板上呈现光发生反射时所走过的路线并画出光的传播路线。使学生们明确，用画图的形式记录下的光走过的路线就叫作光路图。思考交流方法、尝试动手实验、观察实验现象并记录。

2. 第二关：探索一次反射发生的现象

利用反射光分别照亮三个"感光锁"。

以视频的形式交流闯关方法，学生交流记录方法和注意事项。通过自制的实验器具，让光的反射清晰可见，让不可见的光路可视化，这样学生可以如实地记录反射现象发生时入射光线和反射光线的变化。在班级中进行展示交流，生生互评各组记录的情况。

教师提问："在调整激光笔，让反射光照亮感光锁的过程中你们有什么发现？"学生交流汇报。明确反射光线随入射光线的改变而改变。

3. 第三关：探索多次反射发生的现象

利用反射照亮两个挡板后面的"宝箱"获得宝藏。

出示图片任务单，学生依据任务单进行小组协作。学生用两面小镜子或两面以上的小镜子，将光走过的路线呈现在后面的白板上，并如实画出光路图。各组在交流互动中完善实验方案、实验、观察、记录。完成实验后，各组同学交流实验方法。教师引导学生发现——一条光线可以发生多次反射。

活动三：走进生活、应用规律

在全班同学的共同努力之下，闯关顺利完成，获得了宝箱里的宝物，教师出示宝物，包括牙膏盒、饼干盒、扑克牌盒、小镜子等。接下来教师抛出问题："同学们能变废为宝，利用这些物品制作一个潜望镜吗？"

学生交流潜望镜的构造原理，然后尝试课后制作一个属于自己的潜望镜。

四、教学反思

通过思维导图总结本节课所学内容（见图2-30），强化学生对光的反射概念的理解。

教学环节　　　　　教学活动　　　　　概念的形成

创设情境
引发探究 → 聚焦话题 / 闯关游戏的初步介绍 → 引发概念形成

探索与发现
- 实验一：照亮"时光机器" → 平面镜改变光传播的方向，发生光的反射现象；入射光线反射光线；会画光路图
- 实验二：照亮"感光锁" → 反射光线会随入射光线的改变而改变
- 实验三：照亮"宝箱" → 反射可以多次发生

走进生活
应用规律 → 交流潜望镜的构造原理 → 应用概念

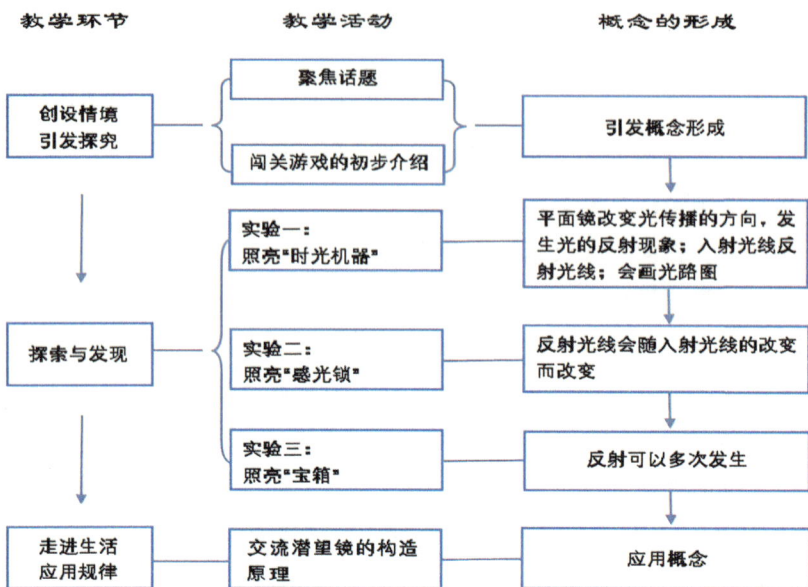

图 2-30 "光的反射"课堂总结

（一）情境激趣，任务驱动

本课通过创设问题情境设置矛盾冲突，推动探究层层深入，不断激发学生的学习需求。这引导学生深入思考、逐步探索，让学生的科学思维经历从现象到规律的发展，即由抽象的表象开始，经过大脑的深加工，最终达到创造的境界，其科学思维品质与科学思考能力也由此得到了有效培养。

（二）真实记录，思维可视

自制的实验器具，能让常态下不可见的光路可视，帮助学生将形象思维与抽象思维很好地结合起来，这符合学生的认知发展规律。通过三次真实的记录，学生得以如实地记录反射现象发生时入射光线和反射光线的变化，使学生的思维可视化。这一过程不仅能帮助学生观察实验现象，更有助于学生收集达成科学概念所需的实证，为学生的探究搭建了脚手架。

（三）分步探究，思维成长

课程内容分为三部分。第一部分是创设闯关游戏活动，激发学生对本课学习的极大热情。第二部分是"照亮目标"，通过三个难度递进的照亮目标活动，层层深入，引导学生对光的反射现象进行归纳和总结，以真实记录画图的方式展现学生对光的反射的认识。第三部分是"运用光的反射"制作潜望镜，其目的是让学生在了解潜望镜构造原理的过程中，巩固概念，加深理解，认识科学

和技术密切联系，进而理解光的反射及运用。本课的设计由易到难、由浅入深、由简到繁，层层递进，将学生的思维一步一个台阶引向深入。纵观整个教学过程，学生思维发展脉络清晰，呈逐级螺旋上升态势。

（四）学具自创，多次使用

本课学生所使用的学具都是自创的，此学具不仅为学生探究光的反射搭建了脚手架，而且使用方便，拆卸简单，可多次使用。

案例 11　编程驾驶飞机：Scratch 创造空中大战 [①]

《飞机大战——Scratch 编程游戏之旅》是一个基于 Scratch 编程平台的游戏设计项目，旨在培养学生的编程思维和创新能力。本单元主要涉及的学科核心概念包括编程逻辑、算法思维、创意设计。跨学科概念为问题解决、计算思维、创造力。

核心概念编程逻辑主要包括理解顺序、循环、条件等基本编程结构。算法思维包括学会分析问题、设计算法并将其转化为程序代码。创意设计则鼓励学生发挥想象力，设计独特的游戏元素和场景。《义务教育信息科技课程标准（2022 年版）》指出，"信息科技课程要培养的核心素养，主要包括信息意识、计算思维、数字化学习与创新、信息社会责任"。学生通过编程实践，能够提升逻辑思维和问题解决能力，将抽象的思维转化为具体的代码。"飞机大战"编程游戏的核心是以创建一个有趣的"飞机大战"游戏为目标，让学生经历游戏设计的全过程：需求分析—角色设计—编程实现—测试优化。通过这个过程，学生能够巩固编程知识、提升综合能力，并培养对信息科技的兴趣。

一、学习目标

（一）科学观念

理解编程的基本概念和原理，认识 Scratch 编程是一种创造性的工具。通过完成"飞机大战"游戏的设计，了解游戏设计的基本要素和流程。

（二）科学思维

通过编程实现"飞机大战"游戏，能够运用逻辑思维和算法思维解决问题；能够对游戏进行优化和改进，培养创新思维和批判性思维。

---

① 此案例由王建新老师提供。

（三）探究实践

通过分析游戏需求，能够合理设计角色和场景；能够依据设计思路，使用 Scratch 编程实现游戏功能，并进行测试和调试。

（四）态度责任

积极参与游戏设计和编程活动，乐于分享自己的作品和经验。培养团队合作精神和解决问题的能力，对信息技术的发展保持好奇心。

二、情境任务

新课标强调学习情境的真实性和趣味性，为了激发学生们的学习兴趣，创设了这样一个情境：在未来的宇宙中，地球面临着外星舰队的威胁，作为勇敢的飞行员，学生们需要驾驶飞机与外星舰队进行战斗，保卫地球和平。课程将以"飞机大战"游戏为载体，让学生们体验飞行员的角色，感受编程的乐趣和挑战。

三、评价工具

多元评价方式是信息科技教学的重要组成部分，《义务教育信息科技课程标准（2022 年版）》指出，"强化素养导向的多元评价"。因此，该课程采用了多种评价方式，包括课堂表现评价、作品评价、小组互评等。

课堂表现评价主要关注学生在课堂上的参与度、积极性和合作能力。作品评价则根据游戏的功能实现、创意设计、代码规范等方面进行综合评估。小组互评鼓励学生相互学习和交流，共同提高。此外，本课程还引入了电子评价表，方便学生和教师及时记录和反馈评价信息。

四、教学活动

活动一：需求分析与角色设计

首先，引导学生分析"飞机大战"游戏的需求，明确游戏的目标和规则。然后，让学生发挥想象力，设计游戏中的角色，包括飞机、敌机、子弹等。学生可以使用 Scratch 中的绘图工具或导入外部图片来创建角色形象。在这个过程中，学生需要考虑角色的属性和行为，如飞机的速度、敌机的出现方式、子弹的发射等。教师可以提供一些示例和指导，帮助学生更好地完成角色设计。

活动二：编程实现与功能测试

学生根据角色设计，使用 Scratch 中的编程模块来实现游戏的功能。以下是"飞机大战"游戏的部分代码示例：

①飞机角色的代码。

当绿旗被点击

重复执行

移动到鼠标指针

如果＜按下空格键＞那么

克隆自己

等待 0.5 秒

结束

②子弹角色的代码。

当作为克隆体启动时

重复执行

移动 10 步

如果＜碰到边缘＞那么

删除此克隆体

结束

③敌机角色的代码。

当绿旗被点击

重复执行

移到随机位置

如果＜碰到飞机＞那么

广播＜游戏结束＞

等待 1—3 秒

结束

完成编程后，学生进行功能测试，检查游戏是否能够正常运行。他们可以自己试玩游戏，或者与小组同学进行交互测试，发现并解决存在的问题。

活动三：优化改进与创意拓展

在功能测试的基础上，学生对游戏进行优化改进。他们可以调整游戏的难度、增加道具系统、改进界面设计等，以提升游戏的趣味性和可玩性。同时，鼓励学生发挥创意，拓展游戏的功能和玩法，如添加关卡、BOSS 战等。

学生们可以在小组内进行讨论和分享，借鉴其他同学的创意和经验，进一步完善自己的作品。

活动四：作品展示与评价

每个小组展示自己的游戏作品，并向其他小组介绍游戏的设计思路和特色。其他小组的同学进行评价，提出建议和意见。教师根据作品评价标准和课堂表现，对每个小组进行综合评价，给予肯定和鼓励。

同时，评选出优秀作品进行展示和分享，激发学生的学习动力和成就感。

五、教学反思

在教学过程中，教师要充分关注学生的个体差异，提供个性化的指导和支持，使每个学生都能在编程学习中取得进步。鼓励学生自主探究和合作学习，培养他们的创新能力和团队合作精神。不断更新教学内容和方法，结合实际生活中的应用场景，让学生感受到信息技术的实用性和趣味性。加强与其他学科的融合，拓展学生的知识面，提高其综合素养。

通过本次教学案例的实施，学生们不仅掌握了编程知识和技能，还培养了创新思维、问题解决能力和团队合作精神，提高了信息素养和综合能力。

案例 12　评价卡赋能：小小工程师的成长之路[①]

《小小工程师——评价卡赋能项目式学习》是教科版《科学》教材六年级下册第一单元的学习主题。本单元在科学学科领域中属于技术与工程领域，主要以项目式学习为主，涉及的学科核心概念主要是技术、工程与社会、工程设计与物化。跨学科概念为：物质与能量、系统与模型、结构与功能、稳定与变化。

核心概念：技术、工程与社会主要包括技术与工程创造了人造物，技术的核心是发明，工程的核心是建造；技术和工程改变了人们的生产和生活；科学、技术、工程相互影响和促进。

核心概念工程设计与物化主要包括工程需要定义和界定、工程的关键是设计、工程是设计方案物化的结果。

学生只有形成科学的思维习惯，从程序层面和元认知层面理解并应用思维能力，才能将一般的实践能力和科学观念结合起来解决问题。

《小小工程师》项目式学习的核心是以建造塔台为任务目标，让学生经历

---

① 此案例由代立超老师提供。

一个工程建造的系统过程：明确任务—设计—建造（模型）—测试—评估—改进。通过塔台建造实践活动，学生能够完善自身知识结构、增强解决问题的综合能力和社会适应性；能够在设计中基于可靠性、性价比以及各种科学指标对方案进行筛选，并作出有依据的判断，这有利于学生形成批判性、创新性思维能力，从而使学生跨越具体的学科知识，对科学、技术、工程与社会形成整体的认识。

一、学习目标

（一）科学观念

学生通过了解建造塔台的需求和限制条件，认识到对于工程问题，首先要明确、定义和界定问题。通过参与完整的建造塔台项目活动，学生能够认识到工程建造的系统过程为：明确任务—设计—建造（模型）—测试—评估—改进。

（二）科学思维

学生通过建造塔台活动，能应用创造性思维的基本方法提出多种设计方案，并基于批判性思维评价、优化设计方案。学生将建造塔台活动与中国天眼工程进行关联，说明技术与工程对于科学发展的促进作用，拓展工程思维。

（三）探究实践

学生通过分析塔台建造需求和限制条件，能够合理选材、综合考虑，进而设计竞标标书。学生还能够依据设计图纸，制作塔台实物模型，并基于证据对塔台实物模型的设计、制作等环节进行改进。

（四）态度责任

学生乐于尝试设计方案并进行分享，初步具备质疑、创新的态度，明白技术与工程需要秉持实事求是的原则。通过了解中国天眼这一重大工程，学生能体会到团队协作、坚持与信念的重要性。

二、情境任务

新课标中提出信息科技课程的教学要遵循学生学习规律，系统设计学习活动，突出用信息科技解决学习、生活中的问题。联系生活实际，在体育节观看足球表演时，我听到了学生这样一段对话，A同学说："我们在平地上都没看清远处的足球表演，教练训练时能完全看清吗？"B同学说："我刚刚回班取东西，在三楼窗户边往下看足球表演，看得就特别清楚。"A同学说："还是高处好呀！"听到同学们的对话，我想到了本学期科学课有一个单元是《小小工程师》，因此我就在课堂上把两个小朋友的对话分享给了同学们，我们也由此确定了本学期基于真实情境的科学项目式学习活动——帮助足球教练设计建造一个用于训练指挥的塔台，学生们也将化身"小小工程师"，去体验工程师们是如何工作的。

三、评价工具

多元评价方式是科学项目式学习的重要环节，《义务教育科学课程标准（2022年版）》指出，要强化素养导向的多元评价。因此，为促进学生更真实地参与科学项目式学习，发展科学思维和问题解决的能力，教师应创新多元评价方式。

多元评价的实施要以学生为主体，通过适当的方式、系统的操作、全面的考核才能成功推进。教师在评价学生的过程中，不仅要注意知识、技能方面的评价，也要关注到思维、态度责任等方面的综合评价。

校园评价卡是学校自主开发的多元评价的创新之举。在顺应时代要求并结合学校理念的基础上，学校从德智体美劳"五育"出发，设计出明德、善学、健康、崇美、创新五种评价卡（见表2-14）。

表2-14 校园评价卡

"双减"要求	德	智	体	美	劳
评价指南要求	品德发展	学业发展	身心发展	审美发展	劳动与社会实践
中关村第一小学学生核心素养	尚礼明德	自主善学	健康乐群	求真崇美	开放创新
校园评价卡种类	明德评价卡	善学评价卡	健康评价卡	崇美评价卡	创新评价卡

在科学项目式学习中，校园评价卡是一种多元评价方式，教师可以依据项目学习内容，创新定制针对校园评价卡的个性化评价方式，帮助学生搭建项目学习的支架，更好地实现以素养为导向的综合性评价。在《小小工程师》这一项目式学习中，我们将从设计图纸、分工合作、塔高、顶端承重、抗风能力、抗震能力、美观、材料成本等方面对学生进行个性评价以及综合性评价。借助评价卡激发学生的学习兴趣、协作意识、创新能力等，从而使学生跨越具体的学科知识，提升核心素养。

四、教学活动

活动一：设计项目方案，提升综合素养

小学科学项目式学习大多涉及技术与工程领域，产品的功能通过特定的结构实现，设计是关键环节。确定“建造塔台”任务后，我们决定来一场塔台竞标会，第一步是设计《塔台竞标标书》（见图 2–31）。学生需要通过调研了解足球训练的位置，确定塔台建造在什么位置最合适、使用什么样的材料更合理。接下来每个同学画出塔的设计图，在小组内进行分享，最终将确定的塔的设计进行呈现，在这一步，学生需要综合考虑塔高、塔型、实用性、安全性、楼梯、栏杆等问题，再通过查阅资料、调研等方式得出成本预算，将小组人员进行分工，把时间进行分配。在这一系列活动中，学生会经历调研测算，完成这一部分的学生会获得葵园评价卡——“智”，以表彰他们优秀的学习调研能力。塔台设计合理美观的小组会获得评价卡——“美”，以表彰他们优秀的审美能力（见图 2–32）。

塔台竞标标书

小组　　日期

建塔位置：

使用材料：

塔的设计：（塔高、塔型、实用性、安全性，假如考虑楼梯、栏杆等细节，会有助于获得好评）

成本预算：

人员分工：

时间分配：

图 2–31　塔台竞标标书

图 2-32　葵园评价卡（善学、崇美评价卡）

标书设计展示前，学生们需要了解此环节的评价标准，清楚是从态度、设计合理性、创意性、分工合理性四个维度进行评价的。竞标小组介绍时，其他学生作为塔台竞标会会场的评委进行评选，最终竞选出每个班级的中标小组。中标小组可获得崇美评价卡。此过程也体现了过程性评价、结果性评价与评价卡的结合。

活动二：制作实物模型，展现创新能力

项目式主题学习多以项目的形式，利用多学科、跨学科知识解决实际问题。通过查找资料、分析论证，把实际问题简化为合适的实物模型，再利用技术与工程方法设计制作实物模型，然后针对其涉及的不同学科知识，对实物模型进行测试，收集数据并利用适当的数学方法整理出有说服力的结论。

设计模型前，学生需要综合、具体了解设计建造塔台模型的条件（塔高、材料等）与评价量表，了解需要从设计图纸、分工合作、塔高、顶端承重、抗风能力、抗震能力、美观、材料成本等方面进行评价，从而更有针对性地设计、制作模型。综合测试后，组织裁判将8项成绩汇总，总分最高的小组可获得英才评价卡一张，以表彰他们的综合能力（见图2-33）。

图 2-33　英才评价卡

项目式学习中的评价，要强化过程评价，探索增值评价，关注个体差异，因此，除了综合性评价，我们还设计了单项评价卡奖励，以鼓励学生们的个性表现。个性评价并不是孤立的存在，应该与生活实际相关联，我们也由此让学生们认识到，现实生活中的工程问题是具有综合性和复杂性的，需要由涉及多个领域的专业人士组成团队，共同协作。最佳设计师奖（评价卡——创新）将由足球教练进行评选，选出最具创意的小小设计师；塔台承重最强奖（评价卡——创新）将颁发给结构稳定、承重书本最多的团队；塔台抗风能力最强奖（评价卡——创新）颁发给能够承受住三级风力的小组；塔台抗震能力最强奖（评价卡——创新）颁发给结构最稳定的小组；成本核算最优奖（评价卡——善学）颁发给承重比（书本重量除以结构重量）最高的小组；最美塔台奖（评价卡——崇美）颁发给设计最美观的小组。

塔台测试完成后，教师带领学生们对塔台进行综合分析，利用批判性思维，让学生们意识到如何提高塔台的稳定性、抗风能力、承重能力等，进而带领学生创造性地修改自己的设计图纸，完善后，将学生的设计上交到学校相关部门。

活动三：关联中国天眼，拓展工程思维

对于一些现实生活中的大工程，比如中国天眼，它的反射面达到上万吨，它又是如何被支撑的呢？带着这样的问题，教师带领学生们了解了中国天眼这一伟大工程，拓展工程思维。孩子们也在观看了中国天眼的相关视频资料之后表达了自己的想法。我们将明德评价卡奖励给勇于抒发自己情感的同学，实际也是在情感态度评价层面进行了拓展（见图 2-34）。

图 2-34　明德评价卡

五、教学反思

教育者应该深化对评价育人功能的认识和挖掘。作为教育者，对评价的认识不能窄化，在设计多元评价工具时要从多维度进行思考，评价工具应该是丰富多样的，课程中的应用也应该是伴随式的。

项目式学习中的多元化评价方式应该以激发学生兴趣为目标。在科学项目学习中，评价卡真实记录了教师的每一次鼓励，使学生对评价不再是被动接受或者抵触，而是在获取评价卡的过程中喜欢评价甚至踊跃参与到评价之中。

未来可以探索更多元的评价方式，优化推动项目式学习的发展。多元评价视角下的科学项目式学习不一定是仅针对项目式学习内容进行改变，也可以创造出更加多元的评价方式，以更真实、全面的评价，提升学生的综合素养。

第三章　科学教育的学科渗透

一、以科学之理　悟思政之道

新时代对人才培养提出了更高的要求，培养一批具备深厚家国情怀、坚定社会主义信仰、勇于担当历史使命的新时代人才已成为教育领域最为紧迫且重大的使命。思政教育与科学教育，作为现代教育体系中的两大核心支柱，不仅各自承载着独特的使命与价值，更在相互交融中共同推动着学生全面发展、德才兼备这一宏伟目标的实现。

思政教育作为塑造学生灵魂、引导价值取向的关键，其核心在于通过一系列有目的、有计划、有组织的教育活动，引导学生树立正确的世界观、人生观、价值观，培育和践行社会主义核心价值观。新时代，思政教育更加注重培养学生的社会责任感、国家意识和民族自豪感。通过深入挖掘中华优秀传统文化、革命文化和社会主义先进文化中的丰富资源，引导学生增强中国特色社会主义道路自信、理论自信、制度自信、文化自信。同时，面对复杂多变的国际形势和多元文化的冲击，思政教育还需加强对学生批判性思维的培养，提高他们辨别是非、抵御不良思潮的能力，确保他们在纷繁复杂的世界中始终保持清醒的头脑和坚定的立场。

科学教育以自然科学、社会科学和人文科学等领域的知识为基础，致力于培养学生的科学素养、创新能力和批判性思维。通过系统的课程设置、实验探究、社会实践等方式，让学生在实践中学习、在探索中成长，逐步构建起科学的世界观和方法论。科技的飞速发展和全球性环境问题等都给科学教育带来了新的机遇和挑战。因此，科学教育更要鼓励学生勇于探索未知领域，为解决人类面临的共同问题贡献智慧和力量。

尽管思政教育和科学教育在一定程度上相互独立，但二者又有着紧密的联系。

第一，二者在教育目标上存在着一致性。尽管思政教育和科学教育在内容和方法上有所不同，但它们的根本目标是一致的，即促进学生的全面发展。思政教育通过塑造学生的思想品德和价值取向，为他们的成长提供精神指引；而科学教育则通过传授科学知识和科学方法，为他们的成长提供智力支持。两者相辅相成，共同促进学生的智力、情感、道德等多方面均衡发展。

第二，二者在教育内容上存在着互补性。思政教育中融入科学精神、科学方法等内容，可以增强思政教育的说服力和感染力。通过讲述科学家追求真理、勇于探索的故事，可以激励学生树立远大的理想和坚定的信念；同时，科学教育也需要思政教育的引导，确保学生在掌握科学知识的同时，树立正确的价值观和社会责任感，避免科学技术的滥用。这种互补性不仅拓展了教育内容的广度和深度，也提高了教育的针对性和实效性。

第三，二者在教育方法上存在着互促性。思政教育和科学教育在教学方法上可以相互借鉴和融合。思政教育可以采用案例分析、讨论交流等启发式教学方法，激发学生的主体性和参与性；而科学教育则强调实验探究、问题导向等探究式学习，培养学生的实践能力和创新精神。两者在教学方法上的相互融合，可以打破传统教育的界限和壁垒，实现教育资源的共享和优化配置。通过这种互促性的教学方法，不仅可以提高教学效果和学生的学习兴趣，还能促进学生的主动学习和全面发展。

思政教育与科学教育之间存在着密切的内在联系和相互促进的关系，为学生的全面发展提供了有力的支撑。在《义务教育科学课程标准（2022年版）》中，无论是指导思想、课程理念还是课程目标等方面，都要求把"思政元素"融入科学教学中，这体现了国家对科学教育与思政教育融合的高度重视，为我们的教育实践提供了明确的指导方向。在未来的教育实践中，我们应该进一步加强思政教育与科学教育的融合与创新，不断探索适应时代发展需求的教育模式和方法，培养出更多德才兼备、勇于担当的新时代人才，为实现中华民族伟大复兴中国梦贡献智慧和力量。

（一）打造精品思政课程，培育科学家精神

科技发展离不开创新人才的培养，离不开科学家精神的支撑，科学家精神离学生并不遥远，为加强科学教育与思政教育的有效融合，学校依据《关于加

强新时代中小学科学教育工作的意见》《中小学德育工作指南》《义务教育道德与法治课程标准（2022年版）》《少先队活动课程指导纲要（2021年版）》等，围绕"弘扬科学家精神，争做科技强国好少年"这一主题积极打造并实施培育科学家精神系列精品思政课程，培养学生对科学的热爱，根植科技强国的梦想，培育未来科学家。

课程根据不同年龄阶段学生的特点及身心发展规律分学段设计课程方案，通过主题综合实践活动的形式，引导学生们了解、感悟、践行科学家精神，并随活动开展及时在活动成长记录册中记录收获与感悟（见表3-1）。

表 3-1　弘扬科学家精神分年段主题活动

年段	主题	内容/目标	实施载体
低年段	仰望星空心向党，脚踏实地跟党走	了解科学家故事，树立听党话、跟党走的意识	走进中科院院所，开展"仰望星空心向党，脚踏实地跟党走"主题入队仪式
		初步了解科学家精神，学习奉献精神	观看《科学偶像》系列微电影、电影《黄大年》
中年段	星星火炬，指引前程	了解不同科学家的故事	共读《共和国脊梁》系列绘本
		全面了解科学家精神，从科学家们的故事中汲取奋进的力量	开展科学家精神主题演讲比赛——讲出心中最亮的星·我心中的科学家偶像
高年段	仰望星空，脚踏实地——弘扬科学家精神，争做新时代好少年	了解、体悟科学家精神内涵	红领巾寻访·走进科学家精神教育基地
		从不同时代科学家身上感受科学家精神的传承	采访身边的青年科学家和院士
		学习科学家精神，增强对科学家的崇敬，立志以科学家为榜样	开展"仰望星空，脚踏实地——弘扬科学家精神，争做新'追星'少年"征文比赛
		弘扬科学家精神	红领巾宣讲——走进低年级，宣讲科学家小故事会
		践行科学家精神	开展"科技小能手"创意发明竞赛活动

学校集卓越师资力量和优秀课程资源用心打造的"弘扬科学家精神，争做科技强国好少年"主题系列精品思政课程，不仅是对党的号召及相关教育政策要求的积极响应，更是对思政教育模式的一次创新和有益探索。通过丰富多彩的综合实践活动，学生们不仅加深了对科学家精神的理解与认同，更在潜移默化中树立了崇尚科学、追求真理、勇于创新的价值观念，为成为具备科学家潜质的新时代青少年打下了坚实的基础。

不仅如此，学校还充分利用已有资源对这一系列课程进行了延伸，未来也将继续深化对这一领域的探索与实践，不断优化课程内容与形式，为学生提供更多元、更深入的学习体验。

（二）创设真实教育情境，塑造正确科学态度

《义务教育道德与法治课程标准（2022年版）》中明确指出，要"以学生的真实生活为基础，增强内容的针对性与现实性，突出问题导向，正视关注度高、涉及面广的问题，引导学生发现问题、分析问题、解决问题，提升道德理解力和判断力"。

为紧密结合学生生活实际、培养学生创新精神和实践能力，学校遵循课程标准的精神与要求，明确提出在课程规划与实施过程中需"创设真实情境，塑造正确科学态度"。经过教师们的充分学习研讨、总结经验，从多角度结合生活实际创设真实情境，以突破教材内容的局限，引导学生在生动有趣、回归生活的情境中体验、思考、探究、合作，培养学生的科学思维、问题解决能力和正确的科学态度。

下面以统编版《道德与法治》小学四年级上册第三单元第8课时《网络新世界》①为例，谈谈教师是如何通过创设真实情境引导学生体验网络科技在现代生活中的重要性、学习网络世界的规则、养成健康网络生活习惯的。

1. 情境导入，激发兴趣

教学之初，通过以与学生生活紧密相关的活动或事件作为切入点，如学校即将举办的"科学教育大会"，创设引人入胜的情境，迅速吸引学生的注意力，并引导学生思考网络在日常生活中的应用与价值。

2. 任务驱动，实践探索

基于真实情境设计小组合作任务，如为参加科学教育大会的专家制定旅游攻略，鼓励学生运用网络技术解决实际问题。过程中，教师提供必要的引导和支持，帮助学生梳理思路、制订计划，并在实践中体会网络的便捷与强大。通过任务驱动，学生能够更深入地了解网络世界的精彩，同时锻炼团队协作和问题解决能力。

3. 真实案例分析，提升安全意识

引入真实案例，如网络安全陷阱、网络欺凌等，让学生在情境中辨析是非，理解网络世界的规则与界限。通过案例分析，增强学生的网络安全意识和道德判断能力，学会在享受网络便利的同时，保护自己不受侵害，也不伤害他人。

---

① 此案例由边颖老师提供。

4. 关注社会热点，承担社会责任

结合当前社会热点，如借助《中华人民共和国网络安全法》《未成年人网络保护条例》等，开展普法教育和讨论活动，引导学生认识到自己在网络世界中的责任和义务。通过讨论、创作倡议书等形式，鼓励学生积极参与网络文明建设，为营造健康、绿色的网络环境贡献自己的力量。

经过一系列的实践探索，学生在真实情境中体验、探究，逐渐形成了尊重事实、勇于探索、敢于质疑的科学精神。学校将继续深化这一教学方式的应用，创设更多真实情境，让学生在更广阔的舞台上体验科学、感悟科学。

（三）校家社协同育人，构建科学教育新生态

校家社协同育人对于构建科学教育新生态具有重要意义。首先，它有助于打破传统教育模式的局限，实现教育资源的优化配置和共享，为学生提供更广阔的学习空间和更丰富的学习资源。其次，通过家校社的紧密合作，可以形成教育合力，共同促进学生的全面发展，特别是科学素养和创新能力的培养。最后，这一模式还有助于推动教育公平，让更多的学生享受到高质量的科学教育，为国家的科技创新和人才培养奠定坚实基础。

为构建校家社协同育人模式，形成科学教育新生态，学校在横向上联动形成学校教育发力、家庭教育给力、社会教育助力的教育合力，在纵向上构建大中小幼一体化联合科学教育机制，实现资源整合和优势互补。

作为育人主阵地的学校注重课程教学的融合与实践性，开发设计多学科融合的跨学科系统课程，整合教学资源，推进基于探究实践的科学教育。例如，在"小葵花自然之旅"中，学校在课堂之外潜心挖掘教育资源，让学生们走进大自然、学于大自然，在放松身心的同时探索自然奥秘，收获科学知识，丰富学习体验。在这一过程中，培养学生的实践能力和科学素养，激发他们对自然环境和人类文明的热爱和探索欲望。

家庭教育在学生的科学教育过程中起着不可或缺的作用。家长应树立正确的科学教育观念，掌握科学教育的方法和技能，积极参与到家庭的科学教育之中。例如，"跟爸爸妈妈看社会"活动以校级、年级、班级为单位开展，积极邀请在中科院及各科研院所工作的家长们，由他们带领孩子们"做实验""学科学"。家长们不仅提供了许多科学实验所需的设备和材料，还亲自带领学生们进行各种科学实践活动。此外，家长们还利用自身的专业知识，为学校开发了一系列与科学教育相关的课程。在这个过程中，学生对于科学探索的好奇心

和求知欲被唤醒，学生们不仅学习了科学知识，更懂得了科学与广博的社会生活之间的联系，使孩子们的视野从有限的书本知识拓展向无限而真实的科学世界和社会生活。

社会教育是家庭教育与学校教育的延续和补充。学校加强与科技馆、科普教育基地、博物馆等的合作交流，通过"请进来"和"走出去"的方式，为学生提供社会实践大平台。同时，充分利用社区资源，让学生在劳动中学习科学知识，增长精神力量。

以校家社协同育人模式构建科学教育新生态，是学校顺应时代发展要求、促进学生全面发展的重要举措，同时它也是一项长期而艰巨的任务，需要我们持续加强学校与家庭、社会之间的合作，拓展合作领域和方式，形成更加紧密、有效的教育共同体。

总而言之，思政教育与科学教育的融合是培养时代新人的内在要求。我们必须以前瞻性的眼光，不断深化这两者之间的融合与创新，勇于探索更加高效、更具实践价值的实施路径和教育模式，为学生的全面发展提供有力支撑，培养出更多敢于担当历史使命，勇于在时代洪流中乘风破浪的新时代人才，为实现中华民族伟大复兴中国梦贡献力量。

案例1 "弘扬科学家精神 争做科技强国好少年"少先队活动[①]

一、学习内容分析

2019年，中共中央办公厅、国务院办公厅印发《关于进一步弘扬科学家精神加强作风和学风建设的意见》，要求自觉践行、大力弘扬新时代科学家精神；党的二十大报告进一步强调了培育创新文化和弘扬科学家精神的重要性，这对于引导青少年学习科学家精神、树立科技强国梦想具有深远意义。《中小学德育工作指南》和《少先队活动课程指导纲要（2021年版）》均明确要求加强对学生科学精神、科学方法、科学态度等方面的培养，科学家精神作为中国共产党人精神谱系的关键一环，对于青少年的成长具有不可替代的引领作用。

中关村第一小学凭借独特的地缘优势和丰富的家长资源，为学生们提供了与前沿科技亲密接触的机会。然而，学生们对于支撑科技发展的科学家精神了

---

① 此案例由张清玉老师提供。

解尚浅。因此，五（13）中队围绕"弘扬科学家精神，争做科技强国好少年"的主题，通过观影、讲座、红领巾寻访、小剧表演、共读绘本、成立宣讲团和文创团等多种方式，层层递进地开展了丰富多彩的主题实践活动。这些活动旨在让学生们更深入地了解科学家精神，激发他们学习科学、勇于探索的热情，同时引导他们形成正确的世界观、人生观、价值观和科学观，为培养未来的科技强国好少年奠定坚实基础。

二、学习目标设定

（一）认知目标

通过观看大思政课节目、《黄大年》影片、参加科学家讲座等方式，激发学生学习、了解科学家精神的热情，引导学生关注中国科技高速发展背后的故事，感受科学家精神内涵。

（二）情感目标

通过"红领巾寻访·中国力学研究所"、共读《共和国脊梁》、排练红色小剧、采访青年科学家等方式，沉浸式了解老一辈科学家和青年科学家为推动中国向科技强国迈进的奋斗事迹，增强队员们对科学家们的崇敬之情，深刻感悟科学家精神内涵。

（三）行为目标

通过成立"科学家精神"宣讲团、"科学家精神"文创微社团、互助小组等，引导队员们在学习生活中践行科学家精神，解决真实情境的真实问题，树立正确的价值观，以科学家为奋斗的榜样，树立科技强国的志向，为实现中华民族伟大复兴中国梦蓄力。

三、学习过程展开

以队员参与科技节活动时遇到的不团结、不敢挑战、不敢创新等问题为出发点，聚焦科学家精神，围绕预定目标，明确活动阶段，设计活动成长记录册，通过多种形式，层层递进开展实践活动。

（一）激发队员兴趣，初步了解科学家精神

问卷调查显示，队员们对于什么是科学家精神不太了解。为了激发队员们参加活动的积极性和热情、了解科学家精神的具体内涵，辅导员首先带领队员们观看了中国教育电视台思政主题节目《一堂好课·伟大事业都始于梦想》（见图3-1）。队员们听嫦娥五号副总设计师洪鑫老师讲述他和同事们面对探月的技术难关，大胆创新，千百次尝试，创造性地把探测器拆解接力，最终圆满

完成嫦娥五号探月之旅的过程，感受航天人自力更生、勇攀高峰的精神。

接着，辅导员带领队员们观看了《黄大年》这部影片。黄大年作为著名地球物理学家，毅然放弃国外优越条件回到祖国，刻苦钻研、勇于创新，取得了一系列重大科技成果，填补了多项国内技术空白。观影过程中，队员们被以黄大年为代表的科技工作者赤诚爱国的情怀和忘我奋斗的科研精神深深打动。

科学家讲座是学校非常受欢迎的科学家特色课程内容之一。队员们参加了"不刷题的吴姥姥"所开展的葵园科普讲座——《寻找未来科学家式的人》（见图3-2）。吴姥姥将复杂的原理和艰涩的术语转换成通俗易懂的语言和贴近生活的实验。听了吴姥姥的讲座，队员们知道了或许不是每个人都能成为科学家，但科学家善于观察发现、求实探究的精神，值得我们每个人好好学习，领悟应用。

通过同学们喜闻乐见的方式，队员们了解了科学家事迹，逐步进入活动状态，直观感受到了爱国、创新、求实、协同、育人、奉献的科学家精神。

图3-1　观看《一堂好课》　　　　　图3-2　参加科普讲座

（二）了解科学家事迹，深刻感悟科学家精神

为让队员们通过科学家的事迹进一步感悟科学家精神，辅导员带领队员们走进和学校仅有一桥之隔的，也是弘扬科学家精神示范基地的中国科学院力学研究所，进行了红领巾寻访活动（见图3-3）。在这里，队员们了解到钱学森爷爷在研究中不放过一个小数点的故事，看到郭永怀先生在生死瞬间用身体护住科研资料的影像资料，还知道了中关村第一小学的建校史和科学家李佩先生之间的渊源关系，队员们直观感受到了科学家们严谨、爱国、奉献的精神。

图3-3 红领巾寻访·中国科学院力学研究所

（三）外化寻访收获，向科学家致敬

力学研究所进行的红领巾寻访活动点燃了队员们进一步学习和宣讲科学家故事的热情。他们自发组队编排红色小剧，并向科学家写信，请教疑问困惑，表达心得收获，向科学家致敬。为了进一步激励队员们，辅导员特别邀请了力学研究所的青年科学家关东石老师到队会现场，给队员们分享回信，接受队员们的采访。此次互动，加深了队员们对科学家精神的理解。辅导员趁热打铁，带领队员们开展共读《共和国脊梁》绘本故事活动，启发队员们了解更多领域科学家奋斗的故事，汲取立志科技报国的力量。队员们如饥似渴地阅读、分享，沉浸式感悟科学家精神（见图3-4至图3-6）。

图3-4 排练科学家精神小剧

图 3-5　采访科学家关东石老师

图 3-6　共读《共和国脊梁》

（四）身体力行，践行科学家精神

辅导员为队员们设计了成长收获册，每个活动环节队员们都会将自己的真实感悟用心记录在成长手册中。为保证队员们参与活动的热情，鼓励队员们积极参加"红领巾奖章·弘扬科学家精神好队员"特色章争章活动，队员们对照不足，以生活为舞台，从身边事做起，用实际行动弘扬科学家精神。有的小队成立了科学家精神宣讲团，向其他年级队员宣讲科学家们的事迹；有的小队成立了"葵园"文创产品微社团，制作了科学家精神书签、钥匙扣等文创产品致敬科学家，激励队员们；有的小队制订了"不做小迷糊"计划，梳理出了各科错题本，消除学习和习惯上的迷糊；还有的小队制订了"互帮互助"计划，以己之长助力他人，共同进步（见图 3-7、图 3-8）。

图 3-7　红领巾微社团宣传科学家精神

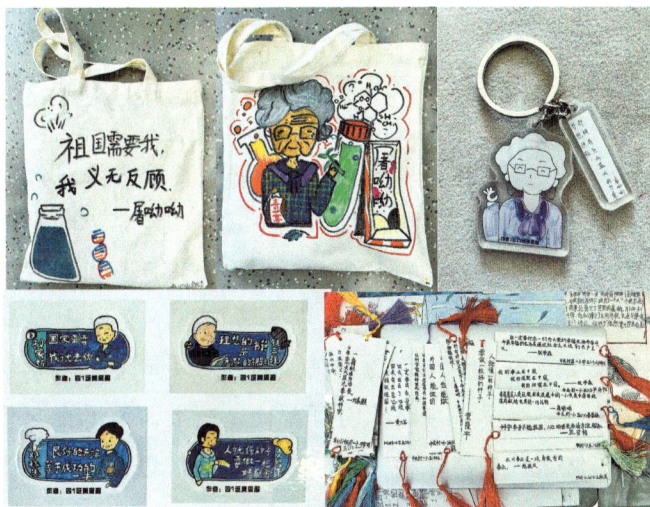

图 3-8　科学家精神文创产品

四、案例总结

本次活动从学生们的真实问题出发，精准把握党的二十大报告中有关科学家精神的教育要求，充分挖掘、利用、整合身边的资源，结合少先队活动课程的特点，以评价为导向开展实践活动，引导队员在实践中体悟并践行科学家精神。此外，此次活动善用成长记录册，让学生们的活动收获更加清晰可见，成长过程有迹可循。

从学生们的实际收获和反馈来看，本次活动是一次成功的探索。我们以今年科技节为契机开展校级"弘扬科学家精神　争做新时代好队员"活动；号召更多队员到科学家精神教育基地参观学习；科学家宣讲微社团每周二到其他中队进行宣讲，吸引更多队员们加入宣讲团，播种科技强国的种子；继续开发完善中关村第一小学中国共产党人的精神谱系活动课程。

案例2　创设真实情境，提升学生网络信息素养
——以《道德与法治》四年级上册《网络新世界》一课为例①

一、学习内容分析

《网络新世界》是统编版《道德与法治》小学四年级上册第三单元第 8 课，旨在引导学生体验网络科技在现代生活中的重要性，学习网络世界的规则，养成健康的网络生活习惯。

《义务教育道德与法治课程标准（2022 年版）》中明确指出，要"以学生的真实生活为基础，增强内容的针对性和现实性，突出问题导向，正视关注度高、涉及面广的问题，引导学生发现问题、分析问题、解决问题，提升道德理解力和判断力"。如今，学生无时无刻不面对着纷繁精彩的网络信息世界，一方面，处于第二学段的学生，其身心发展还不成熟，控制力和自制力较弱，面对极具诱惑力的网络游戏与视频，很容易沉迷在网络世界中。另一方面，这一学段的学生情绪还不稳定，在网络生活中容易产生不文明语言与行为等。因此，本课教学应以学生的真实生活为基础，创设真实情境，引导学生了解丰富多彩的信息科技及网络世界，在认识与理解的基础上，反思自身行为，提高媒介素养，形成文明健康的网络生活习惯，在复杂的信息世界中，保护自身的安全与健康。

二、学习目标设定

（1）通过数据分析、完成旅游攻略、观看 5G 宣传片等，感受互联网给现代社会带来的全方位变革和发展，激发学生对祖国科技发展的认同感。

（2）在情境游戏中，增强学生对网络的认知和辨别能力，提高学生在使用网络过程中的自我保护意识，养成良好的上网习惯。

（3）通过讨论、连线网络安全老师、邀请法官、制定文明网络公约等，使学生能够自觉遵守网络规则，提高网络道德修养。

---

① 此案例由边颖老师提供。

三、学习过程展开

（一）任务驱动，感知网络科技精彩

互联网为人们的生活带来了哪些精彩呢？为了使学生感受信息科技的强大与便捷，将互联网知识融入真实生活体验，教师设计了一项基于真实情境的小组合作任务：中关村一小邀请了全国各地的专家来参加科学教育大会，他们特别想了解北京的历史、文化、风俗、美食等，请同学们小组合作，利用网络技术完成一份旅游攻略，供专家们参考。

任务发布后，考虑到学生可能在合作学习时缺乏思路，教师提前引导学生梳理攻略设计方向，如旅游路线规划、交通出行方式、住宿安排等，并提供了旅游攻略表（见表3-2），帮助学生明确任务框架。在清晰的指引下，同学们对这项任务充满期待，纷纷跃跃欲试，准备大展身手。

表3-2　旅游攻略

＿＿＿＿＿＿（景点）旅游攻略	
1. 路线	2. 乘车
3. 住宿	4. 饮食
5. ＿＿＿＿＿＿	6. ＿＿＿＿＿＿
我们的感受：	

活动中，同学们结合自己的生活经验，进行了激烈的讨论和细致的设计。如汇报中，第一组分享到，可以利用高德地图计算景点间的距离，规划游玩路线；在不同景点间，可以用滴滴打车往来交通，高效便捷；住宿方面，可以在携程软件上查询酒店信息，提前预订；每天还可以在大众点评查看美食榜，打卡特色餐厅。第二组同学补充道，如若缺少一些生活用品，可以随时用京东、淘宝等软件网购，解决燃眉之急；平时还可以通过爱奇艺、芒果等视频网站，丰富休闲时光等。同学们群策群力，相互补充，利用信息科技解决了专家们的出游难题。

教师设计旅游攻略表，打破了封闭式学习思维，加强了课程与生活的密切联系，增强了教学内容的时代感和现实感。通过教材内容的优化整合，以真实情境为基础，以任务为驱动，使学生通过自主探究深入体会网络世界带给人们生活的极大便利，发现信息科技的精彩。

（二）以案说法，提高信息保护意识

网络新世界如同生活"万花筒"，在带来便捷的同时，也暗藏诸多安全隐患。这种"双刃剑"特性，使得增强同学们的网络安全意识变得刻不容缓。

为了让学生更直观地认识网络安全问题，课堂上，教师再次引入学校举办"科学教育大会"的情境，让"网络安全社团"在会上精彩亮相。此时，教师电脑上却"意外"出现了弹窗，教师请同学们来帮忙："你们遇到过类似情况吗？你是如何解决的？"同学们结合生活经验纷纷支招："把弹窗关闭就可以。""这是网络陷阱，如果关不掉的话，我会直接关机。"通过交流，学生发现网络世界虽然很精彩，但还存在很多陷阱。教师顺势让同学们结合经历谈一谈，你还遇到过哪些网络陷阱？让人惊讶的是，同学们遇到的陷阱还真不少，例如大家谈到的"弹窗诱导充值""扫码泄露个人隐私""陌生人加好友进行诈骗"等。通过课堂交流和真实经验的分享，同学们加深了对网络世界的多元认识，感受到网络世界的纷繁复杂，也进一步强化了网络自我保护的意识。

紧接着，教师出示一则真实案例：小晴被"免费领取游戏皮肤"的广告吸引，扫描二维码，添加自称为"周警官"的人为好友，在骗子的恐吓威胁下，两个小时内被骗 17 万元。看完案例，同学们纷纷感慨道："在信息科技时代，增强对网络信息的辨别能力，懂得保护自己是多么重要。"教师见同学们已充分认识到网络安全的重要性，趁热打铁，现场连线网络安全老师，向其请教预防网络陷阱的有效建议。连线过程中，专业老师结合丰富的经验，详细讲解各类防护要点，同学们认真聆听，频频点头。连线结束后，教师引导同学们结合课堂所学与专业建议，齐心合力总结出实用的网络安全防护方法：遇到弹窗等可疑信息要果断关闭；不轻易打开陌生人发送的邮件和链接；使用正版操作系统和浏览器，确保设备安全；尽量在家长监护下上网，一旦遇到问题，立即向父母或老师寻求帮助。

教师将关于网络陷阱的问题放入真实案例中，学生随着情节的发展一步步辨析，理性思考，增强了对网络信息的辨别能力。同时，现场视频连线信息技术老师，充分整合信息技术学科和道德与法治学科的资源，丰富课堂教学，既体现出使用网络科技不受时空、地点的限制，又加强了学生对安全防护小技巧的积累，增强了学生的网络安全意识，有效提升了学生的网络安全综合能力。

（三）法官普法，内化科学道德素养

在网络世界中，既要保护自己，也要学会遵守规则，不伤他人，共享健康绿色的网络环境。在解决了弹窗问题后，"网络安全社团"又为同学们带来了宣讲视频：一名叫陈博晓的学生突然想到一个恶作剧，就在班级微信群里宣布了"小蔡同学失踪"的假消息。同学们看后一片哗然，教师顺势引导他们讨论："陈博晓的做法错在哪里？会给别人带来怎样的伤害？"同学们纷纷表示"这样的行为万不可取"，有的说"这会给小蔡同学带来心理伤害"；有的说"这会让小蔡同学的爸爸妈妈焦急万分"；还有的说"这会让整个班级乃至学校都陷入恐慌，大家都会心神不宁，想要去寻找小蔡"。教师肯定了同学们的想法，并提出这样的行为已经触犯了法律。

为了引导学生体会网络世界的规则性，网络安全社团专门请来海淀法院的秦法官为学生们视频普法。秦法官讲道："《中华人民共和国网络安全法》规定，任何个人和组织使用网络应当遵守宪法法律……不得利用网络……编造、传播虚假信息扰乱经济秩序和社会秩序，以及侵害他人名誉……《中华人民共和国未成年人保护法》第七十七条也规定，任何组织或者个人不得通过网络以文字、图片、音视频等形式，对未成年人实施侮辱、诽谤、威胁或者恶意损害形象等网络欺凌行为。"通过视频普法，同学们认识到互联网虽然是一个虚拟世界，但它和现实世界一样有自己的规则。在网络世界里，我们不仅要学会保护自己，还要做到不伤害别人。

教师围绕真实案例提出问题，让学生在生动、有趣的情境教学中明辨是非，启智明理。在此基础上，引入法官视频普法，借助法官的专业身份与法律视角，进一步增强了学生的道德判断能力，培养了文明上网的网络规则意识。

四、案例反思

科学道德规范是科学研究和创新的基石，科学道德的教育对于学生的全面发展和社会责任感的培养至关重要。以互联网为代表的现代科学新技术往往呈现出"双刃剑"的特性，因此，引导学生在规范、合理的范围内使用这些新技术，让互联网更好地为生活服务尤为重要。本节课突破教材内容的局限，巧妙整合课内外学习资源，引导学生走出课本、回归生活。基于"真实情境"开展问题驱动式教学实践研究，设计层次递进的主题式学习内容，并关注学生在课堂上知、情、意、行的能力统一，让学生在生动有趣的情境教学中增强网络辨别能力，提高网络道德修养，树立正确科学态度，收效颇丰。

二、以科学之眼　观语文之美

提升科学素养，是全面实施素质教育的根本要求，也反映了对未来人才素质的迫切需要。在学科教学中渗透科学教育，是各科教师义不容辞的责任。语文与科学的融合，可以使学生在思维习惯、逻辑能力、学习兴趣、创新精神等方面有所发展，促进学生综合素养的提升。

语文学科文本内容包含万物、蕴含精神、贯通今古，既是其他学科深入学习和相互沟通的重要工具，又能普及许多科学知识，对学生科学精神培养具有积极作用。教师通过巧设问题、借助实验、依托文本、积极引导、升华思想、实践运用等策略，激发学生对科学的学习兴趣，教给学生科学的思维方法，培养学生科学的创新精神，引导学生将理论与实践结合，进行科学的运用，从而提升语文教学质量，发展学生的核心素养。

（一）阅读：于无声处探究科学之妙

语文学科的人文性与工具性决定了它与科学学科有着极为密切的联系。这种从显性到隐性的联系不仅体现在新课标中，同样体现在教材内容上。在新课标出台和国家大力提倡科学教育的背景下，依托小学语文统编教材常态化的阅读教学，能有效保证"培养公民科学素质贯穿全程'不断线'"。

语文老师指导学生学习这些作品（见表3-3、表3-4），重点不是教他们学习相关领域的知识，而是要教会他们阅读这一类文本的方法，同时依托语文教材培养学生科学素质。

表3-3　小学语文统编教材中与公民科学素质培养密切相关的课文（第二学段）

年级	课文
三年级上册	《在牛肚子里旅行》《金色的草地》《读不完的大书》
三年级下册	《花钟》《蜜蜂》《海底世界》《火烧云》
四年级上册	《夜间飞行的秘密》《呼风唤雨的世界》《爬山虎的脚》《蟋蟀的住宅》
四年级下册	《琥珀》《飞向蓝天的恐龙》《纳米技术就在我们身边》

表 3-4　小学语文统编教材中与公民科学素质培养密切相关的课文（第三学段）

年级	课文
五年级上册	《什么比猎豹的速度更快》《太阳》《松鼠》《鲸》《风向袋的制作》
五年级下册	《自相矛盾》《田忌赛马》《跳水》
六年级上册	《宇宙生命之谜》《只有一个地球》
六年级下册	《两小儿辩日》《真理诞生于一百个问号之后》

1. 在阅读中渗透科学精神

《义务教育语文课程标准（2022 年版）》的鲜明特点是核心素养的自觉转向，其中对科学精神的培育主要体现在培养学生实事求是的态度和在教学中渗透科学方法两个方面。前者倡导学生养成实事求是、崇尚真知的科学态度，引导他们在学习和生活中尊重事实，不轻信、不盲从，敢于质疑并用实践来验证观点；后者强调通过创设情境，让学生了解和体验科学探究的过程，如观察、记录、分析、总结等方法，提高他们运用科学方法解决实际问题的能力。

在阅读教学中，我们可以挖掘观察与探究大自然的文本范例，创设情境，为学生搭建运用科学方法解决实际问题的平台。比如，三年级上册《金色的草地》一文所记叙的故事就为学生提供了观察与探究大自然的范例。课文描写了"我"从司空见惯的事物中发现不一样的变化，怀着好奇，探究变化的原因，直至解开奥秘这样一个观察探究的过程。潘春艳老师在执教这一课时，引导学生自主梳理、发现整个观察的过程，理解蒲公英张开、合拢的过程与草地颜色变化密切相关，继而引发思考：这么神奇的发现，作者是怎么观察到的？引导学生理解仔细观察的过程包含凑近了看、持续地观察、进行深层次的探究等，从而习得观察方法。最后，引导学生分小组开展观察实践，实地观察含羞草的变化过程，分享观察所得，并把自己观察到的变化写出来。由此，从赏自然之变化，到悟观察之细致，再到写身边之变化，学生的观察和表达能力都得到了锻炼，科学精神自然而然地得到培养和渗透。

2. 在阅读中培养科学思维

语文课程的核心素养之一是思维能力，指的是学生在语文学习过程中的联想想象、分析比较、归纳判断等认知表现，主要包括直觉思维、形象思维、逻辑思维、辩证思维和创造思维。科学课程也将科学思维纳入核心素养。由此可见，课程标准已经为我们在语文学科中做好科学教育加法指明了方向和路径。

在阅读教学中，我们可以挖掘文本中蕴含的科学思维。比如，六年级上册《只有一个地球》从人类生存的角度介绍了地球的有关知识，呼吁人类应该珍惜资源，保护地球。"保护地球"这个结论不是一下子得出的，也不是凭空产生的，而是经过严谨清晰的论述一步一步表达出来的。刘丽娜老师在教学这一课时，在整体把握课文主要内容的基础上，引导学生细读课文的每个部分，然后用思维导图的方式梳理出"保护地球"这一结论一步步得出的过程，再组织学生讨论交流，厘清每个部分之间的逻辑关系，并用恰当的关联词语逻辑清晰、层次分明地表述清楚。最终，引导学生在语文实践活动中，通过阅读、比较、推断、质疑、讨论等方式，梳理观点、事实与材料及其关系；负责任、有中心、有条理、重证据地表达，培养理性思维和理性精神。

（二）习作：于妙笔中书写科学之思

语文学科如何融入科学教育？笔者结合相关的教学实例来阐述语文习作教学方面科学教育有效的融入策略，力求为当前的教学探索提供新思路和方向。

1. 多元想象激发科学兴趣

小学语文四年级下册第二单元习作"我的奇思妙想"，要求"展开奇思妙想，写一写想发明的东西"。由于发明属于科学领域的内容，因此，习作过程中必然会涉及科学发明的知识，自然而然地融合了科学元素。这样一来，既满足了语文写作训练的要求，又激发了学生发明创造的兴趣。

（1）初识发明，感知奇妙。

课堂上，教师以"住在木屋的小精灵如果遇上了水灾，该怎么迅速逃生"这一问题来引发学生的思考，鼓励他们畅所欲言，说出自己的想法，注重培养学生的发散性思维能力。在此基础上，教师充分肯定学生看似不着边际实际却富有创意的想法，进一步激发学生的创新意识。

（2）体验发明，多元想象。

① 功能组合：木屋长出了翅膀。

"会飞"的功能和"木屋"组合起来，立刻就神奇起来了。有的学生希望木屋能像船一样漂浮，有的希望木屋能长出翅膀飞起来，学生的探索热情被点燃。教师继续引导想象：如果木屋长出了翅膀，会有哪些神奇的事情发生？想去哪儿就去哪儿，不用拉着笨重的行李箱，随时能欣赏窗外的美景……学生关联身边的生活，继续想象如果教室里的桌椅或黑板也神奇起来，又会发生什么？

② 变化起来：会变大变小的书包。

学生在木屋功能组合的基础上，想到了会变大变小的书包、会变粗变细的钢笔、会唱歌的相机等。学生饶有兴趣地分享道，有了这个书包，生活变得与众不同，能随意变大变小，东西多时能装下，东西少时变轻便，会成为他们的好朋友，恨不得第一时间背上它。

③功能突破："蜻蜓点水"的神功。

随着科学兴趣的逐渐浓厚，学生惊喜地发现甚至可以改变事物本来的功能，提出发明一种"水上行走鞋"，让人们可以像小船一样在水上漂浮，仿佛练就了武林高手"蜻蜓点水"的神功，帮我们实现在水上自如行走的梦想。由此一来，学生的想象更加多元，感受更加奇妙，学习更有兴趣。受此启发，教师引导学生打开思路，进一步想象一双多功能鞋子能给生活带来怎样的便利和美好。

（3）介绍发明，书写神奇。

学生在不断丰富的想象中对发明创造产生了兴趣，脑海中有了自己想发明的东西，并尝试将其画下来（见图3-9、图3-10）。

图3-9　万能小果子

图3-10　会飞的木屋

与此同时，学生借助书上的提示完成思维导图，继续想象木屋还可能是什么样子的？还可能有什么功能？不断在图表中添加细节，将样子形象化，如此更有利于表达想象的奇妙之处。最后尝试用文字去记录发明、书写神奇，再用准确的语言介绍和分享（见图3-11、图3-12）。

图 3-11　懂你心思的小课桌　　　　图 3-12　会飞的衣服

从"奇思妙想"到"发明创造"是文学趣味与科技精彩的碰撞，使得学生的视野逐渐开阔，大脑中产生了丰富的联结，写起文章来自然水到渠成。学生可以自主选择多种方式来表现想象中那个神奇的发明，或绘制精美的图画，或文字描述；可以描写奇妙的样子，亦可以书写突出的功能。

2. 理性思考梳理科学想象

小学《语文》六年级下册第五单元习作"插上科学的翅膀飞"，要求学生将头脑中天马行空的想象记录下来，写一个科幻故事。

这一节习作课上，教师巧妙融入科学元素，鼓励学生多读一些印象深刻的科幻故事，学生在阅读中能更好地了解科幻故事中大胆而新奇的想象，知道故事中的设想要符合科技的发展，需要具备一定的合理性，由此激发了学生对科幻故事的兴趣。课堂上，教师进一步创设情境，采用启发式教学、与学生聊故事、观电影、探科学技术、绘制情节图、创编故事等多种策略进一步丰富学生的想象，引导学生在理性的思考中梳理科学想象，畅想未来、涵养精神，将深度思考记录下来，写成奇特又令人信服的科幻故事。

这两节课的学习和探究仅仅是一个开始。教师创设情境引导学生学会想象，学会运用语言表达自己的科学设想，为学生渗透严谨细致的科学态度，融合情感、美感，最终将自己的想象写成说明文或科幻故事，让文字显得有筋骨，富有趣味的同时又不缺乏思考。

（三）实践：于探究中融合科学之美

1. 语文与科学融合的跨学科项目化学习

语文与科学的跨学科项目化学习旨在解决一个真实且复杂的问题。在解决问题的过程中，学生要创造性地融合语文学科和科学学科的核心知识及技能，从而产生综合性的项目成果。其核心不在于对不同学科知识的运用，而在于形成一种综合性的认识。

如《语文》四年级上册第三单元的主题是"处处留心皆学问，时时观察常记录"，在该单元设计"一粒种子的成长手册"这一跨学科项目化学习。这一跨学科项目化学习的驱动性问题是"如何用种子种植一盆植物，记录其成长变化过程，形成观察手册"。这个驱动性问题融合了科学与语文两大学科。项目化学习是将这两个跨学科的问题分解为两个独立的子项目：一个是科学学科的种子种植的子项目；另一个是语文学科的编写"成长手册"的子项目。在科学项目化学习中，学生能进一步理解植物生存和成长的条件，搜集植物生存所需要的条件的证据，探究环境变化对植物生长的影响；在进行语文项目化学习时，学生可以通过日记、观察笔记等多种形式来记录自己的看法和思考，表达对自然和生命的理解，在真实的学习情境中学习语言文字运用。学生将两个子项目进行结合，产生跨学科项目化学习的成果。这种跨学科项目化学习是由两个独立的学科子项目组成的，它们分别对各自学科领域中的关键概念进行理解，并探索解决跨学科问题中对应的学科问题；再根据全面解决跨学科问题的需要，融合两个独立学科子项目的研究成果，从而形成一个跨学科的研究成果。

2. 语文与科学融合的"馆校结合"实践

科学课程里的知识点，最直接地来源于科学家的研究与发现。在科学上，教师主要指导学生能够像科学家一样思考问题，能够主动积极探究周围的事物，在教学中主要倡导学生探究式学习，引导学生可以站在科学家的角度，从科学史、科学家的故事中得到启发，构建一个"实践—认识—实践"的探究过程，从而进一步学习体会什么是科学，如何像科学家们一样进行科学探究与学习。

而在语文课本里，关于科学的大部分还是科学家的故事，如蔡伦、徐霞客、邓稼先、钱学森、袁隆平、屠呦呦等，这些科学家用智慧和汗水不断拓展人类知识的边界，创造了闻名于世的科技成果，书写着属于中国的科学故事。

基于此，我们综合科学学科与语文学科的资源，开展"跟着科学家一起玩科学"——科学家精神科学教育课程，通过讲述科学家研究科学成果的故事，培养学生发现问题、解决问题以及逻辑思维的能力，激发青少年对科学的兴趣，帮助他们逐步树立科学精神、科学思想，明确科学方法；开展"生活科学实验室"线下科普活动，用幽默的语言风格（语文能力）结合趣味的科学实验（科学能力），以更加形象的方式传递给学校、学生。学生通过参与生动、有趣、互动性强的科学实验，拉近了与科学知识之间的距离，让学生走近科学家、认识科学家。

语文实践活动是提高学生语文素养的有效途径，如果结合适当的科学知识开展，会起到一举多得的效果。例如，在完成基础教学的基础上，我们可让学生积极收集资料，介绍当今世界某种最前沿的科技知识，如 AI 技术等；举行"新闻发布会"，交流学生在科学阅读中获得的最新奇有趣的科学知识。这样学生在获得知识的同时，科学兴趣和科学意识也能得到有效提升。此外，科普知识竞赛、科学手抄报等都是不错的手段，能够让学生在一次次信息收集中，拓展知识面，接触不同方面的科学知识，感受科学无处不在，从而促进科学素养的进一步提升。

综上所述，语文与科学的融合，要借助阅读、习作和实践三种类型的整合方式，"借"阅读之道，丰富科学知识；"借"写作之时，培养科学精神；"借"活动之机，提升科学素养，引导学生开展各种语文实践活动，解决真实的问题，促进学生学科核心素养和整体核心素养的发展。

当然，在语文教学中有效渗透科学教育的途径还有许多，作为语文教师，只有不断地研究、积极探索，才能更好地为学生的成长服务，使学生从小形成科学的世界观，学会用科学的态度去熟悉世界、解决问题，为他们未来的发展奠定坚实的基础。

案例 1　学科学观察之法　品准确生动表达
——以《爬山虎的脚》教学为例 [①]

一、学习内容分析

日常语境下，观察指"仔细地看"。心理学中，观察是一种以感知觉为基础的，有目的、有计划、有组织、有思维的特殊知觉形式。同时，观察还作为

---

① 此案例由孟学文老师提供。

一种研究方法，被广泛地应用于科学研究中。

梳理《义务教育语文课程标准（2022年版）》发现，"观察"一词大多出现在"梳理与探究"中。第二学段指出，要学会组织有趣味的语文实践活动，在活动中学习语文。结合语文学习，观察大自然、观察社会，积极思考，运用书面或口头方式，并可尝试用表格、图像、音频等多种媒介，呈现自己的观察与探究所得。同时，《义务教育科学课程标准（2022年版）》中强调，学生要掌握观察、实验、测量、推理、解释等基本的科学方法，形成科学探究的意识。在第二学段提出，学生要能够通过对具体现象与事物的观察和比较，提出可探究的科学问题，制订简单的探究计划。

对标语文与科学学科课标发现，两者都提到了学生观察与探究能力的培养。那么，怎样在学科融合中培养学生的观察与探究能力呢？笔者以《爬山虎的脚》教学为例进行跨学科融合初探。

二、学习目标设定

（1）通过关注文中写得准确形象的句子，感受作者细致的观察。

（2）通过结合动词说出爬山虎是怎样往上爬的，感受作者连续的观察。

（3）能够亲自观察实物，运用准确、生动的语言写当日观察记录。

三、学习过程展开

《爬山虎的脚》是四年级上册第三单元的课文，这一单元的人文主题是"处处留心皆学问"，语文要素是"体会文章准确生动的表达，感受作者连续细致的观察"，习作要求是"进行连续观察，学写观察日记"。关联人文主题和语文要素来看，本单元围绕"观察与发现"，引导学生学习如何观察，怎样准确生动地记录发现。

（一）资源重整，明观察表达任务

笔者打破学科壁垒，进行单元重整，引导学生在语文实践中科学观察、记录发现。本单元以"观察生活　书写观察日记"为核心任务，将语文学习与科学观察相融合，启发学生在真实生活中"确定观察对象　初做观察记录""了解观察方法　学习名家表达""亲身观察实践　书写观察日记"（见图3-13）。

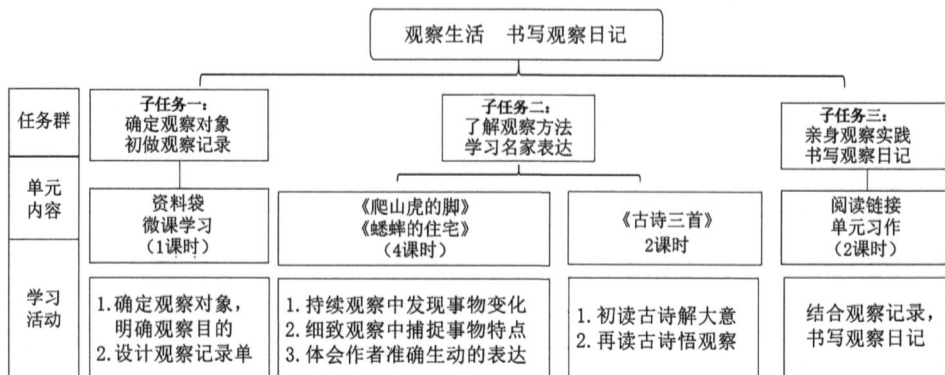

图 3-13　单元整体架构图

《爬山虎的脚》的作者是叶圣陶先生，作者通过多年连续细致的观察，了解了爬山虎的生长位置、叶子特点以及它向上攀爬的过程，并用生动准确的语言表达出来。这是非常好的科普文章，激发了学生心中那颗"科学心"；又是一篇用词精美的典范，点燃了学生热爱生活之情。因此，教师要引导学生先确定观察对象，再借助《爬山虎的脚》开启观察之旅，学生在阅读中学观察、悟表达，为后面实际观察，写观察日记打下基础。

（二）阅读名篇，悟观察表达之法

如何把科学观察与感悟表达相融合，在观察与表达间搭建桥梁是学生的学习难点。现以《爬山虎的脚》的教学浅谈几点尝试。

1. 聚焦观察地点，明确观察常见之物

文章开头介绍了爬山虎的生长位置。看似闲来之笔，却大有来意。短短两句话却暗示了作者所观察、描写的对象——爬山虎是生活中最为常见之物。正因为常见，我们才能充分地观察。这也更明确了学生要"观察什么"的问题。教学片段如下：

师：文中描写的爬山虎生长在什么地方？

生：第一自然段介绍了它生长的位置：墙上、房顶上。

师：爬山虎给你留下了怎样的印象？

生1："满是"让我感觉爬山虎长得很茂盛。

生2：爬山虎善于攀爬，已经占据了作者家房顶的大片地方。

师：你们都在哪里见过爬山虎？

生：学校操场上、教学楼的墙壁上、放学路上、大桥边……

师：可见，爬山虎是我们经常见到的植物。在你的观察之旅中，你也可以用生活中常见的景物作为观察对象。

对学生而言，首先要清楚自己在这次实践活动中要观察什么。从作者的观察中，学生深刻体会到，观察对象应该是我们司空见惯的事物，从对这些事物的观察中有所发现。

2. 梳理观察方法，学习准确生动表达

本单元的语文要素是"体会文章准确生动的表达，感受作者连续细致的观察"。具体来看，"连续细致的观察"为"准确生动的表达"提供了基础。因此，学会观察的方法能够有效促成学生准确生动的表达。

（1）连续观察写变化。

连续观察是指对同一事物持续地察看。这是对学生观察习惯与品质的培养。教学时，教师要启发学生在品读文本中领悟作者如何观察、怎样表达，从而发现其中的奥秘。

例如，《爬山虎的脚》中对叶子的描写，这是作者经过长时间连续观察才写出的叶子的一系列变化。教学中，可以引导学生聚焦课文第二自然段，想一想从哪些地方可以看出作者观察仔细，画出你认为写得准确生动的句子。

学生发现，"刚长出来的—不几天—长大了的"写出了叶子成熟度的变化；"嫩红—嫩绿—绿得那么新鲜"写出了叶子颜色的变化。正因为作者长时间连续细致地观察，才发现了这些变化，把观察记录下来，也就有了如此准确生动的表达。

（2）细致观察描细节。

细致观察是指调动多种感官，对某一事物从不同角度仔细察看。细致观察能够帮助学生聚焦细节去刻画。《爬山虎的脚》一文中，文章准确生动地表达与作者细致入微的观察是密不可分的。因为作者对爬山虎的叶子、脚以及攀爬时的情景进行了细致观察，所以才把这些细节惟妙惟肖地刻画出来。教师要引导学生及时捕捉，深入体会。

例如，学生在了解爬山虎向上攀爬的过程时，教师引导学生通过调换动词去发现作者观察的细致，感受作者表达的准确。教学片段如下：

生：关注爬山虎向上攀爬的动词：触—扒—贴。

师：这些动词能不能调换顺序？结合你的实际观察，在小组内调换感受一下。

生 1："触着墙"是轻轻碰一下墙，爬山虎的脚当时还是细丝状，没有力量。

生 2：只有六七根细丝的头上变成小圆片才能扒住墙。

生 3：细丝原是直的，现在弯曲了，这样才能拉一把嫩茎，使它贴在墙上。

生 4：这些动词的顺序正好体现了爬山虎向上攀爬、生长的过程，不能调换。

可见，教师巧妙地将作者细致的观察与学生实际观察结合，使学生充分感受到了作者通过细致观察，关注到了爬山虎生长的每个细节，最终外化于生动、准确的表达。

（3）实物观察显特点。

实物观察也能帮助学生加深对课文内容的理解。例如，在《爬山虎的脚》的学习中，教师引导学生对照课文，亲自观察科学课上制作的爬山虎植物标本，了解爬山虎脚的位置、数量、形状、颜色；关注它"茎上长叶柄的地方""反面伸出六七根细丝""细丝很像蜗牛的触角"。在亲自观察、对照阅读过程中，学生深刻体会到了作者表达的准确、生动。这样的学习使科学与语文完美融合，共同推进学生观察和表达能力素养的提升。

（三）联系生活，建观察表达之桥

文章准确生动的表达能够再现作者连续细致观察的状态，呈现出作者从观察生活到思维架构，再到表达的过程。因此，教师要引导学生在生活中不断细致观察，及时记录发现，使学生在观察与表达之间搭建桥梁。

例如，在《爬山虎的脚》的学习中，学生始终嵌入在"观察生活 书写观察日记"语文实践活动中。活动初始，确定观察对象；伴随着阅读不断深入，通过连续细致的观察记录发现。最后，聚焦观察结果，完善之前的观察记录，记录当日观察，在展示中结合评价标准去评价。这体现了学生由学观察到用观察表达的过程。

表 3-5　观察记录评价标准

评价维度	评价内容	评价等级
观察	能连续细致观察，发现植物或动物的变化与特点	☆☆☆（　　　） ☆☆（　　　） ☆（　　　）
表达	能准确、生动地记录下观察与发现	☆☆☆（　　　） ☆☆（　　　） ☆（　　　）
请在评价等级相应位置后打"√"		

四、案例反思

本课启发学生在阅读中学习连续细致观察、准确生动表达；了解作家语言的准确性；观察具体的植物，交流分享，使科学学科与语文学科融合，共同推进学生观察和表达能力素养的提升。

学科融合打通了学科之间、课堂内外的认知通道，使科学的观察促成了优化的表达。学生在真实生活中开始、在真实需要中推进、在真实过程中实践、在真实产出中收获，乐趣无穷。

案例2 理性思考梳理科学想象
——以《插上科学的翅膀飞》为例①

一、学习内容分析

《义务教育科学课程标准（2022年版）》课程理念中指出，"立足学生核心素养的发展。以了解物质科学、生命科学、地球与宇宙科学、技术与工程等领域的一些常见基础知识，并初步形成基本的科学观念为基础，以科学思维能力、科学探究和实践能力、科学态度与社会责任的培养为重点，促进学生学习能力、创新能力的发展，形成清晰和精准的科学课程目标"。

在学习本单元之前，学生已经学过科幻故事，课外也可能读过科幻故事。课前，教师已经布置了让学生回顾、搜集一些印象深刻的科幻故事的任务，让学生借助这些故事初步感知科幻故事的特点——既有大胆而新奇的想象，又建立在科技发展的合理设想基础上，能够令人信服。在此基础上，教师可通过情境创设、问题引导等多种方式，进一步激活学生的想象，指导学生构思科幻故事，完成习作片段并修改。通过这次习作，学生懂得了：生活中不是没有写作的材料，而是同学们缺少想象力，缺少观察生活中值得记录的小细节，缺少善于发现的眼睛和创造性思维（见图3-14）。

---

① 此案例由康歆洁老师提供。

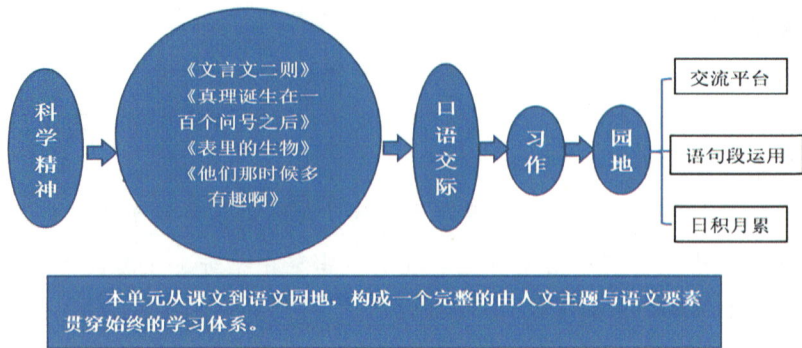

图 3-14　培养科学精神单元结构图

二、学习目标设定

（1）培养学生不断探索创新的精神和对科学的热爱。

（2）正确理解什么是科幻故事，以及科幻故事所具有的特点。

（3）展开想象，写出奇特而又令人信服的科幻故事。

（4）习作后，能够根据习作目标和别人提出的建议修改自己的习作。

教学重难点：

重点：正确地理解什么是科幻故事，以及科幻故事所具有的特点。

难点：展开想象，写出奇特而又令人信服的科幻故事。

三、学习过程展开

这次的习作是写一个科幻故事，编写科幻故事正是学生自主写作、放飞想象和进行创意表达的途径之一。引导学生编写科幻故事，目的在于培养学生的想象力和有创意的表达能力，激发学生对编写科幻故事的热情以及对美好生活的向往。

（一）引发情感兴奋，让学生浮想联翩

爱读科幻故事、爱看科幻影视片，这是小学生的共同特点。课始，教师组织学生畅谈自己阅读过的科幻故事或观看过的科幻影视片，有效地激发学生兴趣，引发情感兴奋，让学生浮想联翩，并了解科幻故事的特点。教学片段如下：

师：同学们，我们最近刚刚学习了阿西莫夫的那篇《他们那时候多有趣啊》的文章，我们知道这是一个科幻故事。今天这节作文课，我们要学习写科幻故事，将天马行空的想象记录下来。你们都看过哪些科幻故事？里面都有哪些科学技术？对我们产生了怎样的影响？

生1：《流浪地球》《海底两万里》《三体》……

生 2:《海底两万里》里面的科学技术——潜艇，凡尔纳的伟大在于他敢大胆想象，想象出了那个时代所没有的科学技术。

生 3:《三体》中三体世界入侵人类世界，最后被人类摧毁。我们的课文《他们那时候多有趣啊》中，未来的上学方式和学习生活发生了改变，出现了机器人老师，玛琪和托米一天的经历很精彩。他们认为我们在学校的一天生活同样非常精彩。科幻故事往往有着奇特的情节与设定。

师：我们来看这段影片，就是同学们刚才提到的科幻影片《流浪地球 2》中的一个场景。太空天梯连接地球和外太空的物资运输，目前人类已经开始研究它所需要的材料和相关的技术，在不久的未来也许真的能梦想成真。通过这节课的学习，我们知道科幻故事有哪些特点？

对学生而言，用聊天的方式进行导入，无疑会激发学生的浓厚兴趣。接着，引导学生畅谈自己印象最深刻的科幻故事，为后面的学习做铺垫。

（二）小组讨论，梳理素材，丰富写作内容

六年级的学生能够通过习作来表达自己的见闻和想象，此时他们正处于好奇心和想象力最丰富的阶段，并积累了一定的词语和句子，但是由于年龄和生活经验的限制，学生在探索如何把现实与想象相结合时，会感到较为困难，因此，在教学中教师应多调动学生已接触的科学元素，帮助他们拓宽思路。

1.探索领域，提出困惑

科幻故事是人们凭借想象编写而成的，故事中的内容在现实生活中并不存在，甚至在将来世界也不可能发生。但这些内容不是凭空想象的，而是有着一定的科学依据。学生往往喜欢对未知世界进行探索，教师需要引导学生从解决现实生活中的一些问题入手展开探讨。

学生们在小组里把自己看到、想到的生活中的问题进行交流，并思考可以用哪些科学技术来解决，并在班级范围内展开交流。教学片段如下：

生 1:我们组发现同学们最怕考试时忘记所学知识，所以我们想发明知识录入笔，把整理的知识笔记录入笔中，再将人的大脑里装上芯片，考试的时候用这支笔把知识输入到大脑中，大脑检索到有用的知识，然后写下来。

生 2:我们组想发明工作丸，吃下后可以迅速在肚子里膨胀，这样工作的时候不用为吃饭而发愁，可以省下许多时间做自己想做的事情。

师：多有意思。真是脑洞大开，奇思妙想！

师：还有的小组同学设计了气候控制系统，说说你们的想法。

生3：考虑到人们对天气的喜好各不相同，有人喜欢夏天，有人喜欢冬天，我们设计了一款可控制天气的系统，通过按下按钮，该系统能够在两米范围内将天气调节成自己喜欢的状态，从此实现天气自由。

生4：我们想解决生活中做错事后悔的问题，因此我们设计了一款后悔回档手表，这款表除了有看时间、打电话的功能，还可以在做错了事情后，将时间调至事件发生之前，带着失败的经验重新再来一次，这样成功的概率就大大提升了。

我们的课堂不可能解决学生的所有问题，多数情况下是抛砖引玉、引起共鸣。只要学生在课堂上对这一方面的内容感兴趣了，生活中就会关注这方面知识，了解并学习。

2.学会从不同角度辩证看事物

在课堂上，学生们能够围绕"你的生活中有哪些困惑？你想用哪些不可思议的科学技术来解决？"的核心问题，从不同角度、不同方面进行探索。学生们不仅能够对未来的科技、未来的世界大胆想象，想象到科技给生活带来的便捷、舒适、高效，还能发现科技发展给我们带来的另一面。核心问题能够拓展学生的思维，因为每一个联结点都可以成为另一个中心主题，并向外发散出无数个关节点，所以学生能够辩证地看事物，进而其想象的世界便无限广阔。

（三）展开合理想象，创编科幻故事

本单元的习作语文要素是"展开想象，写科幻故事"。写好科幻故事需要好的科学想法，学生在"头脑风暴"后，将写作素材进行整理，并把想法转换成文字，创编属于自己的科幻故事。教师首先利用故事情节图帮助学生列好提纲（见图3-15），厘清写作思路。然后让学生思考，要想写好一个科幻故事，有什么好办法？教师引导学生回顾学过的单元课文《他们那时候多有趣啊》，促进知识迁移与写法领悟。

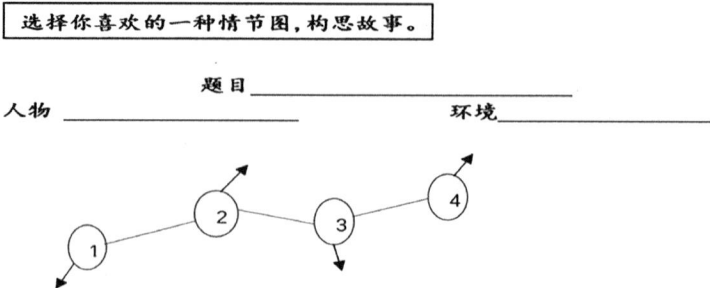

图3-15　科幻故事情节图

我们应关注读写之间的联系，有层次、有梯度地落实本单元的语文要素。通过习作教学，引导学生体会用具体事例说明观点的方法，然后结合小练笔，让学生结合自己的生活经验进行迁移、运用，加深对其的认识。以此在语言的运用中培养学生的科学精神。

（四）发挥评价功能，聚焦学生习作表达过程

教师用希沃技术呈现学生作品时，引导学生从大胆想象、科学技术、奇特经历三个方面进行评价。出示评价表格，使学生能够根据自己文章的等级和评语，发现自己习作主要存在的问题，并有针对性地进行修改。评价直接指向教学目标，更好地促进目标的有效达成（见表3-6）。

表3-6　习作评价表

创编片段评价表共（　　　）★		
大胆想象	想象新奇且合理★★★	想象合理★★	想象不够大胆★
科学技术	体现充分、合理★★★	有所体现★★	科学解释欠缺★
奇特经历	情节完整生动★★★	情节较完整★★	情节缺少连贯性★
修改建议：		

四、案例反思

在本课教学中，学生们在讨论中体会科学带来的神奇，并感受到科学给予的无尽快乐。学生们通过大胆想象，以及对令人震撼的科学技术的思考和创编的故事中奇特经历的梳理，明白了科学不仅在于探求真理，更应该关注生活、关注身边的点点滴滴。因为哪怕是我们无意之中一个小小的发现，都可能创造出无穷的价值。

培养学生在语言运用中展开丰富的想象力，使其能运用重组思维、发散思维、突破定式思维等创造性思维的基本方法。引导学生基于科学原理，提出有一定新颖性和合理性的观点。让学生在理性的思考中，借助文字表达自己的创意，从而实现科学精神的培养。

案例3 学科实践开启科学之门
——以"做中国的世界文化遗产讲解员"综合性学习活动为例①

一、学习内容分析

根据统编版《语文》教材五年级下册第七单元单元导语页的提示，单元整体教学要求为：人文主题方面，让学生领会"足下万里，移步换景，寰宇纷呈万花筒"（异域风情）；语文要素方面，要求学生"体会景物的静态描写和动态描写的表达效果"。《义务教育语文课程标准（2022年版）》中提出，第三学段（五、六年级）需要学生"阅读有关科学发现、技术发明的故事，用画思维导图等方式辅助，简洁清楚地表述科学家发现、发明的过程，学习科学家的创造精神，体会猜想、验证、推理等思维方法"。

考虑到本单元的人文主题以及所选文章的特殊性，尤其是《金字塔》一课有着鲜明的科学色彩，我们从科学与人文统一的角度出发，将本单元口语交际"我是小小讲解员"与习作"中国的世界文化遗产"相结合，设计"做中国的世界文化遗产讲解员"综合性学习活动。一方面，增强学生的民族自豪感，树立学生的文化自信；另一方面，通过查阅权威资料来了解世界文化遗产，培养学生运用信息技术的能力，也了解一些科学知识，体会猜想、验证等科学思维方法。

二、学习目标设定

（1）围绕单元"我为中国的世界文化遗产代言"学习主题，积累与运用本单元的生字、词语。

（2）能体会课文中静态描写和动态描写的表达效果，并进行交流、总结，能仿照例句，选择一个情境写句子，表现出景物的动、静之美。

（3）初步了解非连续性文本的特点，能从中获取所需的信息，并能学以致用。

（4）能搜集相应科学资料，列出提纲，完成按一定的顺序清楚地介绍自己感兴趣的中国的世界文化遗产的文字稿并讲述，能根据听众的反应，对讲解内容作调整。

---

① 此案例由张竞予老师提供。

三、学习过程展开

（一）活动一："借"阅读之道，丰富科学知识

1. 学习课内课文，初识世界文化遗产

要开展"做中国的世界文化遗产讲解员"综合性学习活动，首先要学习本单元课文，其中核心任务是向课文学习如何介绍中国的一处世界文化遗产。教师将教材中的《威尼斯的小艇》《牧场之国》等作为教学内容，引导学生学习，同时，让学生借助网络渠道，搜集其他的世界文化遗产。在此基础上，教师为学生设置以下语文实践活动：

首先，借助表3-7、表3-8的小档案学习单，了解作者分别是从哪些方面来描写威尼斯小艇和牧场之国的，结合具体的文本信息，说说自己的认知，摘抄能够体现作者内在情感的语句，并在朗读中进行有效积累。

其次，教师将教学的视角从对文本内容的理解转向对表达智慧的探寻上，引导学生洞察动静结合的表达效果。

表3-7 《威尼斯的小艇》小档案

	外形	
小艇的特点	行动	
	体验	
船夫技术	操纵自如快而稳	
小艇所处的环境	白天热闹	
	夜晚寂静	

表3-8 《不可思议的金字塔》小档案

	塔的重量、塔基面积、塔的体积	
介绍最大的金字塔——胡夫金字塔	修建时间	
	修建材料及工艺	
	建造地址	
建造金字塔时古埃及人的成就	古埃及人的成就	
	考古发现	
我的推测		

2. 拓展课外阅读，发现表达妙处

除了课内阅读，学生从课外选择一篇有关中国的世界文化遗产的例文进行阅读，发现表达妙处，总结表达策略。本单元为"基于文献的写作"，最常见的问题是不加选择和修改地照搬资料，因此，教学中，教师精选了几篇例文，让学生以群文阅读的方式完成学习任务单（见表3-9）。

表3-9　例文学习任务单

例文题目	个性表达小妙招
《北京人的故事》	
《"平遥"之约》	
《苏州古典园林之"最"》	
《布达拉宫房间探秘》	

在小组合作充分讨论交流的基础上进行全班交流，可以结合例文总结出"抓住苏州古典园林最震撼之处重点写，小标题表达简洁直观""从历史的角度切入，表现北京猿人遗址的文化价值，地位、价值、遗憾三个方面层层递进""抓住细节探秘布达拉宫的房间，形式独特，图片、表格一目了然""歌曲引入，亲切自然，融'我'入文，情感表达流畅生动"等个性表达小妙招。

（二）活动二："借"查阅资料，培养科学思维

1. 用好任务单，保证资料的搜集

只有资料搜集全面，才能为后续的资料归类、整理奠定基础。课前，教师可要求学生在中国的世界文化遗产目录中选一处感兴趣的地方，利用任务单搜集至少三个"中国的世界文化遗产"的资料，并记录资料来源，鼓励学生多角度、全方位地搜集资料（见表3-10）。

表3-10　《中国的世界文化遗产》任务单

遗产名称：			
序号	资料内容	资料来源	呈现形式（如图、文、视频……）
备注：资料来源至少两种			

该活动旨在从学生感兴趣的地方入手，唤醒其对祖国的世界文化遗产的关注。"资料来源至少两种"的要求是在回应五年级下册第三单元综合性学习中提到的"查找图书""网络搜索""请教他人"三种学习方法，让学生进一步感受到，不同的资料内容需要通过不同的方式去查找，通过不同方式查找资料可以让资料更全面，更具体。

2. 依托小组合作，完善资料的整理

五年级学生已经具备一定的资料整理能力，需要明确的是，教师切不可因为学生在以前的学习中有过相关训练就默认他们已经完全掌握相关技能。因此，课始，教师带领学生梳理、整理信息，可以设定特定的"游客群体"，依托小组合作，让学生根据"游客群体"选定介绍内容，对搜集的资料进行阅读、归类、筛选、排序，实现对资料的整理。

通过设计真实任务"根据游客的需求"，引领学生用高度整合的思维"有目的地提取并整理相关资料"，既实现对资料的整合，也帮助学生获取语言支架和表达技能，为后续习作打下坚实的基础。

3. 巧搭脚手架，助力资料的表达

（1）列一张图表。

学生在完成资料的阅读、归类、筛选和排序后，教师让学生摘录关键信息，完成任务单《_____的简介》，搭建整篇习作的框架，进一步明确习作的思路（见表3-11）。

表3-11　《_____的简介》任务单

_____的简介	
内容	关键信息
地理位置	
结构规模	
主要景点	
历史典故	
文化价值	
……	

这样的简介卡利于学生根据表达需要对已有材料进行再次筛选和重组，目标定位更明确，也有效强化了学生的选材思维。

（2）明一份标准。

为了让学生对习作要求与努力方向了然于胸，动笔之前，教师组织学生一起讨论并设计习作评价指标，制定评价量表，为习作提供量规或准则（见表3-12）。

表3-12 《中国的世界文化遗产》习作评价单

项目	评价标准	自评	互评
条理清晰	介绍得是否清楚	☆ ☆ ☆	☆ ☆ ☆
重点突出	写出了主要特点	☆ ☆ ☆	☆ ☆ ☆
描写与说明	图或表格辅助	☆ ☆ ☆	☆ ☆ ☆
引用资料	引用恰当□　注明来源□ 分类整理□　筛选补充□	☆ ☆ ☆	☆ ☆ ☆
修改建议	优点：	不足：	

评价量表紧扣习作目标，直观清晰，让学生的习作"有标可依"，也为后续的习作修改指明方向。

（三）活动三："借"写作之时，培养科学素养

1. 介绍中国的世界文化遗产

引导学生选择自主搜集的中国的世界文化遗产中的一处，以口语交际和单元习作的形式展开介绍。具体的学习活动如下：首先，借助口语交际，组织学生对自己选定的文化遗产进行口头介绍，让学生认识到资料甄别和删减的必要性；其次，基于习作的表达需要，以小组合作的方式对资料进行甄别遴选、分类重组，并各自完成习作，介绍自己所选择的中国的世界文化遗产；最后，针对学生的具体习作，根据评价表，通过自我评价、同伴互评和教师评价等进行全面、立体的评价。

2. 分享中国的世界文化遗产

教师为学生搭建分享、交流、评价的平台，引导学生展开学习交流。先是组织"中国的世界文化遗产分享会"，以"小讲解员"交流的方式，引导学生关注习作是否将中国的世界文化遗产的特点准确、合理地展示了出来；然后引导学生再次回顾教材三篇课文的写作方法，并对照自己的习作，进行修改与完善。借助这样的活动，引导学生进行交流、分享和评价，将自己的思想、思维外化，推动学生表达能力的逐步提升。

四、案例反思

本活动以"提高学生语言文字运用能力"和"科学探究能力"为中心目标，教师从多角度、多方式评价学生学习情况，如"做中国的世界文化遗产讲解员"的展示本身也是一种评价，在展示过程中，学生不仅要展示"做出了什么"，也要汇报"做的过程"，即经过了怎样的思考和调整，这样的展示也给学生提供了反思的机会。通过这样持续的跨学科学习，让学生掌握一定的科学探究方法、策略，引导学生成为自主学习者。

三、以科学之思　解数学之妙

数学，作为一门严谨而抽象的学科，不仅蕴含着丰富的科学精神、科学思想，还涉及广泛的科学知识、科学方法以及强大的探究能力。数学学科素养中的科学精神、科学思想、科学知识、科学方法和探究能力与科学教育紧密相连。通过数学学习，学生可以培养科学精神、掌握科学思想、积累科学知识、学会科学方法和提升探究能力，从而为未来的科学研究奠定坚实的基础。

鉴于数学和科学学科在思维培养、学科实践与应用、学习方式上的紧密联系，学校"6-2-6"自主课程体系专辟"数学与科学"课程领域，以素养目标落实为导向从两个方面进行领域课程的顶层设计，在领域内依据国家课程目标进行领域课程结构化建构，同时，基于实践育人推动学科融合，以跨学科课程助力学生培养学科素养和提升综合能力。

"数学与科学"领域课程定位旨在全面提高学生的数学与科学素养，并着重培养学生的科学思维、探究实践能力以及创新能力。本课程的核心目标是通过培养学生的质疑与思辨能力、合作与创新意识，以及思维与实践能力，使他们能够在解决问题的过程中，以科学严谨的态度，运用数学的理性思维，去经历并探究真实问题的全过程。我们强调将理论与实践相结合，通过实际应用，激发学生的学习兴趣，提升他们对生活、自然和社会的探索热情（见图 3-16）。

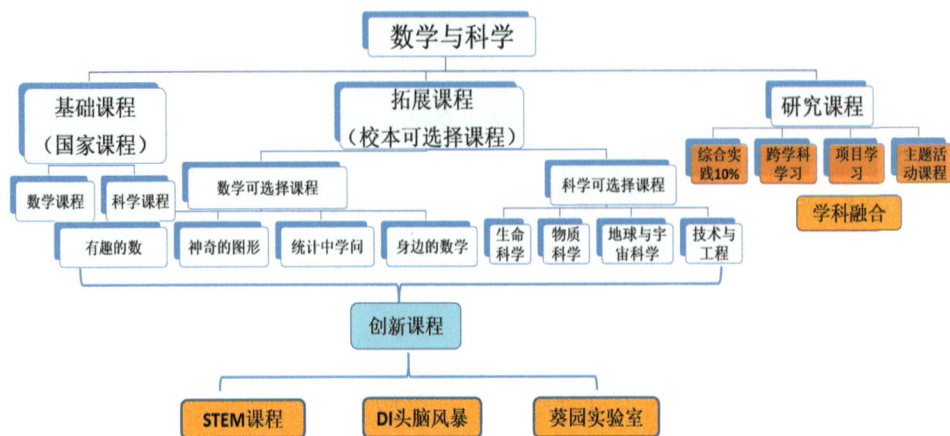

图3-16 基于儿童立场的"6-2-6"自主发展课程体系，构建出数学与科学的领域设计

在教学过程中，我们注重学以致用，鼓励学生将所学知识应用于实际问题的解决中，同时，我们也强调用以治学，让学生在实践中不断学习和成长。通过这一过程，我们期望学生能够增强社会责任感，形成正确的情感态度与价值观，为未来的学习和生活奠定坚实的基础。

（一）融入信息技术，促进数学理解

随着大数据、人工智能技术的发展，数学教育与信息科技教育不断呈现出相互融合的趋势。《义务教育数学课程标准（2022年版）》提出："促进信息技术与数学课程融合，合理利用现代信息技术，提供丰富的学习资源，设计生动的教学活动，促进数学教学方式方法的变革。"

图形化编程作为一种信息技术工具，内容丰富、素材多样，具有动画、游戏、仿真和建模等功能，还具有动态性、交互性、游戏性等特点。而数学是利用符号语言研究数量、结构、变化以及空间模型等概念的一门学科，具有抽象、逻辑和严谨性，这些特点与编程能力高度契合。不仅如此，编程中融合着大量的数学知识，所以数学是编程的基石。数学与编程之间有着天然的契合关系，因此可以将图形化编程与数学相结合开展跨学科主题学习，让编程成为学生学习数学和解决问题的有力工具，不仅能够促进学生对数学概念的理解，而且还为学生提供了数学学习的新的途径，有效地改进教与学的方式，使学生投入现实的、探索性的数学活动。

《创客送餐机器人》单元设计体现了跨学科主题学习，在数学学科中融入信息科技中的图形化编程技能，让学生在编程设计中学习和理解数学中的图形的

位置与运动内容，从而发展学生的空间观念、几何直观和计算思维、创新意识。

案例片段1：关联数学与编程 创建学习新"坐标"——"创客送餐机器人"①

结合北师大版《数学》教材四年级上册《方向与位置》单元和三年级下册科学教材中《物体的运动》单元中重合的内容，设计了跨学科主题学习，让学生在解决真实情境中的问题的过程中实现数学与信息科技的深度融合（见图3-17）。

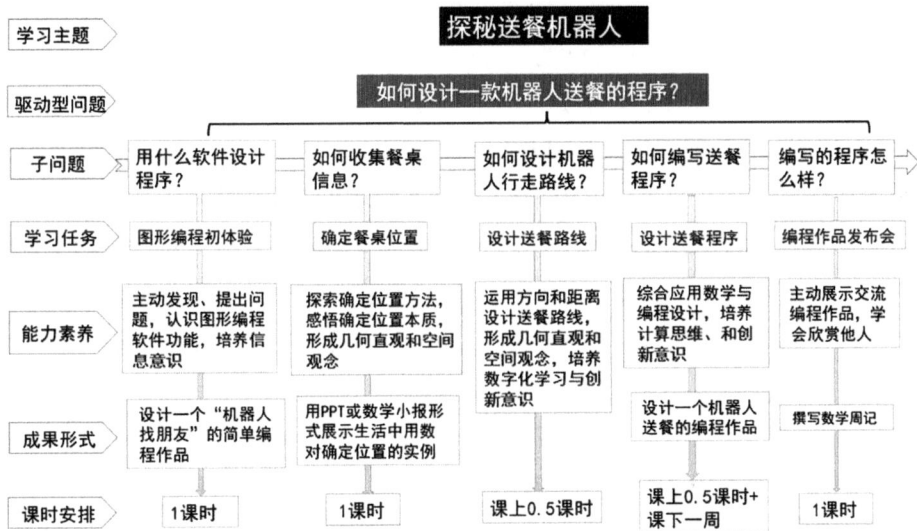

图3-17 "创客送餐机器人"主题活动教学评一体化设计

（二）运用科学探究方法，提升解决真实问题的能力

真实情境下的问题解决在实现深度学习、培养核心素养等方面发挥着重要而独特的作用。真实情境中问题的复杂性决定了简单的思考、碎片化的知识并不能很好地应对，而是需要运用多学科知识、调用综合能力、投入情感和意志、持续努力才能加以解决。而运用科学探究方法是解决真实问题的一种重要的思维方式，掌握科学探究的方法不仅能帮助学生更好地理解世界，同时能够提升解决真实问题的能力，实现深度学习和核心素养的培养。

真实情境下的问题解决，在增强学生认识真实世界、解决真实问题的能力，以及培养核心素养等方面，均能发挥重要而独特的作用。而跨学科的主题学习能够让学生在真实情境中的真实问题解决中，感悟数学知识之间、数学与

---

① 此案例片段由赵静老师提供。

其他学科知识之间、数学与科学技术以及社会生活之间的联系，是形成和发展学生核心素养的重要途径。如何寻找到适切的真实情境和真实问题以驱动学生持续探究和实现深度学习呢？我们开展基于"真实情境下的问题解决"跨学科主题活动设计与实践，让学生在面对真实问题时提高解决实际问题的能力，促进了学生核心素养的培养。

案例片段 2：绿色探索：小学生跨学科种植园的科学启程 ①

"小小种植园"是一个综合性的主题任务。学校北侧教学楼修建了可种植的小花坛，一、二年级中间的花坛一直空缺，在学雷锋月申请劳动岗位时，学生服务中心招募劳动志愿岗成员，学生可以自主申请这个区域中 3 块花坛的种植和管理工作。"如何开展小小种植园的种植活动？"这一任务涉及不同学科知识的综合运用。在设计与实施中不仅注重培养学生具体的学科素养，同时培养学生的跨学科素养，并促进学生核心素养和健全人格的发展。我们梳理了低年级劳动、数学、科学、语文等学科的教材及课标，结合"小小种植园"的真实主题情境，选取相关内容，使各学科内容之间不再是绝对独立的，而是相互贯通、紧密交织的。

"小小种植园"跨学科主题学习将结合真实主题背景，甄选各学科教学内容，整合到主题下，引导学生在跨学科背景下达成的目标如表 3–13 所示。

表 3–13 "小小种植园"跨学科主题活动整合内容

学科	整合内容	整合目标	跨学科价值
劳动	认识到劳动的重要性，在种植活动中，学习种植方法，在参与种植活动的过程中，体验劳动的快乐	关心、养护种植园植物，积累种植活动经验，初步形成关爱生命、热爱自然的意识，发展劳动实践素养	尝试运用数学、科学、语文等知识内容，在跨学科背景下用多学科的眼光观察现实世界、表达现实世界，感悟学科知识与现实世界的紧密联系，培养自身综合能力和实践精神。在小组内合理分工，同伴间积极沟通、合作，共同解决问题，提高自身合作意识、反思能力及评价能力
数学	运用测量知识与方法测出种植园各边长度，收集、整理数据，并运用乘法、加法模型，小组合作绘制种植平面图，确定植物种植数量	运用测量、统计的相关知识，初步规划种植园种植问题的解决步骤，制订自己的种植计划，积累获取、整理、分析数据与信息的活动经验，能够结合数据与信息表达想法，发展数据意识和运算能力	
科学	通过小组合作调查，了解喜阴植物种类。在教师指导下，选择种植植物种类，学习相关科学知识	在参与种植活动的过程中，通过查阅书籍、上网查询资料、请教教师等方式收集、整理相关信息与资料，学习相关科学知识，发展探究实践素养	
语文	综合运用语文、科学、数学学科知识，以种植日记、小诗、心得体会等形式记录观察与发现	结合多学科知识表达自己在活动中的见闻与想法，发展语言运用能力	

———————
① 此案例片段由赵静、周婷婷、张学慧老师提供。

（三）开展数学实践活动，培养科学精神

数学和科学是紧密相关的两个学科，在科学研究中几乎无法离开数学，而数学研究也需要借助科学研究的方法。在教学中，应避免数学和科学两个独立学科重复性教学，努力寻找数学与科学的联结点，建立数学加科学的教学。在数学教学中加科学，应从数学学科自身特点出发，在学习过程中除了加科学情境的素材、加科学知识和方法外，还应注重培养学生的科学精神。

综合与实践是小学数学学习的重要领域，跨学科主题学习在小学阶段是综合与实践领域的主要学习方式。因此在小学阶段，要在跨学科主题实践活动中，让学生经历在真实情境中解决真实问题，在解决问题的过程中培养科学精神。

案例片段 3：大树有多高[①]

"大树有多高"是属于综合与实践领域的主题活动（见图 3-18），此活动以"大树有多高"的问题引领实践探究，需要综合应用数学知识和方法得到校园中一棵杨树的高度。学生在这一过程中需要将不可直接测量的高度转化为可以间接测量的高度，体验运用数学解决问题的过程，感受创造性解决问题的乐趣，发展应用意识和创新意识。

图 3-18 "大树有多高"主题活动

"大树有多高"这一主题实践活动设计基于真实情境的非常规挑战任务，如影长法小组遇到树影被台阶折断难以测量的情况，小组成员通过观察、讨论以及坚持不懈的努力，找到了解决问题的办法，这一过程正是激发学生创造力

---

① 此案例片段由张涛老师提供。

的重要组成部分。此外，借助学习单和学习活动设计，帮助学生在动手实践和小组合作过程中，互相启发创新，不断调整、修改解决方案，从而促进创新精神的发展。

案例 1　"数"说杨树生态价值，发展生态文明素养
——跨学科主题学习的教学设计与实践 [①]

一、学习内容分析

杨树是北京重要的乡土树种，杨树在防风固沙、净化空气方面发挥着重要的作用。然而每年的春天，漫天飞舞的杨絮像纷纷扬扬的雪花，钻入行人眼鼻中，易引发过敏不适；飘进居民家中，影响环境卫生……杨树成为绿色的"烦恼"。近年来，有网友通过人民网"留言板"给政府留言，反映杨絮带来的困扰，比如有网友吐槽，杨树毛满天飞，可不可以统一更换树种？能不能禁止种植杨树？也有人建议应逐步取消杨树种植。

面对杨树的烦恼和争议，特别是鉴于我国承诺在 2030 年实现"碳达峰"、2060 年实现"碳中和"的生态目标，我们认为，从国家制定的宏观生态环境背景出发，引导学生针对杨树是否留存这一有争议的话题展开讨论，并运用数学方法研究杨树，用数据来说话，阐明杨树在固碳释氧方面的重要贡献，不仅有利于学生科学、全面地看待杨树，同时能够让他们体会到植物种群多样化在助力实现碳中和目标过程中的重要价值。

为此，我们从"杨絮满天飞"的真实情境出发，整体设计并实践了《"数"说杨树生态价值，发展生态文明素养》跨学科主题学习，通过科学和数学合力，使学生能够全面体会杨树的生态价值和意义，发展学生核心素养。

二、学习目标设定

本主题活动借鉴"大观念项目"研究成果，从 TUKE 角度（即迁移、理解、知能与情感四个维度）设计主题学习目标。

T（迁移）目标：

在对一片杨树叶的研究中经历数据的收集、整理与表达和分析过程，积累研究问题的经验和方法，并迁移到其他植物的科学研究和生活问题的解决中，

[①] 此案例由井兰娟、陈艳青、陶敏老师提供。

发展数据意识和应用意识。

U（理解）目标：

能够根据收集的杨树叶的数据，选择合适的方法和统计量来分析树叶大小，进而对杨树的种植做出决策和判断。能够根据杨树的研究数据有理有据地用语言和文字表达观点。

K（知能）目标：

能够应用方格纸测量杨树叶的面积，能够应用平均数描述杨树叶的大小，能够应用数据推算杨树的生态价值。

E（情感）目标：

全面认识杨树的功与过，通过数据了解杨树的生态价值，正确认识人与自然的关系，感受到植物种群多样化的生态价值。

三、学习过程展开

整体来看，本主题的研究过程经历了科学探究的一般过程：面对杨树种植的真实情境和回复网友的真实问题，制订研究的计划，运用一定的方法收集数据得到结论，再进行表达交流和反思评价（见图 3-19）。在整个研究过程中，充分发挥了数学的作用，让学生通过测量、计算以及统计获得数据，用数据刻画杨树各部位的生态价值。通过跨学科的方式，让科学和数学合力，帮助学生全面体会杨树的价值和种植意义。

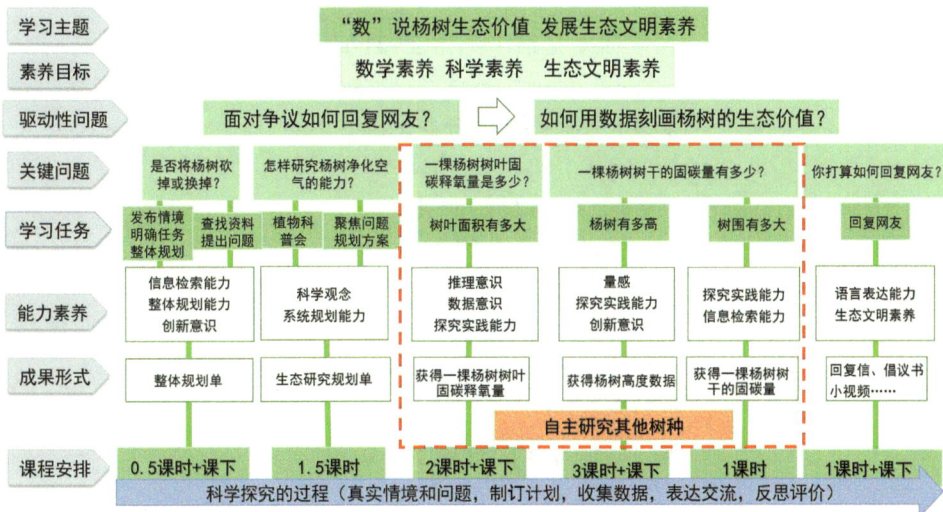

图 3-19　主题学习整体设计思路

（一）学习任务一：发布情境，明确任务，提出问题

活动目标：通过自主规划、查阅资料、发现提出问题，培养学生整体规划能力、信息检索能力和创新意识。

关键问题：是否将杨树砍掉或换掉？

活动过程：

环节一：观看杨树飞絮视频，了解杨树争议话题（见图 3-20）。

图 3-20　杨树飞絮引发的话题争议

结合真实情境，赋予学生角色，明确要解决的问题：如果你是政府部门代言人，如何回复网友呢？

环节二：整体规划，写回复提纲（见图 3-21）。

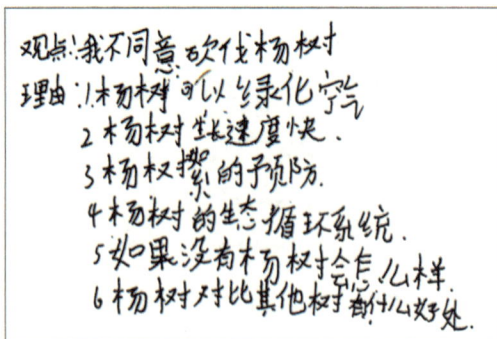

图 3-21　学生整体规划的回复信提纲

环节三：课下查阅资料。

学生查找不同角度的资料，比如杨树种类与功能、不同种类杨树光合作用

与固碳能力的差异、杨絮的介绍和影响等。

环节四：分享资料，提出问题（见图3-22）。

课上进行了资料分享，进而结合资料鼓励学生思考：还有哪些好奇和想研究的问题呢？

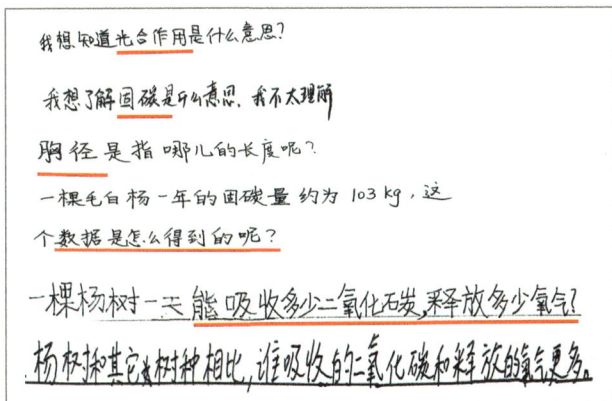

图3-22　学生对于杨树生态研究提出的问题

（二）学习任务二：植物科普会

活动目标：了解植物生态价值，发展科学观念。

关键问题：植物在净化空气方面的原理是什么？是如何体现的？

活动过程：

科学老师从三个方面进行了科普。

环节一：为什么固碳？了解植物净化空气，为减缓温室效应起到了重要作用。

环节二：什么是固碳？了解植物固碳的原理和不同的固碳类型。

环节三：了解植物不同部位的固碳作用、不同植物固碳的能力。

（三）学习任务三：聚焦问题，规划方案

活动目标：通过学生自主规划杨树生态价值研究，培养自主思考和整体规划的能力。

关键问题：关于杨树净化空气的价值你想从哪些方面研究？怎么研究？

活动过程：

学生借助教师提供的规划单自主制定研究规划。

（四）学习任务四：树叶面积有多大？

活动目标：学生经历统计过程，应用平均数来刻画"一片杨树叶"的大小，通过计算解决树叶的总面积问题，再结合资料计算得出杨树叶的固碳释氧量，从而发展推理意识、数据意识和探究实践能力。

关键问题：校园里一棵杨树的树叶固碳释氧量是多少？

学习支架（见图3-23）：

图3-23　学生使用的研究手册

活动过程：

环节一：测量得到一片杨树叶的大小。

学生使用方格纸来测量自己手中一片杨树叶的大小。如$40cm^2$、$56cm^2$、$73cm^2$……

学生发现问题并分析原因：都是在解决一棵杨树吸收二氧化碳的问题，怎么得到的结果都不一样？是因为每一片树叶的大小不完全相同。

环节二：探索具有代表性的一片树叶的大小。

（1）自主探索一片树叶有多大（见图3-24）。

学生继续探索一片树叶有多大。

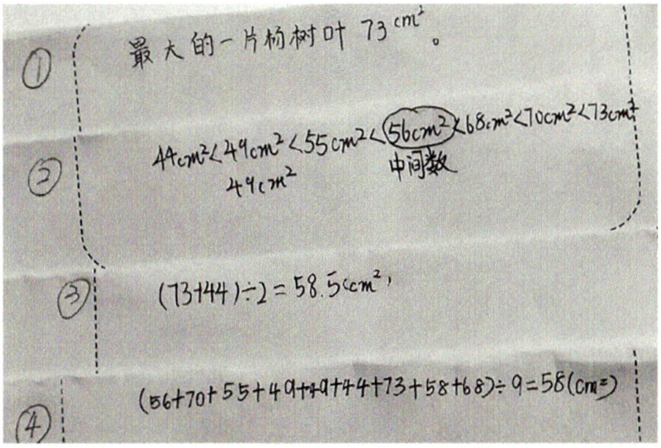

图 3-24　学生自主探索的一片树叶的面积

（2）自主评价方法的合理性。

你觉得哪些方法很合理，哪些比较合理或者不太合理？请你对每种方法做出评价。

学生对每种方法的合理性进行评价，如表 3-14 所示。

表 3-14　学生自主评价表

思考每种方法，在你认为的等级下面打√。			
	很合理	比较合理	不太合理
方法 1			√
方法 2		√	
方法 3		√	
方法 4	√		
方法 5			

汇总全班的评价情况（见表 3-15）：

表 3-15　全班汇总后的评价表

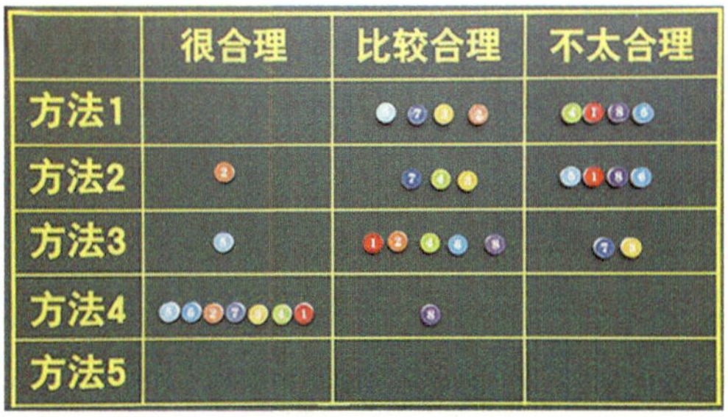

结合汇总情况，组织学生进行交流：你对哪个小组的评价意见产生好奇，想和这个小组同学交流？

小结：采取的方法不同，得到的结果也不一样，怎么都有一定的合理性呢？

学生认识到：因为都是在找一个数代表一片树叶的大小，不是这一片，也不是那一片。

环节三：借助资料，获得杨树叶固碳释氧量。

根据学生需求，教师提供树叶部分的生态量资料：每平方米树叶每天大约能吸收二氧化碳 100 克，释放氧气 73 克。

学生根据一片树叶面积的代表数 $64cm^2$，计算出杨树叶固碳释氧量（见图 3-25）。

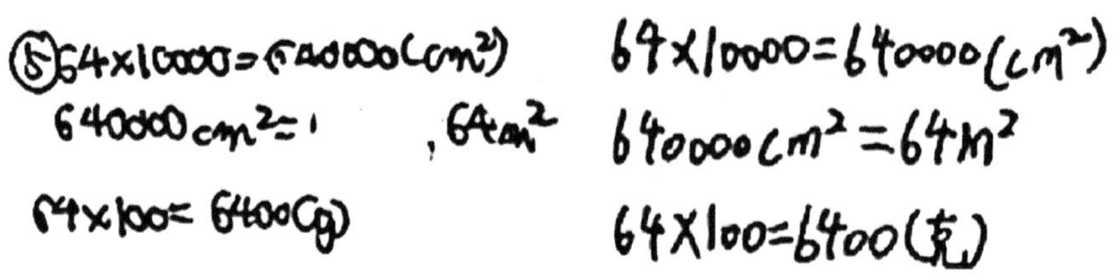

图 3-25　学生计算出的杨树树叶的固碳释氧量

（五）学习任务五：杨树有多高

活动目标：综合运用知识和方法得到校园中一棵杨树的高度。

关键问题：一棵杨树有多高？

学习支架：测量杨树高度的学习单。

活动过程：

环节一：独立思考，尝试解决。

学生先独立思考，提出可能的解决方案，如影长法、拍照法、参照物法，等等。

环节二：同伴交流，启发创新。

根据个人思考得出的初步方案，小组间展开讨论、分享。

环节三：小组实践，开始测量。

学生测量杨树高度的过程并非是一帆风顺，会在测量的过程中遇到困难，进而提出问题并解决问题。

如影长法小组发现问题和解决问题的过程如下：

第一次测量：用测量同学的身高和影子的方法来测量出大树的高度。

发现问题：上午到校园测量时却发现树的影子落在地上，被台阶折断了，不好测量影子的实际长度。

解决方法：小组同学有了新想法："时间不同，影子长度变了，但是影子长度和实际物体高度之间的倍数关系应该是不变的。"于是换成下午的一个时间段测量树影的长度。同时，为了让数据更加准确，小组同学还想到多测几组，取平均值。

环节四：成果交流，得到高度。

（六）学习任务六：树围有多大？

活动目标：能够利用合适的方法获得杨树的树围，结合树干高度得出一棵杨树树干的固碳量。

关键问题：一棵杨树树干的固碳量是多少？

活动过程：

环节一：小组实践，实地测量。

学生使用的方法有：利用身体部位测量、卷尺测量（见图3-26）。

图3-26 学生实地测量杨树的树围

环节二：结合资料，推算树干固碳量（见图3-27）。

杨树树干的生态研究记录

研究步骤	研究方法	研究结果
测量1棵杨树的高度.	用参照物法测量,参照 教学楼高度:3×5=15(m).再加杨树比教学楼高的高度:15+4=19(m)	杨树高度大约是19m.
测杨树的围度?	用卷尺量,因为一个不够,两个拼一起:150+49=199(cm)	杨树围度是199cm.
杨树的固碳量.	查资料 树干固碳量=π×(直径/2)²×高度× 树种系数×含碳率. 0.386g/cm³ 0.5	杨树固碳量大约为 4623354.55(g)

63.38π²×1900× 0.386 ×0.5

= 417.0249π × 316.7

≈ 1473042.85×3.14

≈ 4623354.55(g)

图 3-27　学生根据资料推算杨树树干的固碳释氧量

附加任务:自主研究其他树种。

迁移应用对一棵杨树在净化空气方面价值的研究经验和方法,课下自主开展对其他树种的研究。

（七）学习任务七:回复网友

活动目标:能够利用杨树叶、树干固碳数据说明杨树的生态价值,借助视频或倡议书等不同形式有理有据地回复网友。

关键问题:你打算如何回复网友?

活动过程:

环节一:共同制定回复网友的评价标准:观点要明确、用数据说话、从不同角度、生动流畅。

环节二:课下完成回复。

环节三:分享回复内容。

学生用视频宣传、回复信、倡议书等书面形式回复网友。

四、案例反思

（一）真实情境下的真实问题解决实现了跨学科主题学习

本案例是基于"杨树在春天的飞絮给人们造成的困扰"的真实情境，将"面对杨树是否需要砍掉或换掉引发的争议，该如何回复网友？"作为现实性的驱动问题。这一主题融合了数学与自然科学、数学与语文知识，从培养学生的跨学科素养出发，引导学生正确认识人与自然的关系，感受植物种群多样化的生态价值。

（二）科学和数学双向助力，全面认识杨树生态价值

本跨学科主题学习是科学和数学双向助力，数学为科学提供了定量分析的研究方法，有助于认识到植物的结构与功能，也就是全面认识到杨树的生态价值；科学也为数学提供了研究的维度和路径，借助科学探究的一般过程解决问题。数学与科学共同助力，从而帮助学生更好地认识杨树的生态价值，提升生态文明素养。

案例2　玩转图形运动　创意编程游戏
——从六年级下册《图形的旋转》案例说起 [①]

一、学习内容分析

我从 2023 年 9 月加入了张丹老师的"问题引领创新项目"课题，这个学期又接到了海淀区教研活动的任务，对《图形的运动》这个单元进行研究。面对创造力与图形运动这两个主题，经过深入思考最终确定了"玩转图形运动　创意游戏编程"这个主题，希望通过把图形的运动与计算机编程进行关联、整合，开展跨学科主题学习，培养学生的创造力。

通过对《义务教育数学课程标准（2022 年版）》和《义务教育信息科技课程标准（2022 年版）》的深入挖掘，在本单元中，我们想通过两方面具体表现来体现创新意识：1.在游戏情境中发现和提出有意义的问题。2.探索解决开放性的、非常规的问题，进行图形运动的编程游戏设计，形成创作成果。

围绕创造力的特征和教材内容，我们设计了五个驱动性问题作为探究线索开展主题学习（如图3-28所示），在这五个驱动性问题的引领下，设计了相应的学习任务，其中第2、第3个学习任务是本单元的核心内容。下面就结合

---

① 此案例由高珊、张敏老师提供。

《图形的旋转》一课的教学具体谈一谈。

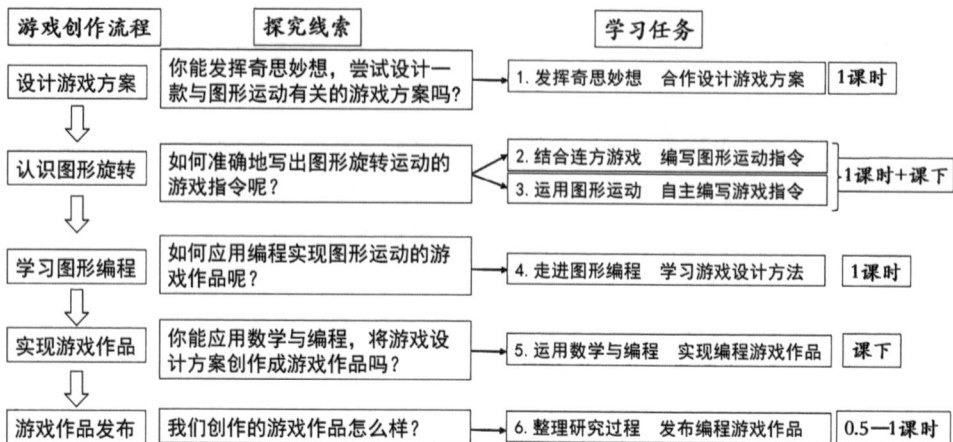

游戏创作流程	探究线索	学习任务	
设计游戏方案	你能发挥奇思妙想，尝试设计一款与图形运动有关的游戏方案吗？	1. 发挥奇思妙想　合作设计游戏方案	1课时
认识图形旋转	如何准确地写出图形旋转运动的游戏指令呢？	2. 结合连方游戏　编写图形运动指令	1课时+课下
		3. 运用图形运动　自主编写游戏指令	
学习图形编程	如何应用编程实现图形运动的游戏作品呢？	4. 走进图形编程　学习游戏设计方法	1课时
实现游戏作品	你能应用数学与编程，将游戏设计方案创作成游戏作品吗？	5. 运用数学与编程　实现编程游戏作品	课下
游戏作品发布	我们创作的游戏作品怎么样？	6. 整理研究过程　发布编程游戏作品	0.5—1课时

图 3-28 《图形的旋转》主题学习

二、学习目标设定

（1）学生结合描述四连方图形的运动过程，借助方格纸，根据图形要素在运动前后的位置，说出图形运动的变化过程。

（2）学生在编写四连方图形运动指令的过程中，能描述图形旋转的过程，感悟并明确旋转运动的三要素。

（3）学生借助方格纸，根据四连方游戏中图形的运动指令，找到运动后图形的准确位置。

三、《图形的旋转》教学过程

环节一：回顾活动，明确任务。

在这个环节中，教师先通过短片带领学生回顾近期开展的"玩转图形运动，创意游戏编程"活动过程，在活动回顾中激发学生的学习兴趣。然后展示各个小组的游戏创意，并邀请一个小组介绍自己的游戏设计思路。这时，教师出示图3-29，并介绍道："这是其中一个小组设计的一款四连方拼图游戏。你看懂这个游戏的规则是什么了吗？今天，咱们就结合这个四连方游戏，思考怎样给游戏中的这些图形写出准确的运动指令。"

游戏设计单　　　设计师：李佳艾、吴妍璐、阎媛、马流茹

游戏设计要求：

1. 在**方格纸**上设计一款与**图形运动**有关的游戏；

2. 至少要用到图形的**两种**运动方式。

相信同学们有很多奇思妙想，在下面的表格里把你们的初步设想写一写、画一画吧！

游戏主题	四连方拼图	创意来源	俄罗斯方块
游戏角色	四连方	运动方式	平移、旋转

游戏界面

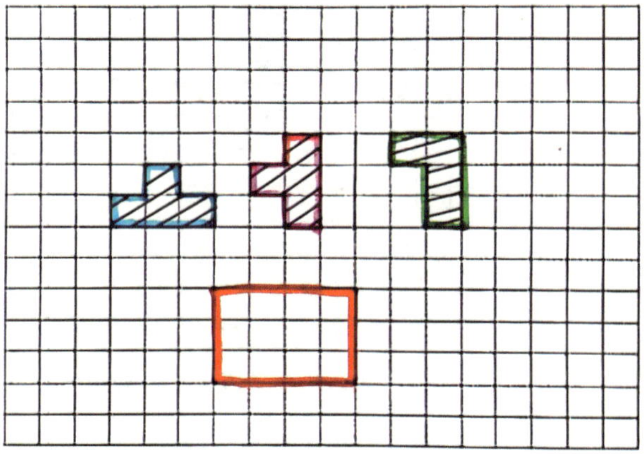

游戏规则

1. 通过平移和旋转将三个四连方拼成长方形；

2. 在平移和旋转时不能与其他图形重合；

3. 拼图成功游戏获胜。

图 3-29　学生游戏设计单

　　学生在这个环节明确了自己在本节课中的角色，同时理解游戏规则，为后续的指令编写奠定了基础。这个环节通过回顾任务活动过程，让学生进入状态，激发学生兴趣。

　　环节二：问题引领，引发思考。

　　在环节一中，学生明确了本节课的研究主题：结合四连方游戏（见图3-30），思考怎样给游戏中的这些图形写出准确的运动指令。这时，学生通过自主学习，独立思考，借助学具，完成学习单。当多数学生完成后，教师先带领学生观察四连方 A、B 的运动，让学生思考有什么发现。因为四连方 A 和 B

只用到了平移的方法，学生并没有争议。然后再看学生给四连方 C 编写的运动指令，大家出现了不同的想法。请大家根据同学们写出的对四连方 C 的运动指令开展想象，根据这些指令，C 能到达想要的位置吗？有什么发现？让学生针对图形 C 的不同运动指令进行交流。学生在交流和讨论中很快就能发现对于旋转的指令存在的问题，明确旋转运动三要素。最后，教师再次利用动画演示旋转过程，帮助学生理解旋转运动三要素。

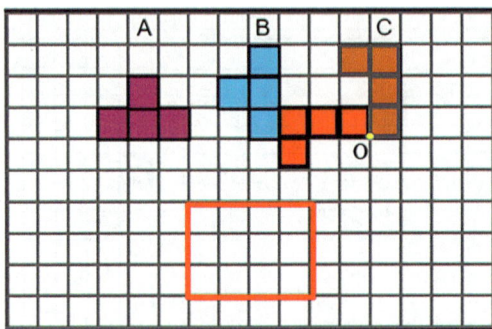

图形C绕点O逆时针旋转90°

图 3-30　四连方游戏

本环节，学生根据图形 C 运动的指令，想象出图形 C 的运动过程，学生的空间想象能力在这一过程中得到培养；学生在小组内讨论：哪个指令可以让图形 C 一定到达指定位置？在交流中，学生层层剥离，感悟旋转运动三要素，准确地描述旋转运动的三要素为：旋转中心、旋转方向、旋转角度。学生用准确、简洁的语言描述旋转过程，能够帮助学生从对旋转运动的整体感知走向准确描述、定量刻画。

环节三：自由想象，巩固练习。

在这个环节，让学生自主设计游戏指令，给出学习任务："如果对 A 和 B 不作限定，你还能写出不同的运动指令吗？"学生明确活动要求，独立完成，同时在组内交流自己的运动指令，在班级内分享。

学生在前面的任务中，已经明确了准确描述旋转运动的标准。在这个环节，学生应用标准自由编写图形的运动指令，并在课堂上进行展示，丰富运动叠加的方式。由此，学生不仅深化认识旋转运动三要素，而且能够在任务达成的过程中，实际应用图形的运动，发展了空间观念，体会了成功的快乐。

四、案例反思

在这次跨学科实践活动中，我们虽然遇到了一些困难，但是也有很多的收获和感悟。大任务下的单元整体教学让学生在解决大任务的过程中学习、应用数学，促进学生整体思考和自主学习，充分体现了大任务下单元整体设计的价值。本次大任务设计，从玩游戏走向创编游戏，在创编游戏、编程作品中，学生不但用到数学和图形化编程的知识，还发挥想象力和审美能力来设计游戏，在创作过程中发展了创新意识。本课是根据学生的游戏创意，编写图形运动的指令。学生在想象图形的运动过程、编写图形运动指令、辨析运动指令的过程中，层层剥离，感悟、明确旋转运动的三要素，发展空间观念和创新意识。

案例3　影子的秘密 ①

一、学习内容分析

六年级学生已经积累了猜想、验证、探索规律的学习活动经验，具有一定的科学探究能力。学生有能力综合运用各学科所学相关知识，解决在实际生活中遇到的问题。

本主题活动从数学与科学学科融合的角度，进行跨学科主题活动的教学设计。整个学习活动如下：

在第一课，学生通过观察生活中的影子现象，发现影子的长度与很多因素相关，如时间、物体高度、太阳高度等。从关系的角度出发，学生能感受到，影子的长度与这些影响因素之间有关系，即影响因素影响或决定了影子的长短，从而引发了学生新的好奇，影子的长度与影响因素之间有什么关系？学生提出了很多有价值的问题。针对"影子长度与物体高度和时间有什么关系？"这个问题，学生设计了具体的研究计划，并在后续按照计划开展研究。

课下，学生按照实验计划，以小组为单位收集了实验数据。

第二课主要包括三个大环节，分别是：第一步，回顾前期研究，主要是第一课的内容，然后明确本节课的研究问题；第二步，观察分析数据，发现验证规律，即学生自主合作探究，发现影子变化规律的过程；第三步，回顾整个研究过程，交流收获，反思遇到的困难及解决办法，进而发现并提出新的问题和

---

① 此案例由张翠老师提供。

猜想。整个学习活动，从最初的发现提出问题，到最后主题学习活动之后再次提出问题，是一个完整的学习闭环，也是继续开展探究活动的开始。

在第三课，学生将发现的规律应用于解决生活中的实际问题。比如，可以探究校园内一棵大杨树有多高的问题。

本课例主要介绍"影子的秘密"主题学习活动的第二课。在第一课中，学生经历了发现、提出问题，设计、规划研究方案。课后，学生以小组为单位测量了不同长度的物体，并在同一天的三个不同时间（2023 年 11 月 7 日 9：30、13：00 和 15：30）到学校操场测量了物体的影长。到了第二课，学生将借助已有的测量实验数据，继续探究影子的秘密。

二、学习目标

（1）能用合理方式，理解数量关系，表达数量关系。

（2）经历科学探究的学习方式，将数学学习和科学研究有机融合，感受数学与科学知识之间的联系，提高学生发现、提出、分析、解决问题的能力，形成和发展模型意识。

（3）在收集、整理、分析数据的研究过程中，积累活动经验，体会数学的价值，提高对数学的喜爱，在解决问题的过程中培养实事求是的科学探究精神。

三、学习过程

（一）回顾前期研究，明确研究问题

课始，教师带领学生回顾前期的研究过程，包括第一节课的发现和提出的问题（见图 3-31），以及自主规划和设计的研究方案。

影子跟遮挡物和光源有什么关系？

遮挡物不变，影子和时间有什么关系？

我猜影子的长度和光源遮挡物有一定的关系。

图 3-31　学生发现并提出问题

学生再次明确本节课的研究任务为：探究物体高度和影子长度之间的关系？

活动意图：本环节通过回顾之前的学习过程，再次明确研究问题，唤起学生探究的兴趣，为本节课继续探究"物体高度与影长的关系"做好铺垫。

（二）观察分析数据，发现验证规律

学生 2 人一组分工合作，利用本组实验收集的测量数据（如表 3-16 所示）探究物体高度与影长之间的关系，并填写研究记录单（如表 3-17 所示）。

表 3-16 学生收集测量数据

研究记录单		杯子	伞	比杆	瓶杆	球拍	脑杆
上午 9:30-9:40	物体高度/cm	23	70	80	50	67	22
	影长/cm	50	152	172	106	140	49
中午 12:30-13:00	物体高度/cm	23	70	80	50	67	22
	影长/cm	35	110	124	74	104	32
下午 15:00-15:30	物体高度/cm	23	70	80	50	67	22
	影长/cm	67	205	235	150	204	63

表 3-17 研究记录单

研究记录单	
研究任务	物体高度和影长之间有什么关系？
活动要求	2 人一组分工合作，进行研究：写出你们的研究过程与发现
研究过程	
我的结论和发现	

小组通过合作探究，发现了上午、中午、下午物体高度与影长之间的关系，并且学生采用的方法各不相同。下面以两组学生的方法为例。

1. 上午的时间

我们组认为，太阳照射的角度会影响影长，此时影长和物体高度之间存在一个倍数关系。计算出这个倍数，有利于后续的研究。

方法：影长 ÷ 物体高度。

工具：羽毛球拍、人、彩笔盒。

我们发现，9:30 时，影长大约是物体高度的 2.2 倍。

其他组采用了不同的方法，比如一个组通过计算物体高度 ÷ 影长发现，9:30 时，影长大约是物体高度的 0.46 倍。

两个小组的数据尽管不同，但都是运用除法，也就是求出了物体高度和影长之间的比值。通过互相验证发现，不同组的物体高度和影长数据不一样，但是得到的倍数关系大致相同。

除了竖着看同一物体高度和影长之间的关系，还可以横着看，从不同角度找规律。

比如还是这组数据（如表 3-18 所示），如果横着看，物体高度之间、影长之间有倍数关系吗？

表 3-18　研究记录单

研究记录单		第（5）组					
		杯子	伞	长杆	短杆	球拍	�`杆
上午 9:30-9:40	物体高度/cm	23	70	80	50	67	22
	影长/cm	50	152	172	106	140	49
中午 12:30-13:00	物体高度/cm	23	70	80	50	67	22
	影长/cm	35	110	124	74	104	32
下午 15:00-15:30	物体高度/cm	23	70	80	50	67	22
	影长/cm	67	215	245	150	204	63

学生很快发现，上午同一时间，物体高度和影长是成倍增加的，物体高度增加一倍，影长也增加一倍。

比如短杆长 50 厘米，杯子高 23 厘米，短杆长大约是杯子高的 2 倍，它们对应的影长大约也是 2 倍。其他的物体长度和对应的影长之间也都是差不多的倍数关系。

此时，进一步引导学生思考：你们是怎么想到去找倍数关系的？通过交流，发现学生思考的过程：

杆子越短，影子也越短，应该就是同时扩大或同时缩小相同的倍数。

通过对比数据，发现物体高度和影长之间存在一个差不多的倍数关系，随后通过计算，验证了发现。

2. 中午的时间

通过中午的观察，学生同样得到了与上午相同的规律。

方法 1：影长 ÷ 物体高度。

发现：13:00 时，影长大约是物体高度的 1.5 倍。

方法 2：物体高度 ÷ 影长。

发现：13：00 时，物体高度大约是影长的 0.66 倍。

两个组通过互相验证，得出结论：中午这个时间，物体高度和影长之间也是一个比较固定的倍数关系。

3. 下午的时间

方法 1：影长 ÷ 物体高度。

发现：15：30 时，影长大约是物体高度的 3 倍。

方法 2：物体高度 ÷ 影长。

发现：15：30 时，物体高度大约是影长的 0.33 倍。

小结：下午这个时间，物体高度和影长之间也是一个比较固定的倍数关系。

4. 小结规律

在同一时间，物体高度和影长之间的倍数关系大致恒定；在同一时间，物体高度之间的倍数关系和影长之间的倍数关系也基本一致。

5. 探讨规律背后的成因

通过实验验证，发现物体高度和影长在同一时间都有一定的倍数关系，为什么会有这样的倍数关系？通过科普资料介绍太阳高度角与影长之间的关系。

6. 关注实验数据的误差

影子的变化是由于太阳高度角变化导致的。同一时刻，太阳高度角一样，物体高度和影长的倍数关系应该也是一定的，那么为什么算得的结果不是固定的数值呢？

这是因为测量时间不一样、测量地点不一样、测量数据有误差，都会导致结果不太准确。

7. 信息技术辅助支持

测量误差是无法避免的，那么在科学研究中，是怎么确定这个准确关系的？

科学研究通常需要信息技术的辅助，以上午这个时间为例，我们来看看物体高度和影长之间到底存在怎样的倍数关系。

事先把每个小组收集的数据输入到 Excel 里。如果把每组物体高度和影长的数据都放在统计图里，每组数据都对应一个点，如果把这些点连起来，看起来像一条直线（见图3-32）。

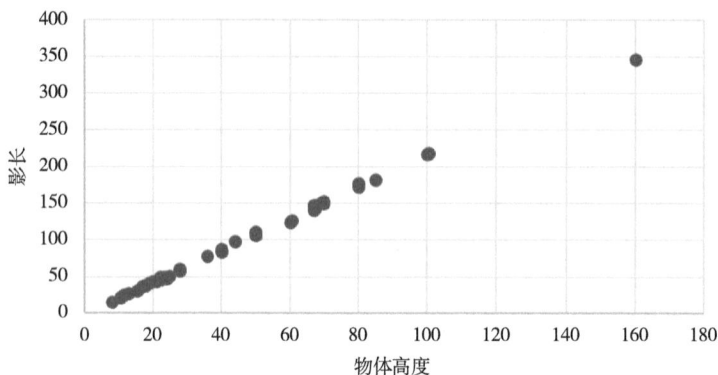

图 3-32　上午 9:30 物体高度和影长之间的关系

这条直线就表示出物体高度和影长之间的关系。

利用实验数据，借助信息技术，就可以找到上午这个时间物体高度和影长之间比较准确的倍数关系了。通过这一方法，同样也可以找到其他时间的倍数关系。

活动意图：学生通过观察、分析测量数据，探索物体高度和影长之间的变化规律。在综合运用数学知识解决问题的过程中，提高分析、解决问题的能力，体会数学的价值。通过分析数据产生误差的原因，利用数据拟合找到数学模型，感受科学研究的方法，培养科学严谨的研究态度和探究精神。

（三）运用发现规律，解决实际问题

应用我们发现的规律，在生活中能解决什么问题呢？

知道这个数量关系，可以帮助我们确定某一天里大致的时间。

通过这个数量关系，测量出影子的长度，就可以知道物体的高度。

今天发现的这一规律，在科学不发达的古代，曾发挥了巨大的作用。如圭表和日晷，古人就是利用一天中影子的变化规律，来判断大致的时间和季节。再如泰勒斯对金字塔的测量，就是利用其高度和影长之间的关系，测量出了金字塔的高度。

活动意图：通过研究杆高与影长的变化规律，引导学生关注生活、回归生活，利用发现的规律解决生活中具体、实际的问题，培养学生应用数学解决实际问题的意识。渗透数学文化，让学生喜爱数学。

（四）回顾研究历程，发现提出问题

回顾本次研究的主题活动，通过观察生活中的自然现象，引发了猜想、提出了问题，通过实验进行验证，发现了规律。基于此，学生还提出新的问题，继续开展"影子的秘密"主题研究。

活动意图：鼓励学生结合已有活动经验，不断发现、提出问题，培养学生的好奇心和探究欲。

四、案例反思

在《义务教育数学课程标准（2022年版）》中，"综合与实践"作为小学数学学习的一个重要领域单独出现。跨学科主题学习是综合与实践领域的主要学习方式之一。跨学科主题学习，是指学生在主题学习活动中，综合运用数学及其他学科知识解决问题，提高应用能力，形成和发展核心素养。

"影子的秘密"主题学习活动，综合运用数学学科知识与科学研究的方法解决问题。学生在真实情境中，经历发现、提出问题，分析、解决问题的学习过程。在探究"同一时刻，杆高与影长之间的关系"时，学生借助科学学科的研究方法，利用数学语言表达现象背后的规律，提出合理猜测并进行验证。在主题学习活动中，学生发展了模型意识、推理能力、应用能力和创新意识，形成独立思考、敢于质疑、实事求是的科学态度和探究精神。

四、以科学之径　探英语之秘

英语作为一门工具性和跨文化性较强的学科，在课程目标、课程内容、实践策略等多个层面存在融入科学教育的可能和空间。科学教育强调批判性思维，而这与英语学科核心素养中对学生思维品质的培养要求高度契合。因此，通过英语阅读、写作和讨论等教学活动，不仅能够提升学生的语言运用能力，还能在跨学科融合的过程中，强化其对信息的分析与评判能力，实现学科素养与思维能力的协同发展。《义务教育科学课程标准（2022年版）》中指出，科学学科的核心素养体现在科学观念、科学思维、探究实践和态度责任等方面。英语学科的核心素养主要是体现在语言能力、文化意识、思维品质和学习能力等方面。英语学科和科学教育的融合是一个多维度的过程，它们可以在多个层面上相互补充和增强。

首先，拓展学生学习资源。丰富的科学资源为学生英语学习拓宽了渠道，帮助学生获取更多的科学知识。有探究性的科学内容激发了学生学习英语的兴趣，通过英语学习科学内容，为进行跨学科学习提供了语言的支持，学生通过跨学科学习，借助阅读科学文章和书籍来提高语言技能，学习科学知识，提升思维品质。不同文化背景对同一科学问题会呈现出不同的视角和方法，通过英语学习，学生可以更好地理解不同文化背景下的科学观点和方法。

其次，共同指向培养学生核心素养。英语学科作为语言学习的重要组成部分，不仅培养学生的语言运用能力，还涉及跨文化交流和理解。科学教育则侧重于培养学生的科学素养、逻辑思维和探究能力。两者在培养学生核心素养方面存在互补性，能够共同促进学生的全面发展。通过英语学科和科学教育的融合，学生能够用英语表达科学观点、解决科学问题，从而培养他们的核心素养，包括语言能力、科学素养、批判性思维和创新能力等。

最后，英语学科和科学教育的融合能够提升学生的学习兴趣。将科学教育融入英语教学，可以通过丰富的科学现象和实验活动激发学生的学习兴趣，使英语学习不再枯燥乏味。

英语学科和科学教育的融合是基于拓展学生的学习内容、提升学习兴趣和培养核心素养等方面的考虑。通过词汇教学、阅读理解、实践活动、情境教学和跨学科整合等融入点，可以实现英语学科和科学教育的有效融合，促进学生的全面发展。

（一）渗透科学精神：在英语学习中树立志向

在英语学习的过程中，渗透科学精神不仅能够提升学生的科学素养，更能激发他们的内在动力，帮助他们树立明确而远大的志向。科学精神的核心在于探索、实证和创新，这些品质同样适用于英语学习。通过引入科学主题的阅读材料，学生可以了解到科学家的奋斗历程和科研成果，从而感受到科学探索的魅力和价值，进而激发他们对未知世界的好奇心。

学生可以将科学内容通过小组辩论和演讲等方式，运用英语进行实践和交流，这不仅能提高他们的语言运用能力，还能培养他们的实证精神和创新思维。同时，教师还可以引导学生思考科学精神对个人成长和社会发展的意义，鼓励他们将科学精神内化为自己的价值观，从而树立起追求真理、勇于创新的志向。

在 *Moving Seeds*[①] 这节课中教师提供了一些启发性的问题，帮助学生打开思路。例如，教师问："如果你是一种植物的种子，你会选择哪种传播方式？为

---

① 该案例选自陈志豪撰写的 *Moving Seeds* 教学案例。

什么？"或者"你能想象出一种全新的种子传播方式吗？它会是怎样的？"这些问题将引导学生从多个角度思考种子传播的问题，激发他们的创新思维。学生根据自己的想法和创意，选择适合的展示形式，包括手绘海报、PPT演讲、短剧表演、模型制作等。每种形式都有其独特的魅力和表现力，能够让学生充分展示自己的才华和创意。

总之，渗透科学精神于英语学习之中，不仅能够提升学生的科学素养和语言水平，更能够帮助他们明确个人志向，为未来的学习和生活奠定坚实的基础。在英语与科学的融科探索过程中，教师尝试创设多种情境，延伸学生的学科探索，使得学生树立科学的态度。

（二）融入科学主题：实现语言素养与科学素养的交融

《义务教育英语课程标准（2022年版）》指出，"通过开展英语综合实践活动，促进学生核心素养的全面发展。教师应基于一定的课程目标，以学生的兴趣和直接经验为基础，以与学生学习、生活密切相关的各类现实性和实践性问题为内容，本着'学用结合、课内外结合、学科融合'的原则，开展英语综合实践活动""加强学科间相互关联，带动课程综合化实施，强化实践性要求"。其中，"英语+科学"融合课程是开展英语综合实践活动的重要载体。

在课例 *Moving Seeds* 中，教师运用科普类绘本（non-fiction），介绍了植物如何把生命的种子传播到大地的各处。绘本具体呈现了蒲公英种子、浆果种子、豆荚种子、椰子种子、苍耳种子是如何传播的，让学生了解到种子传播的五种过程及方式，引导学生发现生活中更多种子的传播方式，加强学生对自然界生物的认识与理解，培养学生对自然科学的探究精神。在授课开始时，教师首先以一个猜谜游戏作为导入，学生通过猜测谜语引出本节课的主题种子，紧接着教师通过图片和视频展示奇形怪状的种子，让学生感受到原来种子是这么奇妙。随后，教师通过展示绘本 *Moving Seeds* 的封面，引导学生观察封面上的植物和种子，并鼓励他们根据封面猜测绘本的主题和内容。这个环节旨在激发学生的好奇心，让他们对即将学习的内容产生浓厚的兴趣。通过绘本阅读活动，学生不仅提升了英语阅读能力，还培养了跨学科素养。在阅读过程中，学生不仅需要运用语言理解能力来解读文本信息，同时还需要运用图像解读能力来观察和分析图片中的细节。这种语言和图像的双重刺激有助于提升学生的综合素养。

此外，绘本中的科学内容激发了学生对自然现象的好奇心和探究欲。学生开始关注身边的植物和种子，思考它们是如何生存和繁衍的。这种对自然科学的兴趣和关注将促使学生进一步探索和学习相关知识，形成持续学习的动力。

在绘本阅读中，学生不仅学习了科学学科中种子传播的知识，还涉猎了地理学、物理学和生态学等多个学科的知识。例如，在了解动物传播方式时，学生需要了解动物的行为习性、食性偏好和迁徙路线等生态学知识。这些跨学科知识的融合不仅拓宽了学生的知识面，还促进了学生知识的综合应用能力和创新思维的发展。

（三）创设科学活动：促进语言与科学思维的双重发展

在案例《种子旅行：英语与科学共绘传播图谱》[①] 中，课程前半段，学生通过英语科普绘本认识了种子的传播方式，接下来，通过学校的"空中小农庄"链接到学生们的生活。在课前，学生以小组为单位，分工收集有关植物种子的相关信息。在此环节，教师利用"自主＋合作"的学习方式，鼓励学生在小组内将信息进行整合和梳理。同时，鉴于在以往的英语学习中，教师经常鼓励学生用思维导图的形式对所学进行梳理总结，或者用思维导图的方式激发学生对新话题的思考，因此，在这节课上，教师鼓励学生用思维导图的方式对种子的传播方式等信息进行梳理，其间教师在各组间，根据学生们的讨论和遇到的问题进行适时且有针对性的指导。经过学生们小组内的热烈交流和讨论，每个小组都完成了各自的思维导图，各小组都积极踊跃地在全班范围内进行了分享。其中，小 L 的小组对向日葵种子的传播进行了详细的介绍，当小组成员介绍到向日葵种子通过动物传播的时候，还准备了小道具，表演出 "A bird eats seeds and off it goes"，现场气氛更加活跃了。学生们全情分享、认真倾听，在分享中，每位学生对种子的传播又有了更多更新的认识。

在构建理论框架的过程中，教师引导学生思考并讨论，比如，"为什么某些种子会选择风传播方式？这种方式有哪些优势和劣势？""水流速度对种子传播有何影响？如何影响种子的分布范围？"通过这些问题，帮助学生深入理解种子传播的科学原理。

通过理论框架的构建和案例分析的过程，首先可以提升学生自身的信息整合能力和逻辑推理能力。他们需要将所学知识与实际案例相结合，通过分析和推理得出结论。其次，小组讨论和汇报的环节可以锻炼学生的团队合作能力和

---

① 该案例节选自孙宜老师撰写的《种子旅行：英语与科学共绘传播图谱》教学案例。

沟通表达能力。在小组讨论中，学生需要学会倾听他人的意见、协调团队内部的分歧并共同完成任务；在汇报过程中，他们需要清晰地表达自己的观点和见解并接受他人的提问和点评。最后，通过批判性思维的训练和应用，学生可以提升自身的创新能力和问题解决能力。这些跨学科能力的培养将对学生的全面发展产生积极的影响。

在活动中，学生需要进行创意构思和展示设计，这要求他们运用跨学科思维来解决问题。他们需要将科学领域中关于种子传播的知识与艺术、设计、信息技术等多个学科相结合，创造出独特且富有创意的展示作品。在这个过程中，学生需要运用类比、归纳、创新等思维方法将所学知识转化为实际应用，这体现了思维的跨学科拓展。

在活动中，学生经历了从创意构思到准备制作再到展示交流的全过程。这个过程中包含了多种感官和情感的体验。首先，在创意构思阶段，学生需要运用想象力和创造力来构思作品，这是一种内心的情感体验。其次，在准备与制作阶段，学生需要动手实践、团队协作，这既是一种身体体验也是一种社交体验。最后，在展示与交流阶段，学生需要面对观众展示自己的作品并接受他人的评价和建议，这既是一种表达体验也是一种学习体验。多种体验的交融让学生更加全面地参与到活动中来，增强了他们的参与感和获得感。同时，这些体验也促进了学生的全面发展，提升了他们的综合素养。

跨学科教育的实施为学生提供了一个全面而深入的学习体验。通过英语与科学的跨学科融合，实现了从多个角度深入理解动物科学分类的教学目标。在教学过程中，学生不仅掌握了动物分类的基本知识，激发了对科学探究的好奇心，还提高了学生观察、分类、表达、合作等能力，提升了在分类思维、逻辑推理和批判性思维方面的能力。同时，通过多种学习方式的交融和五育的融合发展，学生的综合素养得到了全面提升，为他们未来的学习和发展奠定了坚实的基础。

教师要将隐藏在英语教材中的科学教育内容挖掘出来，以有趣的方式呈现给学生，以激发学生的科学兴趣，达到有效渗透科学教育的目的。基于CLIL教学理念内涵，英语学科与科学教育的融合，重点在于从一元语言知识教学向二元内容与语言融合型学习的转变，推动英语课程从聚焦语言知识点转向关注语言所承载的育人价值。

基于课程育人方式的变革，英语课堂尝试指向真实情境、问题解决的跨学科主题学习,"英语＋科学"这一融合教学实践符合新课标教学改革要求,即以学科大概念为核心,使课程内容结构化,以主题为引领,使课程内容情境化,促进学科核心素养的落实,促成英语课程由聚焦知识点转向关注语言所承载的育人价值。从科学素养培养层面讲,"英语＋科学"融合教学有利于拓展学生的学习空间,使学生了解一些基本科学知识,形成初步的科学观念;在英语学习的过程中学会观察、调查、比较、分析、分类、得出结论等科学方法,培养科学思维能力;在真实的科学情境中用英语表达科学观点,解决科学问题,完成科学探究,提升科学素养。

案例1　树界探秘,发现动物栖息地的奇妙 [1]

一、学习内容分析

本案例的语篇内容 *The Tall Tree* 选自外研社出版的英语分级读物《多维阅读》第5级,属于非虚构文本动物类科普绘本。本课介绍了大树的不同部位与动物活动场所的关系,传达出大树对于动物生活的重要作用。

在本节课的学习中,学生通过阅读文本,在获取非虚构类文本阅读策略与技巧的同时,了解动物在大树不同部位的生活情况,采用观察、推理、解释等基本科学方法,多角度观察事物,并对动物的活动区域进行简单描述,发展逻辑思维能力,树立动植物和谐共生的意识。在课堂教学中,教师通过图片、音频、视频等多元化多媒体手段,为学生创设真实情境,不断激发学生的阅读兴趣。在英语语言学习方面,给予学生充足的思维架构和语言支撑。

因此,本案例的实施致力于在"科学＋英语"的融合课程中进行实践探索,依托英语语言学习,将蕴含科学现象的科学主题绘本等学习资源进行整合、开发,使学生能够用英语讨论科学问题,了解科学内容,体验语言学习的乐趣。

二、学习目标设定

根据科学课标,*The Tall Tree* 主题从属于科学主题中的生物与环境的相互关系这一大主题,学段一、二年级在本主题的要求是:学生能够知道动物的生存需要环境条件,理解动物与环境的相互作用及环境对动物生存的影响。

---

[1] 此案例由张琳琳老师提供。

根据英语课标，*The Tall Tree* 主题从属于人与自然大主题范畴，子主题内容涉及身边的自然现象、常见的动物、动物的特征与生活环境。由此，教师设计了多维度融合的学习目标，确定了融合方向：

（1）观察、探寻不同动物在大树不同部位的活动情况；

（2）思考影响动物在大树不同部位活动的因素，尝试用英语对其原因进行描述；

（3）在合作学习中运用科学探究方法，养成多角度观察和思考问题的思维方式，树立乐于观察、勇于探索的科学精神。

"科学＋英语"跨学科融合学习目标的制定，并不是两门学科学习目标的罗列或叠加。教师要关注学科目标间的联系，找准融合点，做到科学目标在前、语言目标紧跟其后，即英语语言目标必须依托科学学科活动，使语言有所归属，并反作用于科学学科目标的确定，让融合目标更加精准、具体、丰富。

三、学习过程展开

（一）采用多样化探究活动，培养科学思维，发展英语语言能力

1. 问题导向

教师以本节课的核心问题 What's the tall tree's secret? 为核心，精心设计课堂提问，逐步引导学生主动思考、探索、解决问题。在阅读伊始，教师提出：

What do you know about the jungle? What can you see at the top of the tree? What are the birds doing? Is this a good place for birds? ...

通过这些启发性问题，激发学生的好奇心和求知欲，引导他们跟随绘本主线，逐步进行深入思考。

在阅读过程中，师生谈论为什么角雕要把巢筑在树顶上，教师提出挑战性问题：

Can the tiger catch the chick? Is this a good place for a nest? Why? ...

教师通过设计略高于学生当前能力水平的问题，激发学生的挑战欲望，鼓励他们通过思维的进阶，逐步探究问题的本质，从而在学习中获得成就感。

在讨论到学生喜欢的新奇动物树懒时，教师还提出了一些生活化问题，比如：

Can the sloth run? Do you like to sleep all day and all night? ...

此类问题将绘本内容与学生的日常生活相结合，不仅提升了语篇内容的趣味性和实用性，也增强了学生学习时的体验感。

2. 角色扮演

本节课授课对象为小学三年级学生，由经验得知，角色扮演是一种备受这个年龄段欢迎且效果显著的教学策略。它不仅能够激发学生的学习兴趣，还能有效提升学生的语言交流能力和情感感知能力。

绘本内容提到，生活在大树顶部的动物有鸟、蝴蝶、树蛙、角雕等；生活在大树中部的有蛇、猴、豹、树懒等；生活在大树底部的有蚂蚁、甲虫、蜘蛛、蜥蜴、老虎等。在阅读过程中，教师让勇于挑战的学生来扮演饥饿的老虎，跳起来试图捕捉到树顶的角雕宝宝；让调皮的男生扮演猴子，体会它们在树枝间上蹿下跳的快乐；让学生自主选择扮演"蛇捕食树蛙"场景中的树蛙或蛇，感受生存在大树上的动物间的弱肉强食……

通过这些有趣的角色扮演，学生在体验阅读快乐的同时，可以根据板书提示，自主输出围绕关键句的英文表达：

It is a good place for a... Because it's safe/ easy to get food.

最有意思的是让学生扮演树懒，孩子们学着树懒的样子懒洋洋、慢吞吞地咀嚼树叶，切身体会到 The middle part of the tree is a good place for a sloth. Because it's easy to get food.

由此，通过在模拟情境中运用英语进行交流和互动，鼓励学生直观、趣味地去模仿与创造，不但让课堂氛围热烈欢快，孩子们兴趣盎然，还为他们提供了一个展现自我、释放天赋的舞台。

3. 多元阅读模式

在本节课的自主阅读环节，教师将学生分为两组，分别阅读 the middle part of the tree 和 the bottom part of the tree，并提出共同的阅读要求及不同组别的思考问题（见图 3-33）。

Tips:
1. Read in groups. 小组阅读。
2. Talk about the questions.
   讨论本组问题。

P8-11
Q1. What animals can you see?
Q2. What are they doing?
Q3. Is this a good place for them?

P12-15
Q1. What animals can you see?
Q2. Why are they here?
Q3. Is this a good place for them?

图 3-33　分组阅读讨论

通过 Jigsaw-reading 活动制造的信息差，教师引导学生进行小组合作学习，实现从获取部分信息到获取完整语篇信息的目的。这个阅读模式充分激发了学生的阅读兴趣，提高了学生的参与度，提高了其阅读理解能力。在充分思考、深入讨论、有效交流的课堂氛围中，学生的责任感和团队合作意识均有所增强。

教师通过在课堂中实施问题导向、角色扮演、多元阅读模式等多样化探究活动，布置多样化探究任务，让学生在多元、有趣的探究过程中，积极探索、发现知识，在现实中运用知识。此时，知识已转换成了具有丰富内涵和实际意义的信息，学生在整个学习过程中需要调动身体和大脑的积极参与，让情境与情感真切融合，在"科学+英语"融合课程的学习中形成个性化的理解与结构化的知识网络。同时，不间断地参与实际问题的解决，还能让学生意识到科学与社会、环境的紧密联系，从而增强社会责任感。

（二）整合多元化课程资源，创设真实科学情境

1.丛林跑酷——激趣引入课堂

在课堂的热身环节，教师设计"丛林跑酷"冒险闯关情节，引导学生根据英语指令快速反应、变换动作，以躲闪在丛林中遇到的猛兽，沉浸式体验丛林生活，激发学习兴趣（见图3-34）。

图 3-34　丛林跑酷游戏

2.*Tiny World* 英语纪录片——激发阅读欲望

There may be 5, 000 different kinds of little creatures living in a single tree. 随着 *Tiny World* 纪录片带来的听视觉冲击，学生仿佛置身于拉丁美洲的热带丛林，身临其境地感受到热带丛林中一棵大树的强大作用（见图3-35）。由此，他们带着对大自然的好奇，迫不及待想要展开本节课的科学探索，开启绘本学习。

图 3-35　*Tiny World* 纪录片

3. 数字化绘本音视频——增强学习互动

在本节课的学习过程中，教师将绘本内容通过数字化手段转化为音频和视频形式，为学生提供更加丰富、多元的阅读体验（见图 3-36）。在这种形式的体验下，绘本不仅保留了故事性和艺术性，还能通过声音、画面等多媒体元素，增强互动性和趣味性，使学生切实看到大树上动物活动的精彩场面，听到动物活动时发出的各种声音。

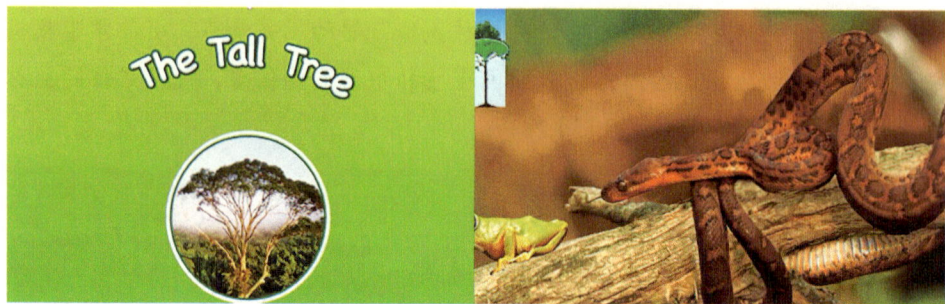

图 3-36　数字化绘本音视频

4. 板书框架——直观梳理课堂生成

本节课的板书以一棵手绘大树为主线。随着学习的不断深入，师生根据大树不同部位生活环境的差异，将对应动物的真实照片放置于大树的正确位置。在学习的最后阶段，板书呈现出一棵完整的"树界探秘"图谱（见图 3-37）。这个由师生共同探究、合作完成的板书也成为课堂生成的作品，其在直观展现绘本内容的同时，也给学生以完整的学习体验和成就感。

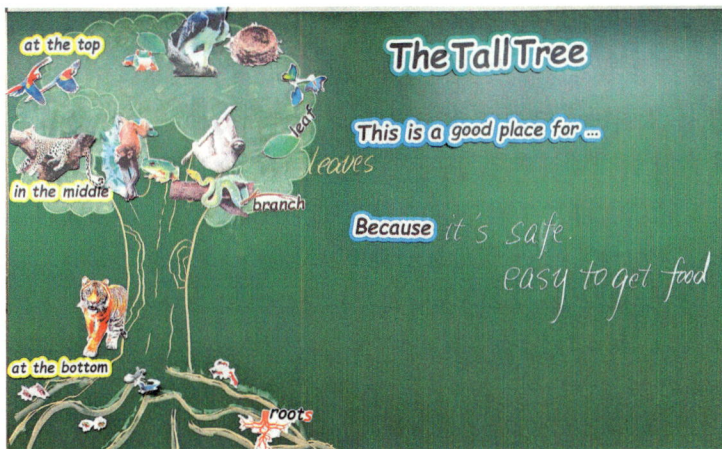

图 3-37　"树界探秘"图谱

　　教师在课堂实施中，通过选取丰富多样的多元资源和创设真实有趣的情境，给予学生沉浸式体验，持续激发他们的学习兴趣和好奇心。结合这些资源，通过设计具有探究性和实践性的学习任务，引导学生在完成任务的同时进行科学探究和语言学习。学生在学习过程中，也能够积极地利用这些整合后的资源将所学知识与实践相结合，形成深刻的理解和记忆，促进深度学习。通过整节课的学习，学生的科学观察力、思维力、创新力和实践能力等科学素养均得到提升，其英语阅读理解能力和语言表达能力也得到了很好的培养。

四、总结与展望

　　本教学案例尝试了"科学＋英语"的融合教学，让学生的学习重心既聚焦于影响丛林动物在大树上不同位置活动的因素，又聚焦于在英语语篇阅读中获取非虚构文本的阅读策略与技巧，从而学会在语境中用"This is a good place for ... Because ... "对不同动物在大树不同部位活动的情况及原因进行描述，从而增强语篇阅读、获取信息、合作学习的能力，锻炼多角度观察事物的科学观察能力，深入思考动物在大树不同部位活动的其他原因，讨论动物与大树的相互作用，树立动植物和谐共生的意识。

　　由此可见，在"科学＋英语"的融合教学实践中，科学学科内容为英语语言学习提供了丰富的语料和真实语境，让学生借助所创设的语境去学习和了解丰富有趣的科学知识；英语学科教学则借助科学知识的学习，提高学生英语综合运用能力及科学素养。

　　在实际操作中，笔者认为，"科学＋英语"跨学科知识整合难度较大，学生普遍存在科学认知水平与英语水平不契合的情况。所以，在选择授课主题和补充资源时，需要教师具备较高的专业素养和教学能力，通识小学英语和科学两个学科教材内容，研读两本课程标准，找准融合点，多维度整合多元化资源，从而展开教学。对于学生而言，英语水平较弱的学生可能会对跨学科融合学习产生畏难情绪，非常需要教师有效地引导和激励。所以，教师要设计多样化的教学方法和手段，持续激发学生的学习兴趣和积极性，并积极建立完善的教学评价体系，及时反馈学生的学习情况，调整教学策略。

"科学＋英语"融合教学是一种具有创新性和前瞻性的教学模式，它对于提升学生的综合素质和跨学科能力具有重要意义。未来，随着教育改革的不断深入和教育技术的不断发展，"科学＋英语"融合教学将会得到更广泛的应用和推广。同时，教师也需要不断探索和完善这一教学模式，以适应时代的发展和学生的需求。

案例 2　动物探究：透过科学的棱镜解码动物分类之谜 [①]

一、学习内容分析

根据《义务教育英语课程标准（2022 年版）》的指导，教师应基于课程目标，结合学生的兴趣和直接经验，以及与学生学习、生活密切相关的现实性和实践性问题，开展英语综合实践活动。本课例 *Classifying Animals* 正是基于这一理念，通过"英语＋科学"的跨学科融合，旨在提高学生的英语综合运用能力和科学素养。在 *Classifying Animals* 这节课中，教师通过讲授动物的分类特征，让学生最终能够科学地将动物进行分类并用英文说明分类依据。本节课与科学教育的结合点主要体现在以下几个方面：

首先，从课标要求来看，科学教育强调培养学生的观察、分类、推理及解决问题的能力。在本节课中，学生需要通过观察不同动物的特征，学习分类方法，这直接对应了科学教育中的观察与分类能力的培养。同时，通过讨论动物间的相似性和差异性，学生能够锻炼推理和逻辑思维能力，符合科学教育对高阶思维技能的培养目标。

其次，通过教材分析我们发现，本单元中各语篇多角度地介绍了不同种类

---

① 此案例由朱晓雪老师提供。

的动物外形、习性（栖息地、食物、能力）、个性特点和哺乳方式等。不仅涉及动物学分类的基本知识，还隐含了生物多样性等科学概念。

学情分析方面，学生从一年级的 animals 到三年级的 pets，再到五年级的 animals，已经积累了谈论动物喜好、外貌特征、食物和居住地等的交际用语和词汇。这些为学生本节课学习动物分类特征的表达奠定了语言基础。同时，六年级的学生在科学课以及日常的阅读积累中，对动物分类的话题还是比较熟悉的，他们对动物充满好奇，喜欢通过观察和比较的科学方法来进行学习。

二、学习目标设定

（1）通过试听和阅读两种不同的学习方式，学习哺乳类、鱼类、鸟类、爬行类、昆虫类和两栖类动物的主要特征。

（2）了解动物分类的科学知识。用诸如"Monkeys are mammals."的语句来介绍某种动物的种类，并能说明分类的依据，如 They feed milk to their babies.

（3）从科学的视角了解动物的分类依据，丰富科学知识，激发学生探究的好奇心。

三、学习过程展开

（一）语言素养与科学素养的交融

活动设计：观看英文科普视频，阅读英语科普语篇。

学科融合：

学生在环节二的活动中（见表3-19），通过观看英文科普视频 Classifying Animals 和阅读英语科普语篇，学习掌握了动物分类和特征的专业术语，同时增进了对动物科学知识的了解，例如，脊椎动物（Animals with backbones are called vertebrates）包括 mammals、birds、reptiles、fish、insect、amphibians；无脊椎动物（Animals without backbones are called invertebrates）包括 insects and others。在活动3中，教师提供五组不同的动物图片，学生需要结合英语和动物分类的科学知识来判断和描述动物分类的依据，增强学生对动物科学分类的理解和应用，打破学科壁垒，促进学科思维的形成，体现了语言素养和科学素养的相互交融和提升。

表3-19　环节二　教师及学生活动内容

环节二：任务驱动，学习动物分类	
教师活动1：提问 How do we classify these animals? 并播放学习视频	学生活动1：观看视频并从中了解动物分类知识
活动意图说明：让学生整体感知动物可以分为脊椎动物和无脊椎动物两大类	
教师活动2：提问脊椎动物都包括哪些类别动物	学生活动2：思考哪些类别动物是有脊柱的，并尝试回答
活动意图说明：激发学生主动思考能力，同时引出新的种类词汇 amphibians	
教师活动3：播放表现哺乳类、鸟类、爬行类动物特征的视频资源；提供五组不同类别的动物图片让学生归类选择并说明原因	学生活动3：总结三类动物的特征性状，跟随音频朗读感知；根据不同种类动物特征提示选择正确的动物图片，回答教师问题并能阐述选择依据
活动意图说明：通过试听的学习方式，让学生提取概括每个视频中不同动物的特征。培养学生提取、总结信息的能力	

（二）英语内容与动物科学分类知识的融合

活动设计：学生通过视频和语篇内容归纳总结动物特征，教师进行板书梳理。

学生列举常见动物所属类别，并说明理由。

学科融合：

英语内容与动物分类知识的融合贯穿于整个课堂。教师通过不同的学习形式引导学生学习动物分类的专业术语和不同种类动物特征的表达方式，加深对动物分类知识的理解，实现了英语知识与动物科学分类知识的跨越。引导学生通过跨学科学习，发现英语学科和科学学科之间的知识关联。在这一活动中（见图3-38），学生需要总结动物种类的特征并举例说明动物分类的依据。例如：I think geese are birds because they have wings and feathers, they can also lay eggs. 有些同学不局限于课堂所讲的知识内容，会根据自己所掌握的科学知识用中文说出鸟类的另一个特征：鸟类都有两条腿和一个喙，这时可以引导学生将所了解的动物分类知识用英文表达：They each have two legs and a beak. 从而促进语言与科学知识的融合。

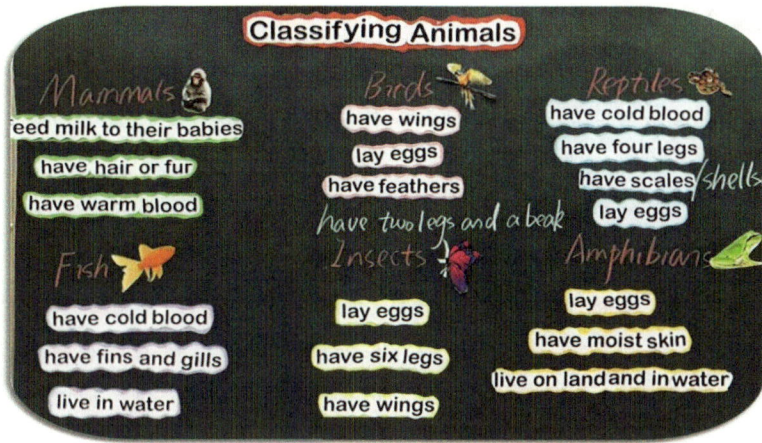

图 3-38　学生总结的动物种类特征及分类依据

（三）观察与分类能力的提升

活动设计：观察动物特征，完成分类任务单（见图 3-39）。

图 3-39　动物分类任务单

学科融合：

科学学习强调观察和实验。在环节三（见表3-20）的活动设计中，学生需要仔细观察不同动物的特征，如是否有皮毛鳞片，是否有羽毛翅膀；生活在水中还是陆地，以及其生物学特性（如呼吸方式、生殖方式等）。通过这些特征的分析来确定动物的分类，体现了英语与科学之间的能力跨越以及从表面现象到科学本质的认知跨度。这种观察和分类的能力不仅有助于学生在科学领域中的学习，还能在其他学科中发挥作用。科学学科中，动物分类是一个逻辑严谨的过程，学生需要根据一定的规则和标准将动物划分到不同的类别中，这种逻辑思维能力在英语学习中同样重要，以阅读理解为例，学生需要理解文章的逻辑结构，把握作者的论点、论据等。

表3-20　环节三　教师及学生活动内容

环节三：巩固操练，进行动物分类	
教师活动1：出示任务单，解释填写要求	学生活动1：按照要求将任务单上的动物进行分类填写
活动意图说明：学生通过观察不同动物的特征差别，对动物进行正确的分类，将本节课所学内容进行实践应用	
教师活动2：核对答案	学生活动2：用完整句如Lions and whales are mammals来回答
活动意图说明：用完整句表达动物分类，强化动物名词和种类是复数形式，渗透语用内容	

（四）综合思维训练的强化

活动设计：以小组讨论的形式，核对自己的动物分类答案。

学科融合：

在这一活动中（见图3-40），小组内核对讨论答案，学生用英语结合所学的科学内容阐述分类依据。其中争议最大的是乌龟是爬行类还是两栖类动物。这时教师注重引导学生运用批判性思维进行学习，鼓励他们提出质疑、发表意见、参与讨论。学生们会讨论关于乌龟和两栖类动物的相关信息，如它们的生活环境、生理结构、繁殖方式等。然后他们会评估这些信息对于判断乌龟是否属于两栖类动物的可靠性和相关性。这不仅锻炼了学生的信息检索能力，还培养了他们对信息的批判性评估能力。同时基于获取到的信息和两栖类动物的特征，学生会进行逻辑推理，尝试构建合理的论证来支持或反驳"乌龟是两栖类动物"的观点。例如，有的学生指出乌龟虽然能在水中和陆地上生活，但并没有经历变态发育的过程，从生下来就是用肺呼吸，所以它是爬行类动物而不是两栖类动物。这种综合思维训练有助于学生更准确地理解和判断问题，还能促进他们的全面发展和终身学习。

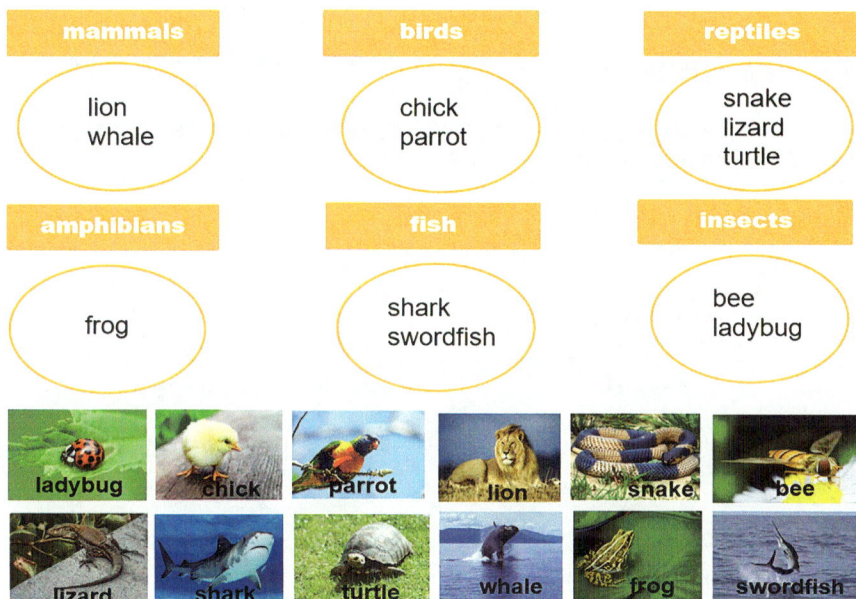

图 3-40　学生完成动物分类任务单

（五）多种体验交融

活动设计：情境创设，担任动物科普讲解员，为游客讲解动物分类相关知识。

学科融合：

本节课不仅利用视频、音频、图片等多媒体资源，展示动物的外貌特征、生物学特性、科学分类过程等，使学习内容更直观、更生动，同时，在课程最后的活动设计中（见表3-21），鼓励学生用英语对所学的科学分类内容进行复述，并将其运用于跨学科实践活动——担任动物园科普讲解员当中。通过语言沉浸、科学分类、多媒体展示以及实践应用等多种体验的交融，为学生提供全方位、多维度的学习经历，不仅能够深化学生对语言的理解与应用，还能使学生通过独特的视角深入探索动物世界的奥秘，激发学生对动物科学的热情与探索欲，丰富其学习的维度与深度。

表3-21 环节四 教师及学生活动内容

环节四：设置情境，运用分类语言	
教师活动1：再次呈现语篇内容	学生活动1：大声朗读语篇信息
活动意图说明：梳理语篇中不同种类动物特征，为后面情境创设做语言积累	
教师活动2：设置"动物园科普员"的情境	学生活动2：作为动物科普员为游客们介绍动物的种类和特征
活动意图说明：前期不同形式的大量的语言输入转化成此时语言的综合运用和输出，培养学生自信表达的能力，同时增强学生深入学习的好奇心和主动性	

四、案例反思

在 Classifying Animals 教学案例中，跨学科教育的实施为学生提供了一个全面而深入的学习体验。通过英语与科学的跨学科融合，实现了从多个角度深入理解动物科学分类的教学目标。

在本次教学中，呈现出诸多亮点：首先，通过多样化学习资源的运用，有效扩充了学生的科学知识储备；其次，课堂重视学生学习技能与策略的训练，助力其英语思维品质的养成；最后，在语言输出阶段巧设情境，强调学用结合，达成跨学科知识的交融互补，有力提升了学习成效。然而，在教学过程中也存在一些不足之处，如小组讨论环节学生参与度参差不齐，在跨学科教学的组织与实施上，仍有较大的提升空间，需要在后续教学中加以改进完善，以实现教学质量的进一步优化。

通过本节课的学习，学生不仅掌握了动物分类的基本知识，激发了对科学探究的好奇心，还提升了观察、分类、表达、合作等能力。同时，通过多种学习方式的交融和五育的融合发展，学生的综合素养得到了全面提升。在今后的教学中，我要加强与科学等其他学科教师的沟通与协作，深入挖掘英语学科与其他各学科的内在联系，构建更加紧密的知识网络，为学生的全面发展提供更加有力的支持。

案例 3　*Rubbish*——垃圾变身：解码身边的环保科学 [①]

一、学习内容分析

本课是《X 计划学生包 6》中的一个科普类绘本，介绍有关垃圾的相关内容。对于学生来说，了解垃圾的由来、分类、循环再利用，提高环境保护意识，是非常有现实意义的。本节课是将科学内容学习和英语语言学习有机整合的学科融合课程，学生通过阅读绘本，了解垃圾的处理方式以及垃圾分类的重要性，从而践行垃圾分类理念，节约自然资源，培养废物再利用意识和技能。教师引导学生结合北京的垃圾分类标准，设计垃圾分类动画，让课堂中有关垃圾回收的内容，切实落实到学生的生活实际中。从学生的实际生活出发，探索科学教育的内涵。

本节课为"人类活动与环境"主题下的"人类活动对环境的影响"子主题。学生在英语语言环境下习得科学知识。课堂上，学生经历从学习理解到应用实践的过程，通过自主学习和小组合作，实现语言能力、思维能力、科学素养的融合发展。通过融合教学，学生可以在学习英语的同时拓展科学知识，提高综合素质。

二、学习目标的设定

（1）学生能够了解有关垃圾的介绍、垃圾的分类、垃圾的处理方式等。

（2）学生小组合作，完成文本中的阅读任务，培养学生的合作能力。

（3）能够读懂文章大意，并利用板书及目录概述文章内容。

（4）通过本课学习，让学生明白应为环境保护做出自己的贡献。

三、学习过程的展开

（一）挖掘科学教育内容，激发学生科学兴趣

1. 分析科学教育内容，精准了解学生学情

本课科普绘本主题为 Rubbish。文本包括 7 个主要部分：什么是垃圾、垃圾的分类、垃圾回收再利用、垃圾填埋、谈论垃圾问题的重要性以及我们如何去做等。文本涉及的新词汇比较多，但是不难理解，对于文本中出现的新词，采用 paraphrase 的形式来解答，如：rubbish, recycle, rot, pollute 等。对于一

[①] 此案例由席双老师提供。

些小标题，学生初看不能理解其意思，则采取让学生看完段落的介绍，再来理解标题的意思的方式。如：What a pong! Why does it matter? What a waste!

本课授课对象是六年级的学生。根据前测，了解学生已经具备较好的文本阅读能力，能够根据图片及文字的描述，大致了解文本意思。对于新单词，具备根据上下文理解其意思的能力。教师通过与学生交流，发现学生对于垃圾相关的问题比较了解，具备垃圾的分类、垃圾的危害，以及如何保护环境等方面的背景知识。基于这样的学情认知基础，课堂教学内容能够切实落地到学生的生活实际中。从学生的实际生活出发，探索科学教育的内涵，毕竟不少科学现象都源于学生的日常生活，因此，在学生的实际生活中寻找和挖掘科学教育的内容极为重要。

2. 明确科学教育目标，确定与英语融合的方向

基于《义务教育英语课程标准（2022年版）》和《义务教育科学课程标准（2022年版）》以及对学生学情的分析，明确了本节课的教学目标。首先，通过阅读文本，学生能够了解有关垃圾的介绍：什么是垃圾、垃圾的分类、垃圾的处理方式（回收、填埋）、处理垃圾问题的重要性以及作为公民我们应该做些什么。其次，学生小组合作，通过阅读文本，完成文本中的阅读任务，培养学生的合作能力。再次，通过阅读文本，培养学生的阅读策略，如根据上下文猜单词的能力等。最后，通过本课学习，让学生明白，作为公民，应该为环境保护做出自己的一份贡献。本节课的重点是培养学生用英语表达有关垃圾话题的能力，进而使学生能够用英语简单交流作为公民自己可为环境保护做些什么。

（二）借助有趣的英语活动，培养科学意识

实践教学环节是渗透科学教育的重要时机，教师要借助有趣的英语活动来循序渐进地培养学生的科学意识。对于学生来说，英语学习不仅仅是一门语言的习得过程，也是一种信息的传递和文化的传播过程。

1. 建立与生活的联系，形成对垃圾比较客观的认识

上课伊始，教师通过猜谜语，引出本课的主题：rubbish。教师通过出示不同的图片，让学生判断哪一个是垃圾，以此来理解rubbish的中文意思。接着，教师通过让学生用英文解释rubbish的意思，加深学生对rubbish的理解，并与学生的生活建立联系，与学生交流日常生活中经常扔什么样的垃圾，寻问学生听到或看到垃圾，会想什么？开展"头脑风暴"，使学生对垃圾形成比较客观的看法。

引出话题后，教师与学生谈论科普文本，并出示书的封面。学生通过观看绘本的封面，获取信息。教师让学生根据标题提问，如想从文本中获取的信息，同时也是给学生提供提问的机会。之后，教师让学生将提出的问题与目录内容建立联系，并预测每个部分所要讲的内容，将问题与标题建立关联。

2. 问题引领，层层深入，引发对垃圾处理的深度思考

让学生带着问题读文本，了解文本大意。教师通过举例子——计算一个人每年扔垃圾的重量，来引起学生的注意。让学生将自己的体重乘以 7，再乘以班级的人数，大致计算出班级同学每年扔垃圾的重量，让学生通过直观感受认识到，我们不应该扔那么多垃圾，减少垃圾必须从每一个人做起。通过图片的视觉冲击，激发学生阅读的兴趣。同时，学生看到这么多的垃圾，也能从自己的内心深处意识到事情的严重性，从而引起对垃圾问题足够的重视。最后，教师通过出示由于人们乱扔垃圾，造成海洋动物死亡的图片，呼吁保护环境。

（三）解决实际生活问题，树立正确的科学态度

在小学英语教学渗透科学教育的过程中，除了要激发学生的科学兴趣、培养科学意识，还需要引导学生树立科学态度。具体而言，可以从分析与解决问题的角度引导学生树立正确的科学态度。开展文化差异教学活动，能让学生有效了解文化差异，在此基础上，辅以体现中英文化差异的角色扮演活动，让学生在具体语境中观察、分析与应对。在整个交际过程中，学生既可以掌握英语思维方法，又可以在学习中更好地认识与理解科学知识，从而顺利实现帮助学生树立科学态度的教育教学目的。

1. 学习垃圾处理方法，培养环境保护意识

学生以小组合作的形式，第二次阅读《垃圾去哪里了》，并完成学习单上的任务。此举旨在引导学生关注垃圾处理方法，借助 jigsaw reading 的方式，在任务驱动下，完成对垃圾处理方法的学习。学生通过小组讨论，将所看内容内化，遇到不认识的单词，可通过查阅词汇表自学。随后，小组成员进行阅读和汇报，完成对文本的第二次深层次学习。在此过程中，教师采用 PPT 展示图片、组织学生讨论、播放录音、梳理文本内容等方式，强化文本重点内容，同时引出更为重要的话题："What should we do?" 教师先让学生观看因人们乱扔垃圾造成的后果，引导学生思考应采取的行动。接着，让学生用简单的语言描述自己在生活中减少垃圾、进行垃圾回收等做法，以此培养学生保护环境的意识。

2. 关注现实生活问题，树立正确科学态度

教师出示图片，圈出"recycle"的意思。请学生汇报学习单上关于玻璃回收的顺序。学生介绍哪些垃圾可以回收，教师讲解塑料回收的相关内容。提出问题"What do you think of recycling?"，引导学生先依据文本，完成对回收定义及玻璃瓶回收过程的理解。之后，教师设计活动，激活学生已有的知识经验，让学生对一些垃圾是否可以回收进行判断，并通过了解塑料回收的过程，深入理解"recycle"的含义。同时，让学生简单谈论对垃圾回收的看法，帮助学生明白虽然回收方法很好，但仅有部分垃圾能够回收。教师补充说明："Some rubbish can't be recycled: put into the big holes in the ground. To let rubbish rot away."并出示垃圾填埋场的图片，该垃圾填埋场面积相当于400个足球场那么大，而且不同垃圾完全处理掉所需的时长各不相同。学生分别介绍各种垃圾填埋分解所需的时间，并拓展介绍塑料袋降解的时间，帮助同学们了解"to rot away（自然降解）"这种垃圾处理方式的弊端。此时，教师通过展示垃圾填埋场的图片，帮助学生直观感受垃圾填埋场面积之大，进而理解垃圾填埋这种处理方式的弊端。教师引导学生设想：在现实生活中，如果存在如此大量的垃圾，到了夏天会是怎样一番景象？引发学生思考这些垃圾是否会污染土壤、河流和空气。进一步提问，如果持续有越来越多的垃圾无法得到妥善处理，是否会危及我们的生活空间？学生进行小组讨论，最后教师引导学生探讨出处理垃圾的最佳办法。教师出示人们乱扔垃圾致使环境污染、动物死亡的图片，引发学生思考，鼓励学生尝试讲述自己在减少垃圾产生和进行垃圾回收方面所做的小事。引导学生明白要从小事做起、从身边事做起，从而帮助学生树立正确的科学态度。

四、总结反思

在小学英语教学中渗透科学教育极为重要。这一举措不仅能助力学生更深入地理解和掌握英语知识，还能培养学生的科学探索兴趣、科学意识、科学思想以及科学态度，进而推动学生英语综合能力与素养的提升。在英语语言环境里，学生得以习得科学知识。课堂上，学生从学习理解迈向应用实践，借助自主学习和小组合作，实现语言能力、思维能力与科学素养的融合发展。融合教学使学生在学习英语的同时，能够拓展科学知识，提升自身的语言综合素质。

本次跨学科教学活动成功地将英语语言学习与自然科学知识相结合，促进了学生的全面发展。然而，我也意识到在实施过程中需要更加关注学生的个性

化需求和学习风格差异，为每位学生提供更加适合的学习资源和支持环境。未来，我将继续探索跨学科教学的有效策略和方法，努力构建更加完善、高效的跨学科教学体系。

五、以科学之力　炼体育之魂

（一）"科学＋体育"与健康课程的应用

随着社会的进步和人们生活水平的提高，健康、体育已成为人们日益关注的话题。与此同时，智能技术在人类生产生活各个领域的逐步渗透已经成为不可逆转的发展趋势。智能技术与现代教育的融合使得教学工作发生了诸多变化。体育教育作为培养学生身体素质、促进身心健康的重要手段，其重要性日益凸显。同时，科学的发展为体育教育提供了更多的理论支持和技术手段，使得体育教育更加科学、高效。智慧教育视域下，智能技术和教师教学的融合已经成为教育发展的新生态，因此，教师的教学素养需要不断优化、升级，以适应智慧教育的发展。随着科技的飞速发展，大数据、人工智能等技术的广泛应用，为体育教育带来了前所未有的变革。科技与体育教育的深度融合，不仅丰富了教学手段和方式，还提高了教学的针对性和有效性。在此背景下，学校教育环境、教学模式、教育资源等都发生了极大变化，教师作为赋能教育的内生发展动力，是促进学生数字能力和思维发展的关键，只有快速提升教师教学素养，才能满足教师职业发展的现实需求，促进智能技术与教育的有效整合，确保智慧教育的顺利开展。体育教育作为素质教育的重要组成部分，也面临着新的发展机遇和挑战。"科学＋体育"的教育理念应运而生，旨在通过科学的方法和技术手段，提升体育教育的质量和效果。

背靠中科院这一智慧资源，体育组将现有的智能化设备充分应用于体育课堂中，如智能魔镜、智能跳绳、智慧小轮车、智能体测设备等。此外，利用视频分析软件或摄像头记录学生的运动动作，然后进行运动动作分析与优化。

以学校开展的小轮车项目为例，这一新兴体育类运动除了与其他类运动具有同样的育人价值和能力要求外，在增进学生对不同国家和地域体育文化的了解、激发学生的求知欲与探索欲、好奇心与冒险精神等方面具有独特的育人价值。学校为满足学生发展的需要，结合学生特点，运用模拟设备开设自行车课程。教学课程以基本骑行技术为主要内容，对学生进行基础教学，使学生熟练掌握正确的骑行姿态、协调的踏蹬方法、站立骑行、弯道骑行、单臂控车骑行、平衡稳定骑行、一般障碍通过、安全刹车和停车方法等技术动作，培养学生对路况的预判能力和操车技能，培养学生安全骑行的良好习惯。训练课以符合学生特点和能力的技术技能训练为主，让学生熟练掌握定车、基础跳跃动作、连续起伏障碍通过、高速弯道通过、高频踏蹬加速、爬坡踏蹬加速等专项能力训练，提升学生的专项技术能力，培养个人竞技爱好（见表3-22）。模拟设备能为学生创设更多安全的骑行环境，提升学生学、练、赛的综合能力。

表 3-22　模拟骑行教学课安排

教学任务	教学内容	教学计划
1. 学习掌握小轮车基本骑行技术 2. 提高学生运动骑行能力 3. 了解小轮车机械动力方面的基础知识 4. 学生日常骑行安全的教育 5. 培养健身骑行基本能力 6. 培养骑行安全意识、文明骑行习惯	1. 小轮车装备佩戴要求、操车方法 2. 小轮车骑行的正确姿态和动作要领 3. 启动和停车，以及正确刹车方法 4. 骑行踏蹬技术动作 5. 各种弯道骑行技术方法 6. 单手握把骑行技术方法 7. 小轮车站立式骑行方法 8. 骑行中意外倒地的自我保护方法 9. 骑行综合控车能力、骑行礼仪	按自然班课程安排，每周3次体育课，共进行4周教学课，完成教学内容

（二）体育与科学融合提高课堂效率

人工智能技术更迭正推动体育器材的智能化、自动化、多样化。尤其是在学校体育教育领域，器材设备的升级大大提升了体育教学工作效率，例如，如今的智能操场、智能芯片、智能设备、智能测试仪器、智能降温系统等，都是技术进步的体现。在此背景下，体育教学进入了智能时代，智能体育在小学体育中受到越来越多的关注，智能体育的便捷性、高效性，有效提高了小学体育教学的效率，增添了教学的趣味性。

1. 智能体测：科技赋能的精准测量

传统的小学体测往往依赖于人工记录和简单的器械测量，存在误差大、效率低等问题。智能体测系统则通过集成先进的传感器、大数据分析等技术，实现了对学生身体指标的精准测量和实时反馈（见图3-41）。无论是身高、体重、肺活量，还是仰卧起坐、50米跑等运动项目，智能体测系统都能提供科学、客观的数据支持。这些数据不仅有助于教师全面了解学生的身体状况，还能为后续的体育教学和健康管理提供有力依据。以学校广泛应用的智能跳绳为例，跳绳项目作为体测的重头戏，在中考体育小学过程性考试中占有极大的比重，我们前期指导学生运用智能跳绳进行测试，后期可以运用数据分析工具，深入分析学生跳绳表现数据，识别学习难点和进步空间。教师应根据数据分析结果，及时调整训练计划，优化教学策略，确保每位学生都能在适合自己的节奏中取得进步。除了技能测试，还应从学生的参与度、兴趣提升、身体素质改善等方面多维度评估教学效果。定期收集学生、教师和家长的反馈，了解课程实施中的问题与挑战，不断优化课程设计，提升教学质量。

图 3-41　跳绳智慧课程中可视化效果评价

2. 个性化指导：因材施教的新路径

智能体测系统不仅限于数据的收集，更在于数据的分析和应用。通过对学生的体测数据进行深度挖掘，系统能够识别出每个学生的体能优势和短板，为他们量身定制个性化的训练计划。这种因材施教的教学方式，既符合学生的身心发展规律，又能激发他们的运动兴趣，促进他们全面而有个性地发展。同时，家长也能通过智能体测系统了解孩子的身体状况和运动表现，与学校共同关注孩子的健康成长。

如学校开展的智能跳绳课堂随着智慧体育技术迭代而不断创新，跳绳与科技相融合，演变出以智能跳绳设备为核心的智能跳绳课程（见图 3-42）。这一课程有望实现更精准的个性化教学，拓展跨学科教学的深度与广度，为学生提

新得代
教育文库
北京卷

供更丰富、更有效的学习体验。智慧体育将成为未来教育领域的重要趋势，推动体育教育向更高质量、更个性化、更科技化的方向发展。

图 3-42　跳绳智慧课堂融入校园体育活动

跳绳智慧课程的核心目标是利用科技手段，提升跳绳教学的个性化、趣味性和有效性，旨在增强学生身体素质，同时培养团队协作能力和创新精神（见图 3-43）。课程设计注重学生个体差异，通过智能设备与数据分析，实现精准教学，激发学生内在潜能，促进其全面发展。

图 3-43　跳绳智慧课程学生活动情况

3. 激发运动热情：让运动成为习惯

智能体测系统的引入，还为学生带来了更多的运动乐趣和挑战。学生通过参与体测，可以直观地看到自己的进步和变化，从而增强自信心和成就感。此外，系统还能根据学生的兴趣和需求，推荐适合他们的运动项目和活动，激发他们的运动热情。学校建立多元化的评价体系，包括学生的运动技能、科学知识掌握情况、团队合作能力和创新思维等方面。同时，举办以科学为主题的运动会，如"物理运动会"和"生物运动会"，设置与科学原理相关的比赛项目，如利用物理原理开展的"纸飞机飞行大赛""滑轮组拉力赛"。并且，可以在运动会中增加科学展示环节，如展示学生制作的与运动相关的科学模型或实验成果。

教师设立健康挑战活动，如"一周健康饮食计划"和"每日运动打卡"，鼓励学生记录并分享自己的健康数据，同时学习如何运用科学知识来优化自己的健康习惯。组织科学实践小组，让学生在小组内探讨如何运用科学知识来提高运动表现或预防运动损伤。采用同伴评价、自我评价和教师评价相结合的方式，全面评估学生的学习成果。定期收集学生和教师的反馈意见，了解融合实践的效果和存在的问题。根据反馈意见进行持续改进和优化，提高融合实践的质量和效果。

在智能体测系统的陪伴下，运动不再是一项枯燥的任务，而是一种享受和乐趣。它让学生们逐渐养成运动的习惯，为他们的终身健康打下坚实的基础。

（三）"体育＋科学"智慧环境构建

在传统的教学模式下，体育教育通常会受到场地、天气、器材的限制，并且往往难以激发学生的兴趣，学生在体育活动中的参与感较差。而智能运动场景的引入可以有效解决这些难题，通过外带传感器实时记录学生的运动情况、搭建虚拟运动场景、实时数据采集、及时进行反馈等创新技术手段，打破了以往传统的体育教学模式。智能运动场景的引入，不仅提高了学生的参与热情，丰富了学生的运动体验，还提高了学生的体质健康测试成绩。例如，学校准备引入的智慧操场概念。智慧操场是借助先进的人工智能、大数据和物联网技术，通过安装 AI 智能技术设施，实现对小学生体育运动成绩、运动姿势、运动过程的实时采集、分析与指导的新型操场。

在小学体育的应用中，在课前，教师可以利用智慧操场系统分析学生的体质健康和运动能力数据，制定科学的教学内容和测试项目。在课中，可通过人脸识别、语音播报等技术，引导学生进行测评，并实时呈现测评成绩，提升课堂互动性。在课后，能够生成班级和学生个性化报告，实现体育教学的动态数据过程性记录监测，为后续教学提供参考。在体育考试中，智慧操场可以构建标准化考场，实现考务管理智慧化和考试评测智能化。通过搭建智能考务综合管理平台，可以简化考试流程，提高考试效率和公平性。通过人工智能赋能中小学体育工作，有效提升了体育教学的效率和质量，减轻了体育教师的工作负担，并激发了学生热爱运动的内驱动力。

智慧操场与小学体育的结合是教育信息化和体育教学改革的必然趋势。未来，随着技术的进一步发展，智慧操场将在小学体育中发挥更加重要的作用，为学生的身心健康全面发展提供有力支持。

案例　智能魔镜应用案例

一、学习内容分析

智能魔镜简称 AI 魔镜，在数字化教学中，AI 魔镜的应用为教育领域带来了创新性的变革，特别是在提升教学效果、优化学习体验以及实现个性化教学方面展现出显著优势。可以帮助体育教师更高效教学，学生更精准、更有乐趣地运动。使用场景主要包括课堂辅助动作教学、情境化动作练习、学生练习数据实时监测等。除此之外，它还有运动和游戏相结合的方式，可以根据学生的运动水平和兴趣进行 AI 智能推荐，并实现实时互动教学，通过游戏化奖励机制来鼓励学生坚持运动。

（一）课上因材施教优化教学内容

课程内容根据低中高各学段学生的年龄、体能和技能水平进行分级，确保每位学生都能在适合自己的难度下学习和进步。并且对教师进行专业培训，包括智能跳绳设备的操作、数据分析解读、个性化教学方法和安全指导等。教师应掌握如何利用智能设备监测学生表现，如何根据数据分析结果调整教学策略，以及如何在课堂上有效运用科技手段激发学生兴趣。

（二）课后实施课外训练

根据智能设备收集的数据，教师能够为每位学生制订个性化的训练计划，包括目标设定、训练频率和强度调整等。通过数据分析，教师可以精准识别每位学生的学习难点和进步空间，确保教学计划与学生实际需求相匹配。通过互动与激励机制，创建在线社区或班级小组，鼓励学生分享训练成果，促进学生之间的互动与竞争。通过设置体能挑战赛、积分系统或奖励机制，激发学生参与热情，提高学习积极性。

二、学习目标

建立以课堂为中心的魔镜课堂体系，具体分为课堂中对学生的运动动作、运动模式、动作的准确性进行辅助，在遭遇极端天气之时可以成为辅助教师进行课堂教学的工具；课间可以作为学生放松、锻炼、竞赛、玩耍的平台，学生可以根据自身喜好自主进行课程的选择，同时可以与同学们进行线上的各类体育竞赛、运动项目打卡等互动游戏，提升学生的课间活动趣味性；课后可以对服务的内容进行延展，这段时间可以作为一对一的体能教练对学生进行针对性的分析和指导，对于学生待加强的内容进行着重练习，同时对课堂所学内容进行巩固。

三、学习过程开展（见图3-44）

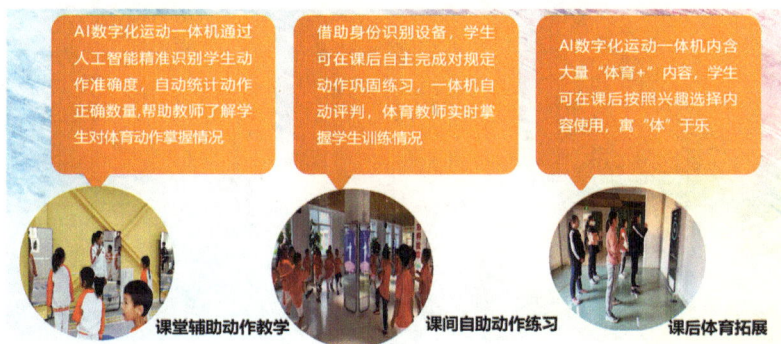

图3-44　课堂体系构建内容

（一）低年级的情境化应用

根据学生的学情需要，魔镜中引用"丛林探险、冰雪天地、逃生游戏"等内容来激发学生的运动和学习兴趣，让学生在情境化游戏中进行身体活动。在这一过程中，低年级学生可以做到身临其境地感受"大自然"、感受各种炫酷的"运动场景"，在游戏中体验运动带来的乐趣，以激发其运动的兴趣，培养经常运动、喜爱运动的好习惯（见图3-45）。

图3-45　低年级情境游戏

（二）中年级的动作规范指导

运用魔镜的动作捕捉系统，对学生的基本动作质量、练习效果、学习评价进行量化分析处理。在传统的课堂中，需要教师活动小干部进行——记录或者整合相关成绩，而在智能魔镜的加持下，所有同学运动完马上就可以得到自己相应的成绩，尤其是体质健康监测的内容，同时还可以进行分段记录、动作分解记录等，既可以让学生第一时间知晓自身存在的不足，也便于教师及时有效地进行评价，并利用分组的形式进行小组之间分数的横向和纵向对比（见图3-46）。

图3-46 中年级动作指导

（三）高年级的"补短板"体能加油站（见图3-47）

学生在上学年的体质监测中暴露出了一系列的问题，包括跑步能力较差、中长跑素质不强、肥胖率过高等，针对这类情况，教师利用魔镜进行单独小班的补强练习，利用魔镜的智能系统进行过程性监测。教师为参与学生建档案，制作专属体能卡，通过刷卡进入魔镜，每人有自己专属的训练内容。人工智能识别基于AI数字化运动一体机内置的高精度AI传感器，实时采集学生在运动中的动作骨骼点数据并与示范教师标准动作进行比对，对正确动作，屏幕实时计数并给予学生鼓励；动作错误时，AI会及时提示并给予图文反馈，让学生训练更高效。

图 3-47 高年级体能加油站

四、案例总结与反思

体育与科学融合有助于缓解体育资源紧张。人工智能在体育教学中的应用不断深化，成为推动体育教学现代化的重要力量。智能魔镜的使用，有效地缓解了学生在学校活动空间不足的情况，此外，对于体育课程的丰富，对于学生学习进度和运动强度的监测也更加便捷和精确。同时，人工智能技术对于优化教学资源配置具有积极作用，能够帮助体育教师从烦琐的重复性事务中解放出来，更多地关注教学方法的创新和教学效果的提升。

体育与科学融合有助于提升课堂教学质量，使得体育教学能够更加关注学生的个体差异，实现了个性化教学，促进了教育公平和资源共享。同时，通过引入更多智能化的教学设备和工具，能够进一步提升体育教学的趣味性和互动性，也带来了教学方法和教学模式的创新。例如，通过与其他学科的融合，实现跨学科教学；通过智能跳绳系统、AI 运动技能评估系统等，为学生提供个性化的训练计划和反馈。大数据平台的应用也拓展了家校合作的渠道，家长可以远程访问孩子的运动数据和进步报告，增强了家长对孩子体育锻炼的参与度，形成了家校共育的良好氛围。

未来深入推进体育与科学融合需要加强技术与育人的结合，防止技术滥用导致的教学异化。在安全保障方面，新技术的升级和应用面临着技术整合与兼容性、教师培训与发展、数据隐私和安全等挑战，需要成立专业团队负责解决技术整合问题，提供持续的教师培训课程，并加强数据保护。在教学应用方面，教师应始终坚持以学生为中心，坚持教师在教学和育人过程中的不可替代性，人的智慧和情感在教学过程中仍然不可或缺，教学过程需要师生情感互动的温度和思想上的交流。人工智能工具的应用需避免滥用，应主要作为辅助工具而非教师的替代品。此外，教师应提高利用新技术优化教学的能力，积极探索"双智"结合的新模式，开创体育教学的新篇章。

六、以科学之法　探艺术之趣

在人类历史的长河中，科学与艺术始终是推动社会进步的两大动力。它们看似截然不同，实则相辅相成，共同构建了人类文明的辉煌篇章。

我们要明确科学与艺术的基本概念。科学是对自然界和社会现象进行系统观察、实验和理论总结的知识体系，它追求的是客观真理和规律。而艺术则是通过形象、情感和想象来表达人类内心世界和审美追求的创作活动，它强调的是主观感受和个性表达。尽管两者在方法和目的上存在差异，但它们都是人类智慧的结晶，都离不开创新思维的驱动。

创新思维是指打破常规，勇于探索未知领域，敢于挑战传统观念的思考方式。在科学研究中，创新思维体现在对现有理论的质疑、对未知领域的探索以及对新技术的研发上。正是这种不断求新的精神，推动了科学的发展和技术的革新。例如，爱因斯坦的相对论颠覆了牛顿力学的传统观念，开启了现代物理学的新纪元；互联网的诞生则彻底改变了人类的生活方式和信息传播模式。

同样，在艺术领域，创新推动了艺术史的发展。艺术家们通过对传统艺术形式的突破和对新材料、新技术的应用，创造出令人耳目一新的作品。比如，毕加索的立体主义打破了二维平面的限制，开创了现代绘画的新风格；数字艺术的出现则让艺术创作突破了物理空间的限制，为艺术家提供了更为广阔的表现平台。

科学与艺术的结合更是催生了许多跨领域的创新成果，例如，建筑艺术中，中国古建筑的榫卯和斗拱结构、古罗马建筑的拱券结构都产生了既美观又结实的建筑物；生物工程学的发展使得设计师和艺术家能够利用生物技术创作出前所未有的艺术作品。这些跨界合作不仅拓宽了科学与艺术的边界，也为人类社会带来了新的思考和体验。

科学与艺术是人类智慧的双翼，学校艺术教育应当继续鼓励科学与艺术的交流与合作，通过艺术课堂教学将两个学科进行有机融合，通过一些有效的策略帮助教师更准确地把握好在跨学科实践中，科学学科在艺术课程中的定位，合理运用科学方法使课堂更加高效，从而培养更多具有创新精神的人才。

（一）从科学的视角去观察和欣赏

观察是科学和美术学习的重要方法，引导学生接触自然、观察自然、描绘自然、理解自然现象，不仅能够激发他们的好奇心和探索欲，还能培养其观察力、想象力和表达能力。

例如，美术教师利用课堂引导学生创作《植物成长绘本》，学生通过认真观察植物的成长变化进行创作，将美术的生动形象与科学知识相结合。在开始自然笔记探究之前，首先要激发他们对大自然的兴趣。可以通过参观校园小菜园、讲述有趣的自然故事、观看生动的自然纪录片或者参观自然博物馆等方式，让学生们感受到大自然的魅力和神奇。当学生们对大自然产生了兴趣之后，接下来就要帮助他们选择一个感兴趣的植物进行持续的观察，可以使用放大镜辅助观察，同时，教给他们一些观察的方法，比如有序观察、对比观察、重点观察等。例如，探究西红柿的叶子，可以先观察叶子的整体形状和颜色，然后再观察叶子的数量、形状和排列方式。在观察过程中，尽可能地使用对比观察的方法，鼓励学生提出问题和疑惑，教师及时记录并给予解答和指导。引导学生抓住观察对象的主要特征和关键信息，例如植物的形状、颜色、纹理等。课后，引导学生将自然笔记探究活动延伸到日常生活中，周末可以和家长一起去公园、郊外观察大自然，继续进行自然笔记探究（见图3-48）。（此案例片段由朱鹏老师提供。）

图3-48　自然笔记

对一件艺术作品的欣赏同样也需要细致的观察，下面这个课例是美术教师引导学生从科学的视角对作品进行分析的片段。

《吃土豆的人》是荷兰画家梵高的作品，当学生说到灯光昏暗时，我通过动画引导学生从科学角度研究光线的来源和投射方向，以及阴影的分布，思考这种光影效果如何增强画面的立体感和真实感。赏析《向日葵》这件作品时教师抛出了一个问题：这幅画历经了100多年的洗礼，颜色和画面会不会改变或者损伤呢？运用了什么手段进行考察呢？教师播放了一段荷兰梵高艺术馆工作人员运用高科技的仪器技术手段对梵高的作品进行考察和修复的画面，从而让学生懂得，正是科学技术手段的应用，才使得这幅画的色彩依然如新。分析色彩时教师从艺术角度使学生感受画面中鲜艳、浓烈的黄色，探讨这种色彩所传递的热情和生命力；也从科学角度讲述画家通过提高物体固有色的明度和纯度，运用柠檬黄、中黄、橙黄等色彩，营造出特别灿烂的感觉；还进一步引导学生了解色彩心理学的运用：探讨黄色在色彩心理学中的象征意义，以及梵高选择这种色彩来表现向日葵的科学性和合理性。（此案例片段由林秋伶老师提供。）

引导学生用科学的观察法去观察自然、生活和艺术，学生会看得更细、发现更多，视角更宽、思维更深，对于提高学生对事物的认知有很大帮助。

（二）以科学知识为载体促进学生深度理解

小学美术教材中不乏与科学学科相关联的内容，如《恐龙》《昆虫》《多姿多彩的塔》《千姿百态的桥》等，这些学习内容涉及自然科学、建筑科学等相关知识，如果仅从审美的角度让学生进行创作，即使画得再好看，发展的也只是技能，学生的思维仍然停留在浅层，无法提升学生对事物的认知水平。

这时教师可以大概念作为统领构建主题学习单元，比如，可以通过建构"生命与环境"的主题单元，引导学生理解动物的特征与环境息息相关。

以"生命与环境"为主题的学习单元就是比较典型的，基于大概念的科学与美术学科融合的教学实践。本单元以"动物的特征与环境"为大概念统领，旨在引导学生通过小组探究活动，发现不同动物的身体结构、特点、习性与生存环境密切相关。在本单元学习中，教师将生命科学的相关知识融入美术教学，单元学习内容选自美术教材《恐龙》《昆虫》《花羽毛的鸟》，单元学习内容为并列关系，以期通过艺术的形式，让学生更深入地理解生命现象和生物多样性。

《恐龙》一课中，教师设计完成恐龙科普绘本的学习任务，学习过程中教师设计了学习单引导学生深入理解恐龙的多样性和复杂性，如从恐龙食性的角度将恐龙玩具模型进行分类。学生借助相关学习资料以小组合作的方式分辨出食肉恐龙、食草恐龙、杂食恐龙。然后请学生根据食性特征观察恐龙的外形特征。在深入探究恐龙的生物学特征时，本课程环节特别强调了生命科学和物种进化理论的融合。进一步探究中，学生们通过观察恐龙模型，识别出除了基本结构之外的特征，例如翅膀、颈盾、角、骨板和盔甲等，并结合生命科学的知识，讨论这些特殊结构的功能，如用于攻击、捕猎或自我防御等，感受在漫长的时间长河中物种进化的神奇力量（见图3-49至图3-53）。（此案例片段由卫征老师提供。）

图 3-49 恐龙模型

图 3-50 将恐龙按食性进行分类

图 3-51 学习单

图 3-52 恐龙的身体组成

图 3-53 学生作品展示

"昆虫"主题单元三课学习内容分别为《美丽的蝴蝶》《勤劳的小蚂蚁》《神奇的昆虫》。本单元教师通过展示不同昆虫的图片以及作品，引导学生初步了解昆虫是地球上数量最多的动物群体，种类繁多、形态各异，踪迹几乎遍布世界的每个角落。为了帮助学生了解不同昆虫的生活习性及造型特征，教师设计了学习单。例如，《美丽的蝴蝶》一课，蝴蝶，这一地球上最为绚丽的昆虫之一，以独特的魅力和丰富的色彩吸引了无数的目光。其中，纤细的触角与翅膀上的色彩和图案中藏着什么奥秘呢？教师设计了相关学习单（见图 3-23）。

表 3-23　学习单

学习单（部分）				
多选（打√）	作用			
触角	嗅觉	装饰	触觉	听觉
翅膀	保护色	警告信号	吸引配偶	装饰

　　学生通过小组讨论，了解到蝴蝶的造型特征是自然选择和进化过程中为适应环境、满足生存需要逐渐形成的。教师通过探究学习引导学生感受自然界昆虫的奇特和美丽，激发学生的表现热情，培养学生的观察能力、记忆能力、想象能力、创新意识，以及热爱大自然的情感和探索大自然奥秘的兴趣。（此案例片段由王文慧老师提供。）

　　再如学校教师自主设计的《中国古建筑》单元，学习内容分别选自二、三年级美术学习内容《千姿百态的桥》《多姿多彩的塔》《颐和园》。教师通过引导学生学习古建筑，将建筑科学知识渗透其中，帮助学生进一步理解"中国古建筑是技术与艺术的完美融合"这一大概念，以此增强学生的文化自信，落实立德树人根本任务。

　　以单元第二课时《多姿多彩的塔》为例，教材的主图为应县木塔，这座古塔在审美和建筑技术上都有非常重要的历史价值。教师布置了课前学习任务：请学生查找相关资料并回答：这座古塔由什么材料建造而成？这座古塔历经900 多年依然屹立不倒，原因是什么？上述两个问题都聚焦于应县木塔的抗震特色建筑结构，学生通过课前搜集的图片和视频资料了解到，中国传统建筑的"斗拱和榫卯"建筑结构在抗震方面起着非常大的作用，当大风和外力作用时，构建之间产生一定的位移和摩擦，能够吸收和耗损能量，起到调整和变形的作用，组成了木塔建筑的柔韧性。了解了这一科学原理后，教师再引导学生从审美的角度对斗拱的造型进行赏析，学生了解了这些原理之后，再去欣赏斗拱就会理解线条之间的穿插是因为相互咬合，由此，当学生再去表现斗拱时，就不会仅将斗拱当成图案，而会对古代工匠非凡的智慧和精湛的工艺多一份崇敬之情，从而感受中国古建筑极高的审美价值与文化价值，对于民族文化和艺术的自信心和自豪感会由内生发。（此案例片段由田春娣、孔添乙老师提供。）

　　怀特海指出："教育的核心问题之一在于如何让学生借助树木来认识树

林。"跨学科的学习能够透过现象看本质，指向核心素养的深度落实，真正发挥教学的育人功能。

（三）以科技手段创新艺术表现形式

科技手段为艺术创作提供了新的表现手法和工具，如虚拟现实（VR）、增强现实（AR）、人工智能等，这些技术能够增强艺术作品的沉浸感和互动性，拓宽艺术创作的边界，使艺术作品更加多元化和个性化。

以音乐教师执教的 iPad 音乐课堂为例。本课通过 iPad 等新媒体新技术的融合，打破传统音乐课教师弹学生唱的模式，鼓励学生进行音乐创作。先从为歌曲做伴奏入手，使学生在玩中感知音乐创作的理论、感知音乐要素等，激发学生的学习兴趣。此外，学生可以选取喜欢的乐器，确定想要表现的速度等要素，编创音乐伴奏并及时展示；同时学生可以在曲调不变的情况下以小组合作的方式填入古诗词，进行创作演唱，激起他们的表演与创作欲望。iBook 的师生互动、信息化功能，很好地实现了课堂生成即时分享，有利于师生、生生评价。本节音乐课将交互式多媒体与音乐课相结合，授课班级是学校 iPad 互动课的实验班级，学生对于 iPad 的使用相当熟练，在音乐课上特别喜欢用音乐软件进行音乐创作。打破了传统音乐课教师弹琴学生唱歌的模式，按照学生的兴趣爱好，以小组合作的形式（有的做歌曲伴奏，有的唱歌）表演歌曲。这样就把主动权交给了学生，学生之间可以及时评价。（此案例片段由王珊珊老师提供。）

京剧课堂上教师以"科技 + 京剧""未来 + 传统"为主题，让学生创作自己的作品，在众多作品中选出"李白和小度"的对话，以此为灵感来编创京剧《少年梦》。在编创中，学生将 AI 技术应用于剧情设计和舞台呈现之中，AI 的应用不仅限于技术的模拟和再现，更在于对传统艺术形式的深度理解和创新。原创校园京剧《少年梦》不仅结合了学校的教育理念，在道具制作过程中也参考了学校历届学生科技节作品，最后确定了"葵园梦想号""科技梦、创未来"的主题。《少年梦》在故事剧情、演员服装、音乐效果、舞台道具等各方面都体现出科技元素（见图 3-54）。（此案例片段由陈艳丽老师提供）

图 3-54　京剧《少年梦》

在教学实践中，学校艺术教师积极探寻与科学学科的契合点，充分发挥不同学科的"育人合力"，通过建构大单元教学，凝练核心大观念，充分挖掘科学与艺术深度关联，引导学生在艺术学习过程中运用科学的方法去观察、运用科学的思维去分析、以科学严谨的态度去认知，激发他们的创造力、想象力，助力学生艺术核心素养的发展和提升。

案例　新课标背景下小学美术与科学跨学科的教学案例分析
——以《环保小屋》为例①

一、学习内容分析

能源与环境问题是一个复杂而又紧迫的全球性问题，它关系到人类的生存和发展。随着科学技术的进步，世界各地的建筑师纷纷尝试着进行环保建筑设计。环保建筑是指对环境无害、能充分利用环境和自然资源，并且在保持环境生态基本平衡的条件下建造的建筑。

环保建筑既凸显减少污染、保护环境的科学性，又强调人与自然和谐共生的设计理念。为使学生更好地了解环保建筑的内涵，掌握设计方法，本课选取了学生较为熟悉的代表性环保建筑——"水立方"进行探究学习，加强课程内容与学生已有经验、社会生活的联系，帮助学生理解环保建筑的造型、色彩、

---

① 本案例执笔人：吴佩佩。

用途、材料与环境之间的关系。

《义务教育艺术课程标准（2022年版）》第二学段强调"融入跨学科学习"，组织学生探究身边环境中存在的问题，综合运用不同学科的知识、技能和思维方式进行创作，提出解决环境问题的思路与方案，并进行展示与交流。《义务教育科学课程标准（2022年版）》中明确要求科学教学中需要设立跨学科的主题学习活动，加强课程的综合性和实践性，进而促进跨学科学习。

对标《义务教育艺术课程标准（2022年版）》与《义务教育科学课程标准（2022年版）》发现，两者都提到了"跨学科学习"。那么如何在学习过程中培养学生用跨学科思维解决复杂问题，提升综合研究的能力？笔者以人美版四年级美术下册《环保小屋》教学实践为例，浅析在新课标背景下开展小学美术与科学跨学科教学的实践探究。

二、学习目标设定

（1）了解"实用与美观相结合"的设计原则，学习设计制作立体建筑模型的方法。

（2）能用多种媒材设计制作一个立体环保的建筑模型。

（3）培养学生的环保意识，学生能够自主参与到人与自然和谐共生的行动中，成为生态小公民，落实立德树人的根本任务。

三、学习过程展开

《环保小屋》在美术学习中属于"设计·应用"学习领域的课程，笔者将《环保小屋》分为2课时进行教学，第1课时重点引导学生通过对比观察的方法了解环保建筑的内涵。学生根据身边生态环境，结合所学的美术和科学相关知识，为所在学校设计一幅环保建筑手绘草图，提高学生分析、归纳、整理的能力。第2课时则以小组合作的形式，学生通过探究、实践和推介，为所设计的环保建筑选择合适的媒材并创作成立体模型，提高学生的科学探究能力和动手实践能力，提高对生态环境的关注，体会设计能改善和美化我们的生活。

（一）创设情境，引出问题

课堂伊始，教师为学生创设情境。我校地处中关村自主创新高科技园区，秉承"科学启智，教育立身"的校训，与新中国一起诞生，共同成长。随着办学规模的不断扩大、在校师生的不断增长，节能环保迫在眉睫。学生既是学校的小主人，也是学校的建设者，请学生化身"环保设计师"，为校园设计一个环保建筑方案，共同打造低碳环保、健康舒适的绿色校园。

以生活现实为素材创设直观情境进行导入，可以引发学生对学校的热爱之情，激发学生积极的学习欲望，主动参与对知识的探索、发现和认识。

（二）探索交流，构建概念

"环保"是一个科学概念，在科学领域是较为常见的内容。探究何为环保建筑是本节课学习的重要内容之一，为所设计的环保小屋选用合理的材料制作模型，践行低碳生活方式是本课的学习难点。

1. 聚焦奥运场馆，掌握环保设计方法

教师通过视频、图片向学生介绍北京是世界上首座"双奥之城"，奥运场馆除了拥有各式各样造型的美，还体现了我国的创新能力和科技水平。其中，国家游泳中心"水立方"在2022年冬奥会变身为"冰立方"，成为冰壶比赛项目的场馆，也是全球唯一拥有智能化泳池转换冰场技术的智慧环保场馆。教学片段如下：

师：同学们，你们想不想知道"冰立方"是如何变身的呢？我们可以通过哪些方法去探究？

生1：我们可以利用网络搜集相关信息。

生2：我们可以向"冰立方"场馆工作人员连线咨询。

生3：我们想要了解滴水成冰的科学原理，并进行实验验证。

师：我们从中能够学习到哪些科学环保的设计方法呢？

引导学生以小组为单位，选择不同的探究方式了解"冰立方"实现建筑材料重复利用的方法。通过交流讨论，最终归纳总结出"冰立方"为实现环保功能，主要在节约资源方面选用了很多科技手段，例如，升级智能建筑管理系统、增加膜结构降低热耗、更换节水型器具、进行机电系统变频改造、新建可视化能源管控中心来实现减少资源的浪费。

2. 增强环保意识，构建环保新概念

在小组合作探究的基础上，教师引导学生增强绿色环保的意识，进而帮助学生构建"环保建筑"的概念。环保建筑包含以下三个方面：第一方面是节约资源，减少对资源的浪费，包括节水、节电、节能、节材等；第二方面是保护环境，减少对环境的污染，减少二氧化碳的排放；第三方面是满足需求，搭建健康、适用、高效的建筑空间，与自然和谐共生。增强学生在设计建筑时通过环保的设计方法及材料的合理使用，实现节能减排的意识。小组合作为校园设计一个环保建筑方案，并绘制相关设计草图（见图3-55、图3-56）。

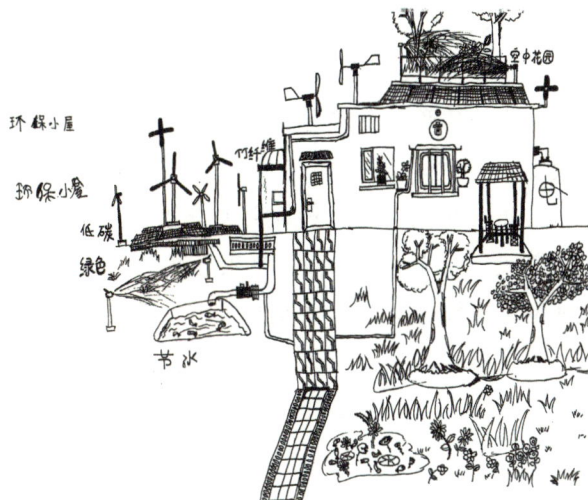

图 3-55　学生手绘环保建筑设计图（1）

图 3-56　学生手绘环保建筑设计图（2）

　　对学生日常生活中较为熟悉的优秀环保建筑进行案例分析，以落实学科素养为核心，设计多样化的教学活动，帮助学生在跨学科学习实践基础上建构新的知识体系，让学生在跨学科实践中能汲取多个学科的知识和技能，培养问题探究的意识和能力。

（三）巩固应用，内化提高

我校学生思维开阔、想象力丰富，让学生用手绘草图表现设计构思并不难，但如何能让学生为校园设计的环保建筑成为可行性方案？除了遵循科学的设计理念，还需要选择合适的环保建筑材料，在实现美观的同时兼具实用功能。这一过程具有实践性和挑战性，教师要充分信任学生，通过让学生分工合作、不断试错、完善设计的教学活动，"挤压"学生思维，围绕设计方案共同讨论选材与立体模型实践操作，帮助学生提升美术和科学学科核心素养。学生通过汇报、探究，总结出可以依据所设计的环保建筑的特性、造型、色彩选择相应的环保材料进行创作（见图3-57、图3-58）。

图 3-57　学生合作设计环保建筑模型（1）　图 3-58　学生合作设计环保建筑模型（2）

培养学生从不同角度思考问题的能力，巩固本课所学到的科学知识和美育意识。解决本课难点，激发学生创作欲望，促进设计意识、环保意识、创新思维能力的形成。

（四）多元评价，反思提升

第一，要对实践过程中的各个环节进行评价。对于交流合作、方案设计、成果展示等活动过程给予科学的评价。第二，要采取多种形式进行评价，应将过程性评价与结果性评价相结合，还可以采用学生互评、网络平台进行评价等。第三，评价主体要多元化，可以是教师、学生、家长及社会人员。

注重考察学生的多方面能力、兴趣和潜能，有助于促进学生的个性化发展，能够更好地体现学生的个性特点，减少对学生能力的片面评判，促进教育公平。

四、案例反思

《环保小屋》作为跨学科教学的实例，探讨了新课标下小学美术与科学跨学科融合的实践过程。通过情境导入、探究交流、巩固应用、多元评价等环节的深入探究，本案例揭示了如何有效地激发学生对科学和艺术的兴趣，培养创新思维，提升核心素养。学生在加深环保理念的同时，体验了科学性思维在艺术创作中的应用，使得艺术有了科学的质感，也使得科学有了艺术的美感。在日后的美术教学中，教师要继续探索跨学科教学的路径，为学生的学习与成长提供更多的可能性。

七、以科学之智　践劳动之真

人类发展与劳动和科技的关系是密不可分的，它们相互作用、相互促进，共同推动了人类社会的进步。从古到今，科技解放劳动，劳动推动科技创新，科技和劳动的结合产生了新的生产方式和经济模式，从而帮助人类不断迈入日新月异的未来。

新时代，教师需要充分重视劳动教育与科学教育的融合价值，将劳动教育作为科学教育开展的重要载体，培养能担时代大任的合格建设者和接班人。学校着力探索劳动课程与科学教育有机融合的实施路径，积极构建以科学为引领的劳动课程体系，将劳动课程作为促进学生全面发展、不断自我完善的重要途径，引导学生在劳动和自我之间建立关联，帮助学生在劳动实践中发现自我、塑造自我、完善自我，并且享受劳动快乐，形成热爱劳动的态度，掌握基本的劳动技能，发展学生创造性劳动的潜质。

具体来说，劳动学科与科学学科的融合主要通过以下三种途径。

（一）在真实的劳动情境中学习并运用科学知识

我们认为，想要使学生爱上科学、学懂科学，科学知识就不能只是书本中枯燥的结论，而应该和学生的日常生活产生链接，让学生在真实的生活情境中学习并运用科学知识及技能，拉近学生与科学的距离。而劳动来源于生活，与学生日常生活的关系最为紧密。因此，创设劳动情境，挖掘劳动教育中的科学教育契机，就成为值得我们探索与尝试的一条有益路径。

2011年学校在明德楼的楼顶上，开辟了一座面积为120平方米的空中小农庄。空中小农庄最大的特点是充分利用现代科学技术，与农业生产新技术、新模式结合起来。其中有多套能对植物种植进行智能化、精准化管理的深液流栽培系统。依托深液流栽培系统，我们开设了相关主题课程。

"探秘深液流系统"主题学习

本主题教学重在引导学生认识学校空中小农庄中具有高科技含量的种植设备——深液流栽培系统，带领学生参与创新性劳动——利用深液流系统水培生菜，丰富学生的种植实践经验，引导学生感受技术发展对农业生产的促进作用。

活动一：实地观察，初识深液流系统。

教师带领学生来到空中小农庄实地观察深液流系统。学生发现深夜流系统共有三层，有效增加了种植的空间；第一层和第二层的上面安装有灯带，能够为植物进行人工补光，提供植物最需要的光照。每层都覆盖定植板，上面有许多定植孔，可以把植物种在定植孔里。定植板下面是栽培槽，里面储存营养液，为根的生长提供了空间和养分。最下面还有营养液槽，里面储存着营养液，通过管道把营养液输送到各层，为植物生长提供充足的水和营养。通过实地观察，学生对于深液流系统的各组成部分有了初步的直观感知。

活动二：对比发现，认识种植工具。

在认识深液流系统的基础上，教师创设将普通水培的工具、方法与深液流水培的工具和方法进行对比的小实验，设计三个关键问题，引导学生发现深液流系统中种植工具的使用要领。

关键问题一：在家中进行普通水培时，可以直接把小苗放进花瓶里。但利用深液流系统水培时，可以直接把苗放进去吗？

学生通过观察发现，如果没有定植板，直接把苗放进栽培槽中，小苗会浸在营养液里或者沉下去，这样小苗将因为缺少氧气而不能成活。有了泡沫制成的材质轻巧的定植板，就能帮助小苗浮起来。

关键问题二：把小苗直接放进定植板的定植孔中，是不是就可以了？

学生再次仔细观察定植板，发现其中的定植孔比较大，如果直接把小苗放进去，小苗还是会全部浸在营养液中。

关键问题三：什么工具能够让小苗的根浸在营养液里？

学生在工具盒中找到了海绵，海绵松软有弹性，中间可以打开。用海绵包住苗的茎部，再放入定植孔中，这样既能保护植物娇嫩的茎，还可以把苗固定在定植孔中，防止倾倒。

在此活动中，学生层层深入，发现普通水培植物与利用深液流系统水培植物的异同，并且认识到定植板、海绵的重要作用，为后续的实践操作奠定了基础。

活动三：实践操作，学习移栽方法。

首先，为了提升学生的探究兴趣，教师故意打乱移栽的四个步骤：洗根、夹茎、栽种、检查。请学生根据已有的种植经验，讨论移栽的正确顺序，这一环节也是在引导学生探究种植步骤，自主制订种植方案。

其次，教师根据正确步骤细致示范种植方法，并提示种植要点。

最后，小组同学合作移栽生菜，亲自操作体验。

活动四：分享感受，形成劳动品质。

种植后请学生谈一谈劳动心得，体会科学进步对农业种植方式的改变——使种植更加清洁、安全、高效、创新。同时，学生也真切地认识到劳动成果来之不易，劳动创造美好生活。

（案例提供者：姚慧玥）

在这个案例中，充分利用学生很感兴趣的学校特色科技种植资源——深液流栽培系统，引导学生对其中水培生菜的真实问题进行探究。学习中关注学生的起点，链接学生原有的种植相关科学知识，例如，植物的生长离不开阳光、水、营养，并将学生原有的科学知识技能迁移至新技术设备——深液流系统的应用，由此感知科技种植技术的发展是在遵循植物生长规律的前提下进行的，深液流系统如同一个更加智能的"大花瓶"。

（二）以科学的思维方式赋能劳动课堂

《义务教育劳动课程标准（2022年版）》中的总目标指出："能从目标和任务出发，系统分析可利用的劳动资源和约束条件，制定具体的劳动方案，发展初步的筹划思维，发展基本的设计能力……能综合运用多学科知识和多方面经验解决劳动中出现的问题，发展创造性劳动的能力。"由此可见，劳动教育不能仅停留于体力劳动的出力流汗，而应在劳动的过程中发展思维，特别是发展学生创造性劳动的思维及能力，这就提醒我们在劳动课堂中既要引导学生劳动，更要体现劳动活动的教育性。引导学生从科学的视角看待劳动，在劳动中动脑思考，感受劳动中蕴含的无限智慧。

学校开展科学家大咖课程，每周聘请各科研院所的科学家走进课堂。学校在科学家课程中专设"科学家劳动课"板块，从日常生活中的劳动现象入手，引导学生发现其中的科学原理，了解该项科学技术的最新发展成就和顶尖科学家，并最终由科学回归生活，学习更加高效高质地开展劳动活动的方法。例如，中科院生态环境研究中心的科学家带领学生学习"想象不到的水"系列课程，在课堂中引导学生了解水与生活的方方面面的关系，感知水的珍贵，体会人与环境的密不可分。课后在世界水观测日，科学家和学生一起走出校园，开展"走水行动"，编制身边的水地图，调查身边的水资源数据，并制作节水宣传画、宣传品，在学校升旗仪式和社区活动中对全体学生、社区居民发出倡议，呼吁大家共同行动，节约用水。

此外，学校还和周边社区开展协同劳动教育，在学雷锋日带领学生走进社区一起打理小区中的"秘密花园"。同学们分工明确，各司其职，捡拾垃圾，收集枯枝枯叶，将小花圃的土地整理平整。并在志愿服务的过程中领略社区花园的"科技味"：认识社区中促进自然生态循环的雨水收集系统，以枯枝叶和垃圾为原料的堆肥箱等，充分感受科学技术对环境保护的促进作用。

（三）运用科学方法开展劳动实践

科学的方法能够提高劳动效率、保证劳动质量、降低劳动风险、促进可持续发展、提升劳动者素养。面对劳动实践任务，引导学生全面思考，采用科学方式方法进行实践。在实践中，诸如明确目标、搜集信息、制订计划、实践设计、实施计划、数据分析、评价结果、反馈调整、记录报告、持续改进等都是学生需要在个人及团队劳动实践中逐步掌握并应用的科学方法。在具体实践中，还有观察法、实验法、调查法、统计分析等对照不同情境和问题可采用的科学方法。

"一起守护绿水青山——湿地植物医生职业体验项目"是学校大中小一体化职业劳动实践走进翠湖湿地开展的绿色环保专项行动。中国农业大学学生志愿者引领中关村校区观鸟社团的高年级学生、科学城分校二年级小同学一起走进湿地、走近湿地植物，化身植物医生，去学习、去实践、去守护……项目开始前，学生搜集资料，了解湿地植物种类、植物特性、植物品质、易感病害等，储备一定职业知识；植物医生岗前培训，通过知识讲座让学生初步了解植物医生的工作内容，能够简单区分食叶害虫、刺吸害虫、钻蛀害虫、植物病害等植物生病的现象，并掌握给植物诊病中，望闻问切、健康调理、源头治理、对症下药的基本技能，为实地操作储备科学方法。培训结束，学生们走近植物，寻找需要帮助的植物，在大学生哥哥姐姐的指导下，运用对比观察、对症下药等科学方法帮助植物缓解"病痛"、恢复健康活力。整个实践过程，学生们也深深体会到，学以致用、不懂就问、敢于求助都是实践中最根本且有效的方式方法。

（案例提供者：张智勇）

我校劳动课的开展有效提升了学生的劳动素养。针对 653 名学生的调查发现，97.55% 的学生认为小学生应该参与劳动。参与劳动的理由中，选择"喜欢劳动"一项的人数最多，占被调查人数的 82.85%。对于劳动价值的认识方面，91.27% 的学生认为"提升自主能力，使我们更好地生活"；83.31% 的学生认为"提高劳动技能，对今后的工作和生活都有帮助"；79.63% 的学生认为"帮助我们感受劳动者的辛勤不易，使我们尊重劳动者"。调查还发现，所有学生都能参与劳动实践，学生主要参与的劳动项目有班级值日、整理自己的物品、主动捡起垃圾等校内自觉劳动等。由此可见，学生的劳动观念、劳动能力、劳动习惯等均有提升。

以上实践启发我们，在劳动课程中，充分挖掘其中的科学教育内涵，促使劳动教育与科学教育相互渗透融合，在劳动课程中学科学、用科学，以科学的思维开设劳动课程，既是创新劳动课程的有效途径，同时也为更好地开展科学教育拓展了思路。

案例 1　创设生态劳动项目，自然渗透科学知识的学习与运用："小小试验田"案例[①]

一、学习内容分析

一直以来，我校将劳动教育的工作重点定位于"科学＋劳动"，健全劳动教育基本制度，其中之一就是创设校园劳动志愿岗。校园劳动志愿岗的所有岗位均由学生自主创设，即学生主动发现校园中需要清洁养护的公共区域和设施，以班级为单位自愿申报，填写岗位申报表，明确参与志愿岗位的负责人、人员分工、服务时间和岗位职责，有计划地开展为期一学期的校园志愿劳动服务。志愿岗的劳动内容既有学生日常熟悉的清洁卫生、整理收纳等基本的劳动活动，还包括学生感兴趣的农业生产劳动、现代服务业劳动等，为学生体验多

[①] 本案例执笔人：姚慧玥。

元的劳动活动提供了契机，为学生进行真实的劳动实践留出时间、创造机会、搭建平台。

在劳动志愿岗的组织实施中，我们发现"校园花坛种植"这一活动最受学生喜爱，学生在参与生态种植劳动的过程中，学习、运用科学、数学等跨学科知识技能，从做中学、在学中做，培养动手操作能力，养成良好的劳动习惯，更重要的是这样的充满吸引力的劳动实践充分激发了学生热爱自然、珍爱生命、热爱劳动的科学态度，引领学生走出校园，走进更广阔的科学探究世界。

二、学习目标

（1）学生小组分工合作，共同制订植物养护计划，根据计划维护校园公共花坛。培养学生热爱自然、珍爱生命、热爱劳动的态度，增强坚持劳动的责任心。

（2）学习并运用植物、土壤等科学学科知识及行数计算等数学学科知识，解决花坛种植中的实际问题。

三、学习过程

二年级的学生发现学校一、二年级两栋教学楼之间的花坛一直是空荡荡的，于是通过校园劳动志愿岗自主申请了这个区域花坛的种植和管理工作，即"小小试验田"。当学生成功申请志愿岗后，发现"种什么"和"怎么种"是必须思考并解决的问题。学生们对花坛的种植都特别感兴趣，在班主任兼数学老师赵老师的指导下，开始尝试设计花坛种植方案。

学生在一年级上学期的科学课中，通过对植物单元的学习，对身边植物种子的种植、植物生长有了一定的认识；在本学期的《土壤》一课中，对土壤及土壤中生活的动植物进行细致的观察、记录，奠定了科学种植的基础。在实际观察中学生发现，这块花坛位于两座教学楼的中间，阳光常被遮挡，因此要种植喜阴植物。为了挑选适宜的植物，擅长种植的家长志愿者也加入进来，和孩子们共同讨论。同时，本学期学生在数学学科中学习的长度单位、100 以内的加法和减法、表内乘法等数学知识，恰好能应用于计算花坛中植物种植的行数、每行适宜的种植棵数等实际问题。

学生逐步修改完善方案，最终形成了涉及植物种植棵数计算、光照和土壤分析、植物习性和日常养护的研究报告，并根据计划分工合作，有条不紊地管理着那块小小的试验田。

当然，在管理试验田的过程中，学生们也品尝着种植过程中的酸甜苦辣，有一次，大风将已经搭好的番茄架和番茄藤吹断了，学生们为此伤心了好几天，由此对劳动成果倍加珍惜。其他同学对花坛中种植的植物也很感兴趣，每当下课时，总有不少学生围在花坛周围，此时，花坛负责人就化身为小小讲解员，充满自豪地向周围同学介绍植物的特点、养护的注意要领。

正是因为在校园劳动志愿岗活动中培养出的对于植物的喜爱，对于种植的好奇，同学们将视野延展至课外，为此，我们继续开展校内外种植活动的衔接与迁移，校家社多方协同联动，逐步形成分层次、有宽度、增深度的跨学科生态种植项目群活动（见表3-24）。

表3-24　"校园花坛种植"项目群活动内容

项目任务	项目成果	项目内容	与科学教育融合点
阶段一：传统土培农业种植	校园花坛种植	1. 开辟校园花坛，设置校园劳动志愿岗，班级自主认领并管理相应区域的花坛。 2. 利用数学课、科学课、班会课等时间，学习种植知识，认识简单的种植工具和使用方法。 3. 在班主任、数学教师、科学教师、擅长种植的家长志愿者以及中国农业大学种植专家等指导下，开展调查、测量、计算等活动，制定种植方案，进行长期、连续的种植实践，形成种植研究报告及主题汇报——《家门口的小菜园》	1. 利用数学知识长度单位、100以内加减法、表内乘法计算花坛面积、适宜栽种行数及棵数；利用科学知识观察土壤和植物。 2. 家长志愿者和中国农业大学师生定期入校实地指导学生花坛种植，指导学生学习并实践移栽、浇水、施肥、覆膜等种植技能；中国农业大学师生进校开设农业专题课程《种子》《种艺画》《花的结构》《农用酵素》等，激发学生对种植的喜爱，丰富学生对于植物、种植的理解与认识，拓展种植技能
阶段二：科技赋能农业种植	校内空中小农庄科技种植	1. 走进学校空中小农庄，认识深液流栽培系统，了解深液流系统主要组成部分及其对植物生长的作用；认识水培必需的工具，了解定植板、海绵、种植位置等的作用。 2. 利用问题情境、对比实验引导学生思考如何只让小苗的根浸在营养液中，如何保护小苗娇嫩的茎，如何使小苗未来也能苗壮成长等移栽中的关键问题，探究移栽生菜的方法。 3. 进行种植实践操作，在教师示范、指导下学习移栽的方法，小组合作移栽生菜。 4. 定期进行生菜的养护，收获生菜，感受种植的乐趣和成就感	学生将已有花坛土培种植经验、家中简单水培经验，迁移应用于深夜流水培系统的学习，认识到深夜流水培系统如同一个更智能、功能更强大的大花瓶，利用深夜流系统水培同样需要考虑植物生长的规律和基本要素。在此基础上自主探究种植步骤及方案，提升探究实践能力，并感受技术发展对农业生产的促进作用

续表

项目任务	项目成果	项目内容	与科学教育融合点
阶段三：种植综合实践活动	家庭种植实践活动	分年段开展多样的种植实践活动，拓展、延伸劳动实践，开展综合性的学农实践活动。 1. 低年段（一、二年级） 选择一种常见的水培或土培植物，与家长一起进行种植与养护，制作植物名片，定期观察并拍照记录植物变化。 2. 中年段（三、四年级） 选择一种常见的植物，如向日葵、番茄、多肉植物等进行种植和养护，体验种植的一般过程与方法；查找资料，深入了解此植物并走进种植基地、科研院所等了解现代科技对农业发展的作用；采用图文并茂的方式介绍该植物。 3. 高年段（五、六年级） 尝试独立种植一种常见的植物，并坚持观察、养护，初步掌握种植的基本方法；利用废旧物品，动手制作种植容器；查找资料，了解太空种植、空中结薯等新型农业。在此基础上发挥想象，设计一项未来种植技术，画出设计图，并附文字或视频介绍	1. 学生将在学校中学习的劳动、科学知识与技能在家庭种植中实际应用，长期种植并观察一种常见植物，切实提升植物种植与养护能力。 2. 在此基础上，学生走进社区、种植基地、科研院所等，如在社区一米花园中捡拾垃圾、收集枯叶、认识自然生态堆肥箱；参观中国农业大学科技种植大棚、实验室等，丰富对于植物、种植、农业的认识，了解新型农业种植技术，感受科技型农业的前沿
阶段四：农业基地新型种植	校外基地参观实践	带领学生走进农业基地，参与学农综合实践活动，感受农耕文化，体验现代科技，培育学生的爱农情怀。主要活动包括： 1. 盆栽莴笋苗，学习秋播农作物具体种植的方式方法，并向农业专家请教种植专业问题，学习种植的知识技能。 2. 观察、捆扎京西稻，亲身经历农业种植的辛苦，珍惜现在的好时光。 3. 参观科技种植草莓大棚室，近距离感受科技种植设备，体会科学技术进步对农业发展的促进作用	活动前，通过学习单调研学生已有种植经验及期待学习的内容，引导学生制订本次校外学农活动的计划；活动中，引导学生认识植物、了解科技种植技术并学习新的种植方法，并记录在学习单中；活动后，鼓励学生记录学农感受、活动中的困惑和想进一步研究的问题，并观察养护种植的莴笋，填写观察记录。此次基地学农活动链接学生已有的种植经验和科学知识，将原有知识技能迁移至实地观察、操作。在学农实践、出力流汗中引导学生理解劳动的辛苦、感受新技术的应用

四、案例反思

"花坛种植"这个实际问题，打通了学生科学学习与劳动、科学学习与生活的通道，学生一边在课堂上学习科学等多学科知识，一边在花坛种植中实践应用。正是"花坛种植"志愿岗这个真实的生态劳动情境，让抽象的科学知识变得具体生动。学生在劳动中，将复杂的种植任务进行逐层分解，培养建模能力；在计算中深入理解加法与乘法的意义，提升运算能力；在实际测量中发展量感；在亲身劳动中细致观察土壤、植物，认识土壤和植物的特性，感受大自然的生机与美好，提升了养护植物的能力，增强了保护植物、爱护环境的意识。

校园劳动志愿岗的创设丰富了校内劳动实践形式，为学生提供了亲身经历真实情境、完整体验多种形式的劳动实践提供了契机，激发了学生劳动的主动性、积极性和创造性。今后的劳动教育实践中，我们将持续对科学教学内容进行创造性转化，引导学生在真实的问题情境中发现问题、解决问题，使我们的科学教育及劳动教育更贴近生活、更贴近学生、更贴近学习的本质。

案例2　《植物拓染》：指向于科学思维发展的劳动课堂 [①]

一、学习内容分析

《义务教育劳动课程标准（2022年版）》强调引导学生从现实生活的真实需求出发，亲历情境、亲手操作、亲身体验，经历完整的劳动实践过程。植物拓染劳动课以设计帆布包图案为情境导入，符合这一要求。学生在课程中通过设计、制作、试验、探究等方式，习得劳动知识与技能，感悟劳动价值，培育劳动精神。例如，认识植物拓染的历史，了解其独特艺术特征，掌握制作工具和步骤，感受应用并拓展思考，这些环节都体现了课标对学生综合能力培养的要求。

从学情方面分析，五年级的学生绝大多数没有接触植物拓染，他们具有强烈的好奇心和探索欲望。植物拓染劳动课以其独特的艺术形式和实践操作性，能极大地吸引学生。课程从观察拓染作品开始，激发学生兴趣，符合小学生从感性认识逐步深入的认知特点。在学习过程中，学生通过亲手操作，如尝试拓染、小组合作探究等活动，提高动手能力和团队合作能力。此外，小学生对新鲜事物充满热情，植物拓染劳动课融入科技因素，能满足学生对科技的好奇，拓宽知识领域。课程还注重培养学生积极探索、追求创新的精神，符合小学生活跃的思维特点，为他们提供了发挥创造力的空间，有助于提高审美能力和对传统文化的热爱，增强文化自信。

二、学习目标

（1）学生了解植物拓染的特点与制作流程，认识制作工具，能独立完成拓染作品制作。

（2）培养学生的综合思维能力。

①问题解决思维：引导学生在面对拓染问题时分析原因、提出假设并实践验证，通过评价反思提升问题解决能力。

②逻辑思维：从观察作品到猜测制作、实证检验，再到小组合作交流，逐步培养学生的逻辑分析与判断能力。

③创新思维：在设计图案、制作及拓展应用中，鼓励学生大胆设想，提出

———————

[①] 本案例执笔人：宋严丽。

独特方法和尝试不同组合，培养创新能力。

（3）培养学生对传统文化的热爱与传承意识，激发劳动和科学精神，体会劳动价值。

三、学习过程

在小学教育中，培养学生的科学思维能力是关键目标之一。小学劳动课程标准明确指出要注重问题解决思维、创新思维、逻辑思维的培养，而植物拓染劳动课的教学设计在多个环节中充分体现了这些科学思维的培养，为学生的全面发展奠定了坚实基础。

（一）情境导入，激发兴趣：思维的萌动

教师以"葵园银行"纪念版帆布包设计图案这一富有生活气息的任务为切入点，开启了植物拓染的教学之旅。这一情境创设瞬间抓住了学生的好奇心与参与热情，使他们的思维开始活跃起来，积极思考如何使帆布包的图案既美观又独特，植物拓染这一概念也随之初步印入他们的脑海。

此环节虽未直接涉及深度思维训练，却成功地激发了学生的内在动力。他们可能会从自身的生活经验、审美喜好出发，构思各种可能的图案样式，这其中就蕴含着创新思维的萌芽。例如，有的学生可能会想到将自己喜爱的花卉图案通过拓染呈现，而有的则可能大胆设想将不同植物元素组合，构建出一个充满奇幻色彩的画面。这种对未知设计的畅想，为后续深入的思维培养奠定了积极的情感基础，让学生从被动的知识接受者逐渐转变为主动的探索者。

（二）初识拓染，了解历史：逻辑思维的奠基

教师展示精美的植物拓染作品，学生们的目光被深深吸引。在观察过程中，学生的逻辑思维开始发挥作用。他们仔细审视作品的色彩、纹理、形状等细节，尝试分析这些元素背后的成因与规律。比如，学生们会思考为何某些植物拓染后呈现出鲜艳的色彩，而有些则较为暗淡；为何有的纹理清晰可辨，有的却略显模糊。这一系列的思考促使学生运用已有的知识经验，进行逻辑推理与判断，从而初步构建起对植物拓染作品的理性认知。

（三）认识工具，明确步骤：问题解决思维与逻辑思维的进阶

教师将植物拓染所需的材料与工具一一呈现，引导学生对制作过程进行猜测。这一环节激发了学生的逻辑思维，他们依据之前对拓染作品的观察以及生活中的经验常识，对制作流程进行大胆推测。然而，现场敲击试验环节中关于"为何要贴宽胶带"的问题，却给学生们带来了挑战，同时也成为培养问题解

决思维的关键契机。

学生们在试验中会遇到各种问题，如胶带粘贴不牢导致植物移位，从而使拓染图案模糊不清；或者胶带粘贴不够服帖，胶带和叶片间有气泡，导致着色不均等。面对这些问题，学生们不得不主动思考解决方案。他们通过不断调整胶带的粘贴方式、力度，观察试验结果，逐步领悟到宽胶带在拓染过程中的重要作用——覆盖固定植物，确保在敲击过程中植物能够稳定地与布料接触，从而使色素均匀地渗透到布料上。这个过程就是典型的问题解决思维的体现，学生们从发现问题、分析问题到最终解决问题，在实践中积累了宝贵的经验。

接下来，根据试验结果调整板书并明确拓染步骤，以及观看制作视频的环节，则进一步帮助学生梳理和完善了逻辑思维。他们将零散的试验经验与系统的制作流程相结合，形成了一套清晰、有序的操作指南，这使得学生能够有条不紊地进行植物拓染制作。

（四）体验拓染，探究方法：创新思维与问题解决思维的深化

学生们满怀期待地开始初次植物拓染实践，然而，实际操作中却遇到了诸多困难。例如，拓染的叶子颜色不够鲜艳、图案不够清晰完整，甚至出现部分图案缺失的情况。这些问题激发了学生们强烈的问题解决思维，他们迅速进入思考与探索状态。

在小组合作探究中，创新思维开始大放异彩。为了使叶子拓染得更加清晰完整，学生们积极尝试各种新方法。有的小组提出调整敲击力度和节奏，他们不再局限于单一的敲击方式，而是尝试从轻敲到重敲、从慢敲到快敲的不同组合，观察哪种方式能够使植物色素更好地渗透到布料上，同时又不会破坏植物的形态结构。这是对传统敲击方法的创新突破，体现了学生们敢于尝试、勇于创新的精神。

在总结注意事项环节，学生们运用逻辑思维对实践中的经验教训进行归纳整理。他们将各种影响拓染效果的因素，如植物的种类、新鲜程度、敲击力度、胶带固定方式等进行分类总结，形成一套具有普遍性和指导性的操作要点。这不仅有助于他们在再次拓染时避免犯同样的错误，更重要的是培养了他们从具体实践中抽象出一般规律的逻辑思维能力，为今后解决类似问题提供了有效的思维模式。

（五）感受应用，拓展延伸：创新思维与逻辑思维的升华

小组合作完成帆布包拓染图案设计制作环节，为学生们提供了一个广阔的

创新实践平台。在这个过程中,学生们充分发挥创新思维,将植物拓染与帆布包的设计需求相结合,创作出一个个独具特色的作品。如,在图案设计方面,学生们突破了传统的思维定式,大胆引入创意主题。他们不再仅仅局限于简单地拓染单个植物图案,而是尝试将多个植物图案进行巧妙组合努力创造出富有层次感的复合图案。

而当教师引导学生思考植物拓染技艺在其他纺织物上的应用时,学生们的逻辑思维再次得到升华。当思考拓染还能用在哪些纺织物上时,学生根据帆布包的拓染经验去推理,这是逻辑思维在帮忙。这样学生就能明白传统拓染技艺在现代生活里要传承就得与时俱进,让逻辑思维上升到一个新的高度。

四、案例反思

综上所述,《植物拓染》劳动课的教学设计通过情境创设、知识传授、实践探究、拓展应用和学习评价等环节,力求助力学生科学思维的发展。在问题解决思维方面,学生通过面对实际问题、分析问题、提出假设并验证假设,掌握了解决问题的方法;在创新思维方面,学生在设计图案、猜测制作过程和拓展应用中充分发挥想象力和创造力;在逻辑思维方面,学生通过观察、推理、实证和小组合作等活动,培养了理性思考和有条理表达的能力。

但同时,也有一些待改进之处。在教学过程中,可进一步优化环节设置,提高学生参与度和思维深度,更好地为学生的未来发展奠定基础。例如,可以进一步丰富实践环节内容,提供更多样的植物材料和工具,鼓励学生大胆尝试更多的组合和技巧,如混合不同颜色的植物进行拓染等。再如,在教学中教师可以进一步引导学生更系统地总结问题解决的策略,以便在今后遇到类似问题时能有效应对。

案例 3 科学方法赋能劳动课堂:《上春"山"——走进山药的种植》[①]

一、学习内容分析

学校食堂常常会烹饪一道道以山药为原材料的食物,午餐观察员们发现,每每有山药的菜品出现,当天的浪费数量就会攀升,很多同学不爱吃山药,到底该怎么办呢?当我们排斥一样事物,却被一再强加时,那效果一定不好。基

———————
① 本案例执笔人:张智勇。

于问题，通过一堂有趣的课，带着孩子们去"遇见"山药，"春风化雨、润物无声"，或许会收获意想不到的效果。

以孩子们耳熟能详的歌曲《上春山》为切入点，引入课题，遇见美乐；以亲子采购烹饪共品为课前任务，初识山药，遇见美食；以绘本的形式了解山药生长过程，趣识山药，遇见美图（见图3-59）；以"山药选品会"情境为深入探究平台，广识山药，遇见美味；以农业专家的讲解为了解山药发展历程的载体，遇见美好……通过一步一步非常自然的引导，让孩子自己去遇见、去发现山药的美好，不只爱上山药，还有了种植山药、陪山药一起生长的热情，于是埋下一颗小小的山药豆，从此陪伴它一起长大。过程中，悄悄传递"和"的思想，人与自然和谐共生、人与作物互助促进、人与人合作共赢……

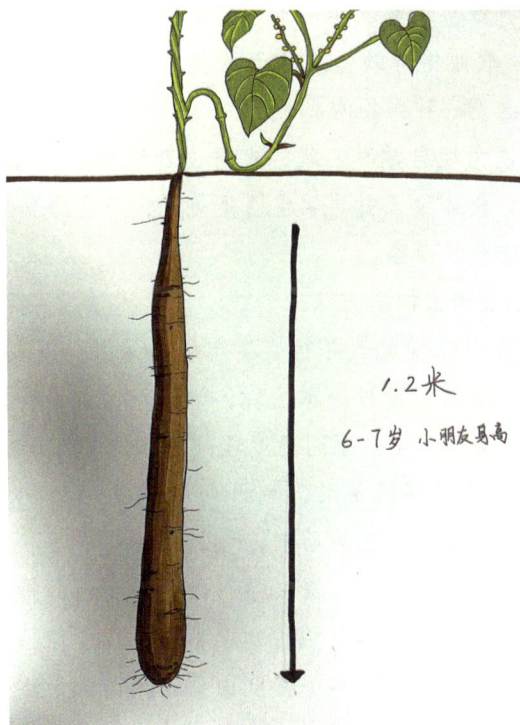

图3-59　以绘本形式展示山药特点

二、学习目标

（1）劳动观念：在情境创设实践中理解人与物都需互助成长；了解山药的历史、发展并参与相关实践活动，逐步建立"劳动＋科技"促进物种进步的认识，进一步建立辛勤劳动和科技进步推动社会发展、创造美好生活的理念。

（2）劳动能力：将已有知识和技能在生活中运用，学习观察比较商品配料表，在生活实践和种植实践中领悟劳动的作用和科技的意义。

（3）劳动习惯和品质：合理分工协作，完成实践任务；借助对圆的理解，运用废旧材料制作实践工具，养成节约环保习惯；规范使用工具进行育种实践；善始善终，养成工具清洁整理习惯。

（4）劳动精神：乐于帮助山药苗壮成长，尊重作物生长特性，运用科学方法严谨选种催芽，理解人与植物和谐共生的道理，在劳动中获得成就感和幸福感。

三、学习过程

（一）从孩子的喜好出发建构一节课

《上春山》是一首能引发孩子们合唱的优美歌曲，而《上春"山"》这节劳动种植课的灵感就源自这首歌和一本写二十四节气的书中的一句话："谷雨时节，春山药栽插。"歌曲借诗歌描绘春天的美好、生命的可爱，何不与孩子们一起，在春天，去遇见一种作物的成长。

课前学生从不同角度自学和实践，走进山药世界，教师则从内在探寻山药生命奥秘；课堂上，教师除了引导学生遇见美乐，还会遇见美图、美食……根据学生喜好精心安排教学内容。

（二）为学生创设一条科学方法探究线

初识阶段，家庭与课堂双轨并行，学生通过采买、烹制，对山药在样貌、质感、味道方面有了了解；通过绘本呈现，消除学生对山药外表的嫌弃；学生在分享中交换看法，引导学生从不同角度理解事物。

再识阶段，引入四种实践活动，创设问题情境，为不喜欢山药的小朋友推荐山药食品（见图3-60）。在活动中，通过讨论、书写、推荐，进行分类组合、价格对比、概括总结，数学、语文学科融合。而选品推荐又是时下热门行业工作内容，这样一来，学生遇见学科知识、遇见职业体验，都显得不那么刻意。其中有一个重要的设问：原本不喜欢山药味道的孩子却在选品会上爱上了山药食品，他们通过观察配料表找出味道变化的原因。孩子们会发现，山药汁好喝是因为加入了玉米作为搭档，山药糕美味是因为有鸡蛋的助力，这一过程潜移默化地传递了互助思想。

图 3-60 创设山药产品超市情境

深入认识阶段，力邀北京农业科学院山药种植研究员为学生耐心讲解山药的历史、现在和未来。作物的生长和发展既离不开自身的生长持性，更离不开人类勤劳付出和科技的进步。我国是最早种植山药的国家，历史悠久，以此为切入点，融入二十四节气、民族自豪感以及科技农业等内容，将教学环节有力推进到种植部分，孩子们自然而然地产生帮助山药发芽、陪伴它长大的愿望，使得最后的拓展环节（设计攀爬架）顺理成章。我们在校园建设了小农庄，谷雨时节种下的山药栽子，如今生机勃勃，结满了山药豆……

一节沉浸式劳动课蕴含着丰富的德智体美劳教育元素。我们不生硬灌输，而是让孩子一步步去"遇见"。在这个过程中，将植物生长与自我成长相连接，给予孩子对生命本质的觉知，以科学知识启迪智慧。其中，教师运用的科学方法是引导孩子去"遇见"；而学生们的科学方法，则是一步步遵循植物生长规律，陪伴植物一起成长，并运用科学方法解决成长过程中大大小小的难题。

这是一节由山药引发的小课堂，也是人与自然互助共生的大课堂。在家庭中，孩子们体验询价、称重、付钱、处理、烹饪、品尝的过程；在课堂上，孩子们经历分享、选品、讨论、推荐、催芽的过程；在整个课程里，孩子们又深入体验种下、补种、浇水、除草、搭架、绑蔓、观察、记录、收获、义卖等环节。整个过程，是对一种作物生命前世、今生、未来的了解过程，是见证其从生长到对人产生价值的实践过程，更是对人与作物互助促进、和谐共生的理解过程。《上春山》是一首孩子们感兴趣的歌，在歌声中，小手拉大手运用科学方法去劳动。这里的劳动已不再仅仅是简单的农业生产劳动,实际上,孩子们是在全域氛围中沉浸式感受劳动是连接幸福生活各个环节的纽带,从而懂得劳动的真谛,进而爱上劳动、崇尚劳动,养成终生劳动的习惯。

图 3-61　课堂上教师引导学生尊重生命与山药共成长

四、案例反思

随着学生年龄的增长,为了进一步打破束缚,我们的劳动课堂和项目式研究内容要从学生身边的事物入手,从学生所发现并感到烦恼的现象入手,开展学习、实践和研究。将针对一个小问题的深入实践与解决问题相结合,既培养学生整体思考、统筹问题的能力,又锻炼其运用所学方法深入钻研的能力。同时,在实践中,家长和教师要充分信任学生,允许学生不断发问、勇敢试错、提出不同意见、进行反驳,允许一切努力尝试的行为发生。很多时候,挫折和失败能促使学生取得更大的进步和成长,帮助学生提升社会情感能力。

未来,我们希望将科技发展进步与劳动教育更加密切地融合,让二者相辅相成。这既可以提升学生对科学学习的兴趣,又可以让劳动实践更具趣味性和实效性,还能帮助学生更好地适应未来社会的发展。

第四章　科学教育加法的全方位支持系统

为强化科学教育，实现高质量的科学教育目标，我们构建了全方位支持框架，打造了一个全面且多层次的科学教育生态系统，这不仅激发了学生探索科学的热情，也为培育他们的科学素养和创新能力奠定了坚实的基础，为学校的科学教育发展注入了持久的活力、产生了深远的影响。

一、优化校内科学教育环境

（一）智慧校园：科技与教育融合的实践场

学校秉承"科学启智，教育立身"的办学理念，充分利用其地理优势，积极构建智慧校园。学校不仅得到了国家领导人与科学家的关注与支持，更在浓厚的科学氛围中，不断探索科技与教育的深度融合。

图 4-1　中关村第一小学秉持"科学启智，教育立身"的学校精神

1.设计理念思路

中关村第一小学在打造校园学习空间时，遵循以下设计理念：

（1）数据驱动。

让数据流动在孩子们中间，实现"人人皆学、处处能学、时时可学"的理念。学校认为，在数字化时代，数据已经成为重要的学习资源。数据可视化与易获取性能够激发学生的好奇心，进而培养他们的数据敏感度和分析能力。

（2）科技融合。

深度融合前沿科技与教育场景，让学生在日常学习中亲身体验科技的无限魅力。学校地处中关村科技园区，有得天独厚的科技资源优势。引入校园内的科技元素，让学生沉浸于科技氛围中，从而激发他们的科技兴趣和创新潜能。

（3）多功能整合。

充分挖掘校园空间的多功能性，打造多样化的学习场景供学生探索。学校深信，每个空间都蕴藏丰富的教育资源，经创新设计与巧妙运用，能最大化其教育价值。

（4）生态智慧。

打造兼具科技感和生态性的学习空间，培养学生的环保意识和科学素养。学校注重将科技与生态相结合，让学生在体验科技魅力的同时，感受到自然的力量，培养他们的生态意识。

（5）探索导向。

将校园打造成可供探索的"小世界"，激发学生的好奇心和探究欲。学校希望通过精心设计环境，为学生创造丰富的探索机会，培养他们主动探究、勇于创新的精神。

2. 具体实践

（1）智慧教室。

中关村第一小学积极运用物联网技术，实现了对教室环境数据的实时监测与智能管理。具体而言，学校通过物联网技术，对教室内的空气质量、PM2.5指数、温度、湿度等关键数据实时采集，并显示在电子班牌上（如图4-2所示）。这一创新举措不仅为学生提供了一个更加健康、舒适的学习环境，更让他们在日常生活中直观感受到科技的力量与应用价值。

当教室空气质量不佳时，新风净化系统自动启动，迅速净化，保障学生呼吸健康。这一智能控制机制不仅体现了物联网技术在环境管理领域的广泛应用，更让学生在实际生活中体验到了数据监测与智能控制的便捷与高效（见图4-3）。

这一实践，不仅优化了学习环境，更在无形中提升了学生应用科技改变生活的意识和环保意识。学生能够在日常学习中深刻体会到科技对于改善生活、提升环境质量的重要作用，从而更加积极地投身于科技创新与环境保护的实践中去。

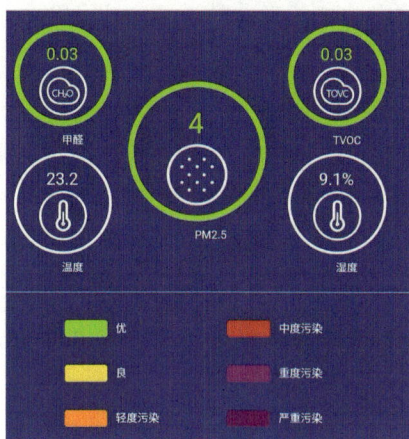

图 4-2　电子班牌显示

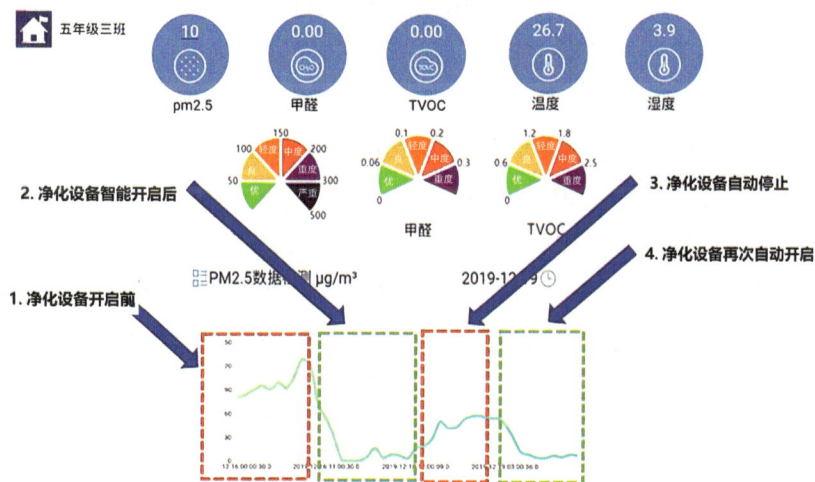

图 4-3　智能分析空气质量——智能化技术支持学生在智慧校园学习

（2）空中小农庄 4.0。

空中小农庄作为学校精心打造的一个多功能生态学习空间，不仅为学生提供了一个实际观察与学习的实践场所，更是一个集科技、生态、农业教育于一体的综合性创新项目。如图 4-4 所示，空中小农庄精心规划并种植了多种植物，旨在通过多样化的植物种类与种植技术，为学生提供丰富的学习资源与探索机会。

图 4-4　空中小农庄 4.0

在这片充满生机的小农庄里，每一种植物都独具特色，它们分别是：

小薇水稻：通过种植水稻，让学生亲身体验水稻的生长周期与种植过程，从而加深对农业生产的了解与认识。

空中结薯：利用垂直种植技术，展示如何在有限的空间内实现高效种植，同时激发学生的创新思维与空间利用意识。

生态桌椅：将绿色植物与实用家具完美融合的艺术品，不仅为学生营造了一个温馨舒适的学习与休憩空间，更在无声中传递着生态设计的智慧与理念，让环保成为一种生活态度。

漂浮栽培：通过水培技术，展示无土栽培的先进理念与实践，帮助学生理解植物生长的营养需求与环境适应性。

西红柿树：利用嫁接技术，将不同品种的西红柿嫁接在同一棵树上，既展示了嫁接技术的神奇魅力，也让学生认识到植物遗传与变异的重要性。

百香果与锦屏藤：这两种植物分别展示了藤本植物的生长特性与攀爬能力，不仅美化了环境，更让学生深刻体会到植物生命力的顽强与多样性。

在空中小农庄这一多功能生态学习空间中，学生可以开展多样化的学习活动，如植物观察、种植实验、生态系统研究等。这些活动不仅让学生深入了解植物生长的基本规律与特性，还培养了他们的生态观念和可持续发展意识。亲身参与实践让学生更深刻地体会到人与自然和谐共生的重要性，进而为构建绿色、低碳、可持续的未来贡献一己之力。

（3）细胞魔方。

细胞魔方是学校打造的一个微观生物学实验室，如图 4-5 所示，它集合了多种先进的生命科学教学和实验设备，为学生提供了一个深入探索微观世界的平台。

图4-5　细胞魔方

细胞培养箱：该设备用于培养和维持各种细胞系的生长，使学生能够直观地观察细胞的生命周期、形态变化及功能特性，为深入理解生物学基础知识提供了实践基础。

立体显微镜：通过提供三维视角的微观观察，学生能够更清晰地观察到细胞的结构细节，如细胞膜、细胞核、细胞器等，从而加深对细胞复杂性的认识。

无菌洁净工作台：它确保了实验环境的无菌，是细胞培养和其他生物学实验不可或缺的设备。通过在此操作，学生学会了在严格条件下进行实验，培养了严谨的科学态度和精湛的实验技能。

细胞魔方的设立，不仅极大地拓宽了学生的科学视野，使他们得以近距离接触并研究微观世界，还极大地激发了他们对生命科学领域的兴趣与探究欲望。学生们在这样的环境中，仿佛化身为科学家，通过亲身实践深入探索生命的奇妙奥秘。

（4）"黑水虻"物质循环系统。

中关村第一小学西二旗分校的校园生态长廊，作为展示生态系统物质循环全链条的重要平台，创新性地引入了黑水虻处理厨余垃圾的模式，旨在打造无废校园典范，并进一步带动周边社区的无废建设进程。学校从全生态校园的角度出发，对原有垃圾分类设施进行了深度设计与优化，构建了厨余垃圾及校园绿化垃圾的就地资源化系统。该系统充分利用黑水虻这一独特的生物资源，对有机废弃物进行高效转化，成功实现了校园内部物质的循环再利用（见图4-6）。此举不仅显著减少了学校产生的垃圾量，还实现了废弃物的资源化利用，为校园环境的可持续发展提供了有力支撑。

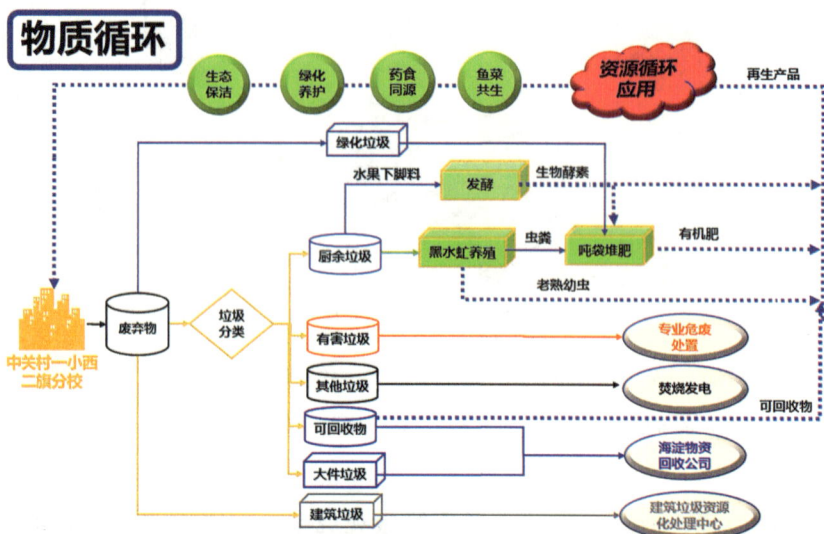

图 4-6 "黑水虻"物质循环系统

通过黑水虻处理系统，该项目有效降低了学校垃圾的产生量，减轻了垃圾处理的压力。例如，在北京海淀区柳林村，黑水虻生物处理厨余垃圾实现了100%就地资源化，将厨余垃圾转化为动物蛋白和高效有机肥，同时实现了碳减排效益。黑水虻幼虫作为高蛋白饲料、成虫作为生态控制因子，不仅实现了资源的最大化利用，还为学生提供了一个直观、生动的物质循环教育场景，增强了他们的环保意识。此外，该项目为开展生物降解、昆虫生态等方面的科学研究提供了宝贵的实践平台，有助于推动相关领域的学术研究与技术创新。

通过这一系统，学生们不仅掌握了垃圾分类和资源循环的实用知识，更在潜移默化中培养了环保意识和可持续发展理念，为未来的绿色生活与环境保护奠定了坚实的基础。

（二）乐学校园：为学生提供自主学习的机会

1. 设计理念

（1）开放性。

打造开放式学习场所，为学生提供自主探索的空间。学校认为，真正的学习应该是主动的、自发的过程。通过创造开放的学习环境，可以激发学生的好奇心，鼓励他们自主探索。

（2）前沿性。

引入前沿科技，激发学生的学习兴趣和创新思维。学校主动引入 AI、VR 等前沿科技，使学生得以接触并应用最新科技成果，从而激发其创新意识，提升技术素养。

（3）资源整合。

整合各类优质教育资源，以拓宽学生的知识边界。学校充分利用地处中关村的优势，整合周边高校、科研机构、高科技企业的资源，为学生提供丰富多样的学习机会。

（4）互动体验。

注重互动体验，培养学生的动手实践能力。学校秉持"做中学"的教育理念，认为实践是学习的真谛。通过丰富的互动体验，着力培养学生的实践技能与问题解决能力。

（5）个性化。

提供个性化学习路径，满足不同学生的需求。学校深知每位学生的独特性，尊重其不同的兴趣与学习模式。因此，学校努力提供多样化的学习选择，让每个学生都能找到适合自己的学习路径。

2. 具体实践

（1）校园流动科技馆。

分布在校园各处的流动科技馆是学生最喜爱的校园学习空间（如图 4-7 所示）。在这里，跨越班级、年级的科学研究小组自发形成，科学探究的场域和热情从课堂中蔓延到了整个校园，学生在动手体验的过程中，自主学习能力不断提升。

图 4-7　校园流动科技馆

（2）葵园博物馆。

　　葵园博物馆是学校打造的一个综合性数字化学习平台，包含六个主要板块：①AI 观鸟：直播来自翠湖湿地自然保护区的鸟类活动，利用 AI 技术识别和介绍不同鸟类，培养学生的生物多样性意识。②天文地理：通过虚拟现实技术，让学生探索宇宙和地球。③国家博物馆：提供国家级博物馆的数字化资源，拓宽学生的历史文化视野。④数字科技馆：展示最新科技成果，激发学生的创新思维。⑤直播中国：通过实时直播，让学生了解中国各地的自然和人文风貌。⑥元宇宙：打造校园元宇宙，学生可以在这里转变视角，获得虚拟身份游览校园，让学生在虚拟空间和现实世界之间建立关联（如图 4-8 所示）。

图 4-8　葵园博物馆和元宇宙

学生可以根据自己的兴趣和需求，自主选择学习内容和路径。这种方式不仅丰富了学习资源，也培养了学生的自主学习能力。

（3）AI 观鸟项目。

学校与翠湖湿地自然保护区携手开展的 AI 观鸟项目，是一项融合了现代科技与自然教育的创新实践（如图 4-9 所示）。该项目通过一系列精密设计的功能特性，为学生提供了一个直观、互动且富有教育意义的观鸟体验。

图 4-9　AI 观鸟、电子班牌

项目借助高清摄像头，直播保护区内的鸟类活动盛况，让学生足不出户便能近距离观察鸟类的自然行为。项目引入了人工智能技术，对直播画面中出现的鸟类进行实时识别，并自动展示被识别鸟类的相关信息，包括其形态特征、生活习性及生态角色等，从而极大地丰富了学生的鸟类知识库。

此外，项目还设置了交互界面，允许学生针对观察到的鸟类或其他相关问题提出疑问。AI 系统迅速响应，提供精确详尽的解答，这种即时的互动反馈不仅让学生感受到更强烈的参与感，更激发了他们自主学习的热情与探索未知的能力。

通过这一项目的实施，学生不仅系统地学习了鸟类知识，更在潜移默化中培养了生态保护意识。正如生态教育在中小学中的实施与效果研究所示，生态教育不仅仅是知识的传递，更重要的是培养学生的生态伦理观与行为习惯，激发他们的环境保护意识和实际行动。项目式学习和课外活动等多元化教育方式，如生态园的建设、植树活动、垃圾分类活动等，能够使学生在真实的环境中体验和实践，从而加深对生态问题的理解和认识。同时，AI 技术的广泛应用也让学生深切感受到了科技在生态研究领域中的巨大潜力与积极作用，激发了他们对于科技创新与环境保护相结合的探索热情。

二、全面提升教师科学素养

我校始终坚持"自主教育"理念，在教师培养方面突出"自主"特色，全面提升教师的科学素养和专业能力。学校通过构建完善的教师研修体系、利用数字技术赋能教学、开展项目实践活动以及引领课题研究等多种方式，促进教师的全面发展。

（一）构建教师研修课程体系

为有效推动教师专业成长，中关村第一小学精心设计了"目标引领类、互动分享类、专题专攻类、课程领导力类、评价激励类"五大类别的教师专业发展课程，覆盖了教师专业发展的多个维度，注重理论与实践深度融合，系统设计研修活动，提升教师的专业素养与教学能力。

"目标引领类"课程旨在明确教师专业发展的方向与目标，引导教师树立科学的教育理念，为后续的研修活动奠定坚实的思想基础。

"互动分享类"课程鼓励教师之间的交流与分享，通过集体智慧的碰撞，激发新的教学灵感与创意。

"专题专攻类"课程针对教师教学中的具体问题或领域，进行深入探讨与研究，帮助教师掌握先进的教学方法与策略。

"课程领导力类"课程着重培养教师的课程设计与实施能力，提升其在课堂教学中的主导地位。

"评价激励类"课程通过建立科学的评价体系，激励教师不断追求卓越，实现自我超越。

通过精心设计的研修课程，教师不仅获得了丰富的学习资源和实践机会，还得到了一个展示自我和提升能力的平台，这些课程为教师队伍的科学素养和专业成长注入了强劲的动力。例如，中关村一小教育集团开发了包括目标引领、交流分享、调研反馈、课程建设和榜样引领在内的多种教师专业发展课程，形成了一个目标明确、内容丰富、形式多样的校本课程体系，帮助教师找到职业发展的成长点。

（二）数字技术赋能教师专业发展

党的二十大报告对"推进教育数字化"作出重要战略部署，随着教育数字化的蓬勃推进，教师队伍的数字化建设面临着前所未有的新挑战与更高要求[①]。学校积极拥抱数字技术，不断探索创新教研模式，以此提升教学质量，并为教师队伍的持续发展注入强劲的新动力。主要包括以下几个方面：

1. "葵园 e 家"支持教师跨校区教研

依托"葵园 e 家"实现了跨校区线上协同备课，构建了以"自主＋合作"为核心的教研文化，具有跨校区协作、跨学科融合、实时互动、资源共享、实时记录与分析等特点。

（1）跨校区协作。

通过"葵园 e 家"平台，五个校区的教师得以打破地理限制，实现无缝对接。以北京市海淀区中关村第一小学为例，该平台促进了各校区同年级、同学科教师之间的集体备课、教学设计、资源共享和问题研讨，有效整合了优质教学资源，并促进了教师间的深度交流与合作。

（2）跨学科融合。

特别设置的跨学科协作空间为教师们提供了在线交流的平台，促进了不同学科间的深度融合。例如，通过"葵园 e 家"实现了教师专业发展的新模式，促进了教师在跨学科教学设计、综合实践活动策划以及学科知识点关联等方面的深入探讨。这种平台的使用不仅提升了教师的跨学科教学能力，还通过技术的加持，让教师的成长更高效全面。

（3）实时互动。

平台集成了文字、语音、视频等多元化实时互动工具，极大地促进了在线研讨的灵活性、即时问答的便捷性以及教学反馈的高效性。这种跨越时空的互动模式，不仅显著提升了教研活动的效率，还极大地强化了教师间的即时沟通

---

① 郭绍青，林丰民，于青青，等 . 数字化赋能教师专业发展实践探索 [J]. 电化教育研究，2023，44（7）：96-106.

与团队协作能力。

（4）资源共享。

在"葵园 e 家"平台上，教师们可以上传教案、课件、学案、教学视频等教学资源至资源库，实现资源的在线预览和下载。平台更设有按学科、年级、主题等多维度资源分类系统，助力教师迅速定位并获取所需教学资源。同时，资源评分和评论功能的设置，进一步促进了优质资源的识别和应用。

（5）实时记录与分析。

平台能够自动记录研讨过程，包括发言内容、共享资源、决策过程等，并生成文字记录和会议纪要。这些记录不仅便于后续回顾和总结，还为教学改进提供了宝贵的参考依据。通过形成一体化教案及教学反思闭环，教师们能够不断反思和提升自己的教学水平。

"双师课堂"模式不仅显著提高了备课效率，还促进了教师间的经验交流和智慧共享。通过跨校区、跨学科的协作与融合，教师们得以相互学习、取长补短，共同推动教学质量的提升。中关村第一小学的这一实践探索，为教育数字化与教师队伍建设提供了新的思路与启示。

创新实践跨校区线上协同备课模式，打破了校区间的地理界限，促进了不同学科间的深度融合与教研互动。首先，集团内五个校区凭借前沿的协同备课系统，成功跨越校区与学科的界限，实现了无缝对接的在线备课与深度研讨。教师们得以突破地域壁垒，实时在线分享教学心得，共同研磨教学设计，并慷慨地提交与分享教案、课件、学案等珍贵备课资源。这一举措不仅极大地提升了备课效率，还促进了教师间的智慧共享与经验交流，为教学质量的提升奠定了坚实基础。其次，该协同备课系统还具备强大的记录与保存功能（如图 4-10 所示）。在研讨过程中，系统能够自动记录教师的发言内容、共享资源以及决策过程，并将研讨文件自动保存。这一功能不仅极大地便利了后续的回顾与总结工作，更为教师们提供了不可或缺的教研宝藏，助力他们持续反思并精进教学方法。最后，通过智能备课数据分析，教师们能够清晰地发现自身在教学准备过程中的短板与不足。从初备到复备、再到课后反思，系统能够自动形成一体化教案及教学反思闭环，帮助教师不断修正与提升教学水平，提升了教师的专业素养，实现了集团校教师教学水平的整体提升。

图 4-10　跨校区协同备课，研讨过程自动记录

在教育数字化转型的大背景下，学校致力于探索数据驱动下的教师课堂发展模式，力求以创新实践为桥梁，促进新老教师间的紧密联结与共同进步。为此，学校精心设计了"师徒结对"这一教师成长策略，旨在通过资深教师（师傅）的引领与指导，促进新入职或青年教师（徒弟）的专业成长与教学技能提升。

在这一模式下，徒弟在完成备课任务后，可借助先进的听课评课系统，便捷地邀请师傅参与其课堂教学活动。师傅则可以根据自己的实际情况，选择进班听课，或者利用跨校区的线上平台，进行远程听课与评价。这种灵活多样的听课方式，不仅打破了地理限制，还极大地提高了听评课的效率与覆盖面。

更为关键的是，听课评课系统能够基于课堂实录与评价数据，自动生成详细的课堂报告（如图 4-11 所示），为教师提供了宝贵的自我审视与提升机会，有助于他们根据数据反馈，不断调整与优化教学策略，实现教学质量的持续提升。

通过"师徒结对"与数据驱动的课堂发展模式，中关村第一小学不仅充分发挥了骨干教师的"传、帮、带"作用，还促进了教师队伍的整体素质提升与教学风格多样化。这一模式的创新实践，为教育数字化转型背景下的教师成长与教学质量提升提供了有益的借鉴与启示。

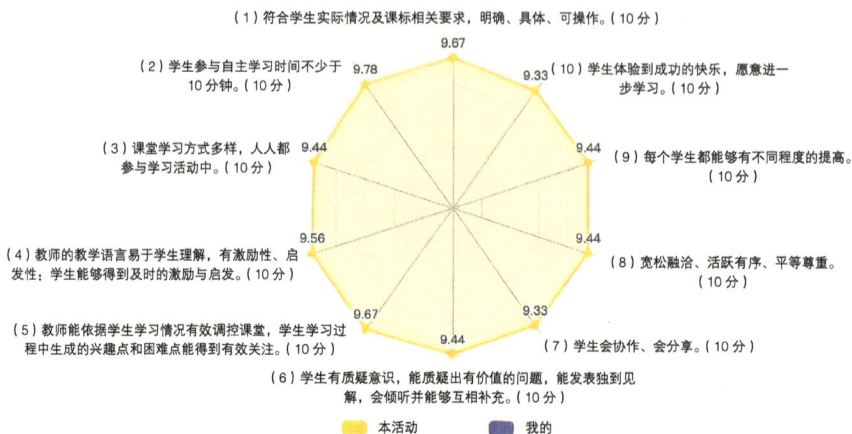

图 4-11　课堂报告

在这一过程中，学校创新性地应用了自生长校本知识中心平台（如图 4-12 所示），该平台能够自动收集教师在备课、批改作业、科研探索及专业培训等教育教学环节中的实时数据。这些数据涵盖了教师工作的方方面面，为后续的知识提炼与智能推荐提供了坚实的基础。该平台运用先进的人工智能算法，能够深入挖掘并提炼出显性的优质知识以及隐性的优质教育教学方式，正如多个高校和教育机构所展示的案例那样，人工智能在教育领域的应用正不断推进，为传统教学模式带来深刻的变革。通过构建知识智能标签，平台能够实现对这些知识与方式的精准分类与高效管理。在此基础上，平台还能够根据教师的个性化需求，提供智能化的资源推荐与学习路径规划，从而反向赋能全集团校的教师群体。

教育智能化技术的发展，如大数据、人工智能和云计算，为教师提供了个性化教学建议和实时反馈，促进了教师间的知识共享与经验交流。这些技术的应用不仅极大地提升了教师的专业素养，还优化了教学策略，提高了教学效率。通过众创共享的方式，教师们能够相互学习、相互借鉴，共同探索更加高效、科学的教学方法与策略，为培养更多优秀人才贡献自己的力量。

图 4-12 校本知识中心

（三）开展教师项目实践活动

学校通过组织各种项目实践活动，促进教师将理论与实践相结合，提升专业能力。学校还对教师实践能力的培养给予了高度重视，通过一系列精心策划的项目实践活动，激励教师将理论知识与实践操作深度融合，以期全面提升教师的专业能力。

1. 组织校级项目研究

学校定期举办校级小项目研究评比活动，为教师提供一个展示自我、交流思想的舞台。这些小项目研究涵盖多个维度，旨在全方位提升教师的教学研究与实践能力。

在探索创新教学方法方面，学校积极引导教师围绕翻转课堂、项目式学习、STEM 教育等前沿理念，灵活运用行动研究、案例分析及实验研究等手段，深入钻研并实践这些新兴教学模式。研究周期灵活，从一学期到一学年不等，成果形式包括研究报告、教学设计、案例集等，为教师提供了丰富的实践经验和理论支撑。

在学科融合教学设计领域，学校不断探索各学科知识的有机整合，通过设计跨学科主题单元、开发综合实践活动等举措，加强教师间的团队协作，共同推动教学质量的提升。评价方式包括学生学习效果评估、专家评审等，确保项目研究的科学性和有效性。

此外，学校还重点关注信息技术与教学融合的实践探索，鼓励教师积极开发数字化教学资源，应用智能化教学平台，提升教学效率和质量。借助技术培训与教学实践的融合，教师能持续提升信息技术应用能力，并在信息化教学设计竞赛、经验交流会等平台展示成果，促进资源共享与经验互鉴。

在学生个性化学习支持策略研究方面，学校致力于探索满足学生个性化学习需求的有效方法，包括学习风格诊断、个性化学习路径设计等。运用问卷调查、实验研究、案例分析等多元研究方法，教师能深入洞察学生学习特点与需求，制定个性化学习支持方案，并在校内推广，为学生提供更精准、高效的学习支持。

通过这些小项目研究，教师不仅能够在实践中检验和改进教学方法，提升教学效果，还能够激发创新意识，培养研究能力，为成为研究型、创新型教师奠定坚实基础。

2. 鼓励教师参与课题研究

课题研究作为促进教师专业发展、提升学校办学品质的重要途径已成为普遍共识[1]。学校积极鼓励教师将教育科研与课堂教学相结合，以探索更为有效的

---

[1] 许炎，程岭. 提升中小学教师课题研究质量的路径探寻 [J]. 中小学管理，2023，（10）：47-50.

教学方法。为实现这一目标，学校采取了多项具体措施：

设立校级课题研究基金，为教师提供了必要的经费支持，使他们能够更专注于课题研究，而无须为资金问题担忧。这一举措极大地激发了教师参与课题研究的积极性和热情。

重视提升教师的教育科研能力，定期组织教育科研方法培训。培训涵盖科研设计、数据收集分析、论文撰写等，助力教师掌握科学方法，提升课题研究质量。

建立课题研究指导团队，由经验丰富的教育专家和学者组成。提供一对一指导，解答教师课题研究中遇到的问题，确保研究顺利进行并达成预期。

定期举办成果展示会，展示研究成果，促进教师交流合作，营造浓厚科研氛围。

（四）引领教师开展课题研究

学校积极引领教师参与教育科研课题研究，全面提升了教师的科学素养和专业能力。教师不仅掌握了先进的教学理念和方法，也具备了教育研究和创新的能力。这既为学校的科学教育加法奠定了坚实的师资基础，也为学校的持续发展提供了强大的智力支持。

1. 围绕学校发展重点，确立研究方向

学校根据自身的发展需求及教育领域的前沿趋势，精心确立了若干核心研究方向。这些方向不仅体现了学校的特色，还紧密跟随了教育发展的步伐。学校着力深化与推广自主教育模式，旨在实践探索中提升学生的自主学习与创新能力，并高度重视科学素养的培育，积极探寻有效路径，以期提升学生科学素养。同时，学校致力于信息技术与学科教学的深度融合，并加强对学生核心素养的培养与评价研究，通过信息技术引入与核心素养培育，全面提升教育教学质量。

2. 组建跨学科研究团队，开展协同创新

为促进教育科研创新发展，学校积极鼓励跨学科、跨部门协作，组建由多学科教师、教研员及心理学专家等构成的多元化研究团队，成员间相互借鉴、共同探索，激发创新研究思路与方法。学校定期举办跨学科研讨会，为团队成员提供交流研究进展的平台。同时，鼓励跨学科联合申报课题，开展协同创新研究，以形成更具影响力的研究成果。此外，学校还建立了跨学科资源共享平台，促进了研究成果的交流与应用，为教育科研的持续发展提供了有力支持。

3. 加强与高校、科研机构的合作，提升研究水平

为了进一步提升学校的科研水平和教育创新能力，学校积极与高校和科研机构建立紧密的合作关系。通过与北京师范大学、北京大学等知名高校建立长期合作关系，学校不仅获得了丰富的学术资源支持，还邀请了高校专家担任学校的科研顾问，为学校的科研工作提供了宝贵的指导和建议。例如，北师大实验中学与北师大第三附属中学的合作协议签署仪式，标志着双方在课程体系建设、拔尖创新人才培养等方面达成了深度合作。此外，北京大学附属中学与中国语言文学系的创新人才共育交流座谈会，以及与多所中学合作的"博雅人才共育基地"，都体现了高校与中学在人才培养、资源共享方面的紧密合作。此外，学校积极选派优秀教师前往高校深造，参与前沿科研项目，旨在全面提升教师的专业素养与科研实战能力。与此同时，学校与多家科研机构携手，共同开展前沿教育研究，深入探索教育领域的新课题与新挑战，为学校的科研工作不断注入新鲜活力与创新动力。

4. 及时总结推广研究成果，促进教学改进

为了确保研究成果能够真正转化为教学实践的推动力，学校建立了完善的研究成果推广机制。学校定期举办研究成果展示盛会，为教师搭建展示与交流研究成果的广阔舞台。同时，精心编辑出版研究成果集，将众多优秀成果汇编成册，以期更广泛地传播并应用于教育实践。此外，学校还组织教师进行成果应用培训，帮助他们掌握研究成果在教学实践中的应用方法和技巧，并建立校本教育研究数据库，方便教师查阅和应用研究成果，为教学改进提供有力的支持。

根据学校在引领教师课题研究方面的丰富经验，将整个研究工作系统地划分为以下三个阶段。

第一阶段：学生科学素养调查。

在这一阶段我校深度参与了调查测评指标的开发与测试，包括试卷开发、第一批测试、学区组织的前测、测评解读以及后续的一系列测试。根据学生的测评结果，有针对性地提出课程开发的具体目标。

第二阶段：科学素养提升课程开发。

在前期认识和实践的基础上，我们开展了学生科学素养课程的开发活动。我们设计了课程开发的具体流程，并上线了学生可选课程平台，实现了课程开发、选课、效果评价在该平台的统一，确保课程效果能迅速且准确地反馈给开发教师，以便其据此调整课程。

第三阶段：科学素养课程实施。

此阶段，我们围绕课程内容优化、可选课程平台上线及师资力量建设三大方面，全面实施了课程。课程内容方面，我们依据儿童的认知特点、生活空间和学科间的内在联系，将现有学科课程进行归类整理，形成了中关村第一小学自主发展课程的六大课程领域。可选择课程平台上线方面，我们努力为每个学生提供及时、多元的选择、展示、实践体验等机会，逐渐形成了中关村第一小学自主发展课程的六大支持性平台。师资力量建设方面，我们邀请学校周边各个科研院所与学校一道开展科技教育，通过创建科普资源共享平台和建立资源合作机制等创新方式，积极组织面向社会的课外校外实践活动，通过科技教育的渠道引领学生走出课堂、走出校门、走入社会。同时，聘请中国社科院、北师大等研究机构和高校的专家团队，长期、常态地对课程进行指导，为自主发展课程的构建、实施、反思和改进提供智力支持和行动引领。

三、有机整合校外科学教育资源

（一）联结社区资源，联通科学与未来的 N 种可能

科学教育的当代内涵中，"科学参与性"不仅体现在审辨思维、沟通能力和共识建立上，还体现在对社会机构资源的有效利用上。这就要求学生能够利用社会资源，在真实环境中开展合作学习、体悟社会价值、作出科学决策。社会环境是"做加法"的重要组成部分[①]。如何利用社区资源进行横向拓展，联通科学与现实生活是我们探索的方向。学校积极与社区合作，将科学教育延伸到社区，让学生在真实的社会环境中学习和应用科学知识。

联结社区资源案例："社区一米菜园"项目。

学校联合周边社区实施的"社区一米菜园"项目（如图 4-13 所示），是学校与社区深度合作的一项创新实践，为学生们提供了一个亲近自然、探索生命

---

① 谭永平，钟晓媛. 中小学科学课程做好科学教育加法的目标与原则 [J]. 中小学科学教育，2024，（5）：16-20.

奥秘的绿色空间。在社区居委会老师的指导下，学生、家长及社区居民携手合作，精心照料位于居民楼间的小型菜园。这片仅约1平方米的微型菜园，凭借精巧设计、完善设施，特别是内置的自然生态循环雨水收集系统，彰显了"麻雀虽小，五脏俱全"的非凡魅力。

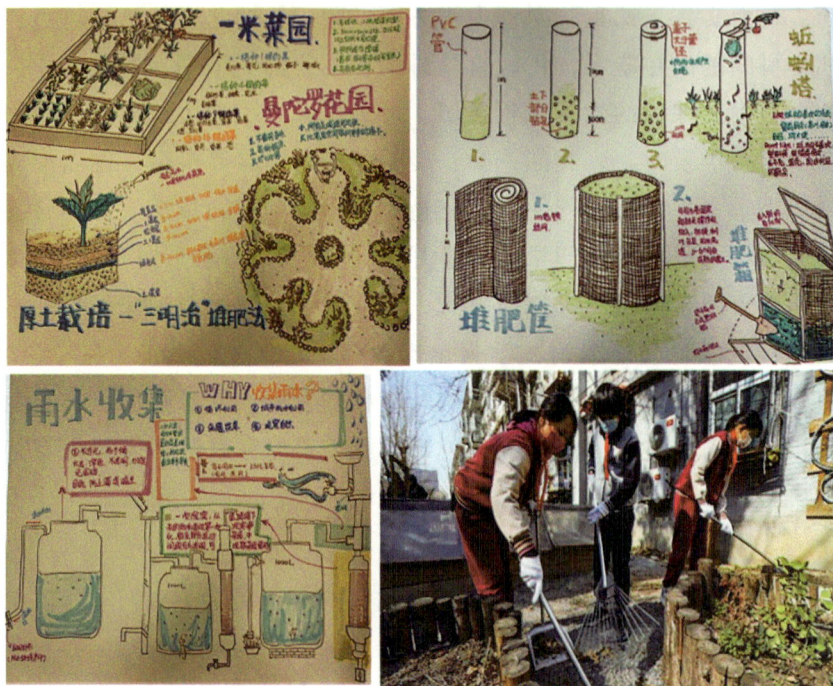

图4-13 社区一米菜园

空间布局上，该项目巧妙利用社区内的闲置空地开辟了这片小型菜园。其规模虽小，却足以承载多样化的种植活动。菜园面积精确控制在1平方米左右，既便于学生及家庭的日常照料，又确保了资源的有效利用。此外，项目的参与主体广泛，涵盖了学生、家长及社区居民，形成了多元共治、共享的良好局面。项目精选蔬菜、香草等易栽培且具教育意义的植物，既美化了社区环境，又为学生提供了生动的学习素材。

"社区一米菜园"项目在教育价值上具有深远的意义。首先，通过亲身参与植物的种植、养护与收获，学生们得以直观了解植物的生长过程，深化了对自然界生命规律性认识。项目着重于劳动教育的实践价值，定期维护菜园的活动显著增强了学生的劳动意识、责任感及团队协作能力。其次，项目促进了学生与社区居民间的互动合作，进一步强化了社区的凝聚力，营造了更加和谐的氛围。最后，项目引入了雨水收集系统等现代农业科技，为学生提供了宝贵的实践农业科技知识、探索科学原理的机会，有效培养了他们的创新意识和实践能力。

"社区一米菜园"项目不仅为中关村第一小学周边社区增添了一抹绿色生机，其作为一个集科学教育、环保理念实践于一体的综合性平台，对于提升学生的综合素养、促进社区的可持续发展同样具有重要意义。

（二）有效利用场馆、科学院所资源

学校凭借得天独厚的地理位置，与中关村自主创新高科技园区内的众多科研机构和科技场馆建立了紧密的合作关系，为学生们提供了丰富多元的科学教育资源，极大地拓宽了他们的科学视野。

1. "请进来"与"走出去"的整合实践

中关村第一小学充分利用地处中关村自主创新高科技园区的地缘优势，以及周边19家科学院所提供的丰富智力资源，通过"请进来"与"走出去"两种策略，有效整合了科研机构的资源，为学生们打造了一个全方位的科学教育平台。

（1）"请进来"：邀请科研院所专家来校开展讲座。

学校定期邀请包括中国科学院和清华大学在内的顶尖科研机构的科学家来校举办讲座，这些讲座内容不仅涵盖前沿科技动态、科学方法论、科学精神等多个方面，还特别强调清华大学在统计学与数据科学领域的深厚积累和对国家大数据战略、人工智能行动的积极贡献。为了确保讲座内容的适切性，学校针对不同年龄段的学生设计了不同难度和主题的讲座，旨在满足不同认知层次学生的需求。讲座中，学校鼓励学生与科学家直接对话，通过提问互动，激发科学兴趣，培养批判性思维和创新能力。这一策略不仅让学生们有机会近距离接触科学界的领军人物，还为他们提供了宝贵的科学启蒙和激励。

（2）"走出去"：组织学生参观科研机构。

除了"请进来"，学校还积极组织学生走出校园，参观中国科学院各研究所、国家实验室等科研机构（见图4-14）。学校精心设计了不同主题的参观活动，如"能源科技之旅""生命科学探秘"等，让学生亲身体验科研环境，深入了解科学研究的过程和方法。在参观过程中，学生们有机会与科研人员面对面交流，了解他们的工作日常、科研经历以及科学精神，从而更加深刻地感受到科学研究的魅力和挑战。这种身临其境的学习方式，不仅提升了学生的科学实践能力，还激发了他们对科学事业的热爱与追求。

图 4-14　走进研究所

学校通过与科研机构的紧密合作，实施"请进来"与"走出去"的策略，能够有效整合周边科研资源。例如，某高中与当地科研机构合作，通过科研项目，开展以实验教学为核心的教学活动，显著提高了学生的实践动手能力和科研能力。此外，讯方技术与多所高校建立了长期稳定的合作关系，共同推动产教融合、协同育人，共建实习实训基地，联合开展科研项目，举办技能竞赛，实施订单式人才培养，这些合作不仅提升了学生的实践能力和职业素养，还促进了科研成果的转化应用。

2. 建立科普资源群

在当前教育改革的背景下，学校积极探索科学教育的新路径，致力于打破学校与社会科学教育资源之间的壁垒，构建开放、多元的教育生态系统。学校汇聚多方智慧，充分利用家长与专家的专业力量，在课程建设上发挥独特优势，实现了科普资源的有效整合与共享，为学生带来了更为丰富且深入的科学探索之旅。

为了构建这一科普资源群，学校积极与多家科研机构建立了长期稳定的合作关系，形成了一个涵盖多个科学领域的科普资源支持网络。例如，学校与中国科学院自动化研究所合作，引入了人工智能、机器人等领域的科普资源；与中国科学院生物物理研究所携手，为学生提供了生命科学领域的深度科普；同时，学校还与中国科学院地理科学与资源研究所合作，为学生打开了地理、环境等领域的科学大门；此外，国家天文台也成了学校科普资源的重要来源，为学生带来了天文学领域的精彩科普内容。

在资源的利用方面，学校采取了多种创新方式。学校定期组织科研机构的开放日活动，让学生亲身体验科研过程，深切感受科学的独特魅力。学校特邀科研人员担任科技社团导师，为学生提供专业且全面的科学指导。此外，学校与科研机构携手开发校本课程，将优质科研资源融入日常教学，显著增强课程的科学性和实践性。学校充分利用科研机构实验设备，开设特色实验课，让学生在动手实践中深化对科学原理的认知。

科普资源群的建设与实践（见图4-15），不仅丰富了学校的科学教育资源，还为学生提供了更加广阔的科学视野和实践机会，打破了传统科学教育的局限，构建了开放、包容、创新的科学教育生态系统。

中科院各研究所		自然之友社区保护
林业大学百奥协会	**中关村一小科普资源群**	中国科协
中科院团委		北京教学植物园

图4-15　建立科普资源群

3. 探索跨学段联合

当今社会，科学教育的重要性日益凸显，不仅关乎学生的个人成长，更关系到国家的科技发展和未来竞争力。为此，我校积极探索跨学段联合的科学教育模式，旨在通过大中小幼纵向联合，共同浇灌科学之苗，为培养具有创新精神和实践能力的未来科技人才奠定坚实基础。学校充分借助高校、科研院所、对口中学和周边幼儿园，进行资源整合与优势互补，开展联合科学教育实践活动。

为拓宽学生的科学视野，激发其探索自然的热情，我们精心策划了一系列跨学段合作活动。特邀中国农业大学和农科院的专家及研究生莅临我校，为学生们带来了一系列深入浅出、内容丰富的植物种植专题讲座。例如，中科院侯大成博士在肥东县蒋祠社区的科普研讨会中，为种粮大户们提供了切实可行的种植技术指导；市农科院果树花卉研究中心主任徐秋良在王下口村鲜桃种植基地，向农户们传授了果树修剪、施肥等技术要领；中国水稻所的金千瑜研究员、张均华研究员和朱练峰副研究员在学术讲座中分享了水稻机械化的农艺问题与技术。这些讲座不仅涵盖了植物生长的奥秘，还深入探讨了现代农业科技的发展趋势，为学生们打开了科学探索的大门。

同时，我们诚挚邀请了北京一零一中学的毕业生代表重返母校，与在校学生分享他们在小学期间参与毕业设计项目所积累的科学探究经验。这些宝贵的经验分享，不仅为学生们提供了实用的学习方法，更激发了他们对未来科学探索的无限憧憬。

此外，我们携手中国科学院第三幼儿园的教师，组织小朋友参观我校的小农庄，亲身体验空中小农庄栽培系统的魅力。在专业种植社团学生代表的细致讲解、生动演示和耐心示范下，小朋友们深入了解了深液流栽培系统的运作原理及其优势，并亲自在系统中播种，亲身感受植物生长的奇妙过程，享受到了种植带来的乐趣。

这一系列跨学段合作活动，不仅极大地丰富了学生们的科学知识体系，更在他们心中种下了科学探索的种子。通过不同学段学生之间的交流与互动，学生们得以拓宽视野，对未来的学习和发展有了更加清晰的认识和规划。这种跨学段合作模式，无疑为学生的长期发展搭建了坚实的桥梁，有助于培养他们持续的科学兴趣和学习动力。

第五章 科学教育加法促进学生发展

科学教育加法犹如滴滴甘露，润泽着学生成长的土壤，对学生的发展产生着深远且积极的影响。在科学教育加法的推进下，我校科学教育体系构建不断完善，学生的科学学习兴趣显著增强，科学素养得以有效提高。科学兴趣与科学素质的调研分析、基于监测成绩勾勒的学生画像，以及一个个鲜活的学生个案，生动展现了学生在科学探索中不断提升素养的过程。

一、科学教育体系构建得到完善

近年来，我校将科学教育加法作为促进学生全面发展的重要战略，不仅显著提升了学校的教育质量，而且在基础教育领域内树立了创新发展的典范。这一战略打破了传统学科壁垒，通过深度整合科学思维与方法，促进了各学科间的融合共生，为新时代教育理念的创新与变革提供了鲜活的实践案例。我们积极探索科学教育与学生发展的内在联系，力求通过科学教育加法激发学生的潜能，培养其创新精神与实践能力。

2023 年，我校承办全国小学教育发展论坛，围绕"新时代科学教育体系建设的研究与实践探索"这一主题，众多教育领域专家学者与教育工作者共聚一堂，深入研讨科学教育的新理念、新路径。论坛期间，我们精心组织了 10 个以科学教育融入学科教育为主题的分论坛，以及 44 节富有创意的课堂教学展示。这些活动不仅充分展示了科学教育加法在教育实践中的创新成果，更为与会者搭建了交流学习的平台，共同推动了新时代科学教育体系的完善与发展。

（一）构建了促进学生素养发展的科学课程体系
我们始终坚持儿童立场，注重培养学生的创新精神和自主实践能力，构建了一套涵盖基础课程、专业课程、实践课程和选修课程的科学教育课程体系，课程层次分明、结构合理、相互衔接，增强了科学教育的科学性、系统性和实用性。在课程目标上，强调让学生掌握科学知识、培养科学思维、提高科学素养。在课程设计上，我们注重理论与实践相结合，以实验和实践为主，激发学生的兴趣和动手能力。在课程开发上，我们采取校企合作、产学研一体化的模式，使课程内容更加贴近实际，提高课程的实用性和针对性。在教学过程中，我们注重启发式教学，引导学生主动探究，培养学生的创新精神和解决问题的能力。在评价方式上，我们采用多元化评价，注重过程评价，以激励学生持续进步。

（二）强化了"玩科学—学科学—用科学—爱科学"的学习模式

为了深度强化学生"学科学—爱科学"这一螺旋上升的科学学习模式，我们采取了一系列系统化、多元化的策略，并实现了显著的成效。该学习模式不仅覆盖了科学知识的积累与基本技能的掌握，更进一步促进了学生科学兴趣的激发、创新精神的培育及实践能力的提升。

二、学生科学学习兴趣显著增强

在系统学习科学知识与方法的旅程中，学生逐步形成了严谨的科学态度和规范的操作流程，实现了从被动接受者到积极探索者的转变，批判性思维和质疑精神显著提升。这一过程不仅体现在他们对科学现象的深度解析上，更表现在他们以科学方法论的视角，对所学知识进行批判性评估与验证的能力。同时，各类科技活动及竞赛的开展，为学生提供了锻炼创新意识的广阔平台，从基础科学实验到挑战性创新项目，学生的创新能力得到了显著增强，展现了非凡的创意和高超的动手能力。此外，学生自发组织的科学社团如雨后春笋般涌现，标志着他们自主探究能力的积极养成，社团活动中的自主选题和团队合作攻克难题，为他们未来的学术生涯奠定了坚实基础。问卷调查结果显示，学生对科学类课程的持久兴趣，为终身学习提供了强大的内在动力。在这一过程中，科学精神得到了内化，学生在探索与创新中展现出不懈的态度，以开放、包容的心态接纳新知、挑战未知。通过这一科学学习模式的构建，我们不仅实现了学生科学素养的全面提升，激发了他们对科学的热爱与追求，还使他们形成了持续探索、终身学习的良好习惯，为未来的发展奠定了坚实的基础，为科学教育实践提供了有力的支持与示范。

（一）科学兴趣调研：学生学习态度与倾向性分析

为了全面了解我校学生对科学和科技的兴趣程度，我们开展了一项关于学生科学兴趣的问卷调查。这项调研旨在深入分析学生的科学兴趣现状、影响因素以及未来发展趋势。通过系统性的数据收集和分析，我们期望能够准确把握学生的科学学习需求，为进一步优化科学教育课程和教学策略提供有力支持。预计调研结果将揭示学生对不同科学领域的兴趣偏好，以及科学兴趣与学生学习成效之间的关联性。

为了解学生在科学领域的成长轨迹，精准把握他们的科学兴趣、素养养成情况以及在科学探索过程中面临的问题和需求，我们精心设计并开展了本次学生科学素养调研。分析调研结果发现，学生在科学素养方面取得了一定提升，具体表现在以下几个方面：

一是学生兴趣高涨且参与积极。大多数学生对科学活动展现出较高的参与意愿，尤其对动手实验（83.3%）和科技项目制作（43.15%）兴趣浓厚。虽有部分学生未参与校内科学社团或科技兴趣班，但从整体参与意愿来看，学生对科学活动的热情具备进一步激发的潜力，这为提升科学素养奠定了良好的兴趣基础。同时，校内科学科技活动的满意度较高，近80%的学生表示比较满意或非常满意，说明校内科技活动在一定程度上吸引了学生，有助于保持和增强他们对科学的兴趣。

二是学生科学实验技能增长。学生对实践性和互动性强的活动兴趣较高，校外活动中，科技馆深度探索之旅（28.52%）和机器人编程工作坊（26.64%）备受欢迎，这一倾向表明学生在实践操作性较强的活动中更容易获得乐趣与收获。而且75.05%的学生尝试过自己设计实验或制作小发明，这不仅体现出学生积极探索的态度，更侧面反映出学生在实际动手过程中，其科学实验技能在不断积累和增长。

三是学生素养提升初显成效。从学生对科学知识影响的认知来看，大部分学生（71.86%）认为科学知识能拓宽视野；59.1%的学生认为能激发创新思维和想象力；62.66%的学生认为能增强动手能力和实践能力，这表明科学知识的学习对学生素养提升已产生积极作用。此外，54.41%的学生认为学习科学知识对未来生活非常有帮助，这种积极认知有助于推动他们在科学探索的道路上不断前进，进一步提升科学素养。

当然，本次调研也反映出了一些问题，比如，学生认为时间不够、学业压力大是阻碍深入学习科学的主要因素，学生希望增加科学实验课（72.05%）和科普展览及实地考察（60.41%）等活动以增强互动性与体验感。学校针对上述问题，将在资源配置和时间管理上给予学生更多支持，通过增加互动式教学、改进实验设备，以及丰富科普实践活动形式等来增大科学课堂的吸引力，助力学生科学素养的持续提升。

（二）活动参与度考察：科学科技类活动的学生参与度分析

我校长期重视科学科技类活动的开展，为了全面评估科技活动的实际效果及学生参与度，我校对校内外的各类科技活动实施了系统性的深入调查。这项调查涵盖了各类科技竞赛、科学实践项目、科技社团等多种形式的活动。通过细致分析学生参与活动的频次、深度以及所取得的成果，我们旨在深入探究科技活动在培养学生科学兴趣和能力方面的实际成效。预期的分析结果将帮助我们识别最受欢迎和最有效的活动形式，为未来科技活动的规划和改进提供重要参考。

1.科技节日启智，素养培育生根

为引领学生感受前沿科技，激发学生科学探索的热情与兴趣，我校特色活动——科技节已连续开展21届。一年一度科技节的开展旨在为学生提供广阔的科技探索与实践平台，不断回应培养具有创新精神和实践能力的新时代人才的要求。以我校2024年第21届科技节为例，此次科技节以"七十五载铸辉煌，科技强国我担当"为主题，开展了丰富多彩的系列科技文化活动。本次科技节吸引了全校所有班级的学生广泛参与，参与学生100%覆盖。例如，在山西·太谷第二十一届科技节中，学生们通过各种形式的活动，如科技讲座、实验展示、创新竞赛和科技作品展览，不仅提升了自身的科技素养，也为学校的科技创新氛围注入了新的活力。在家长的智力支持下，学生充分发挥想象力和创造力，合作设计，动手实践，让各类环保材料焕发新生，分别以"深海探秘—科技护航""陆地智行—科技启航""苍穹筑梦—科技领航"为主题开启科技节的巡游展示，将科技节的开展推向高潮。

除此之外，我校鼓励学生在体验中学习，在尝试中探索，不断提高创新人才的提升水平，引导学生将工程思维和科技理念融入实践。基于此，我校连年举办飞行节活动，通过"纸飞机涂鸦""飞行器设计大赛""纸飞机比赛""放

风筝活动""飞行达人表演秀""模型飞机互动展示""天文讲座""非遗课程"等多种活动形式，为学生提供与智能科技、航天飞行等技术的互动体验机会，打造学生学习成长的优质平台。

因此，我校的科技实践活动多元、全面，以科技节和飞行节这"两节"为主要载体，每届活动都设置特定主题，回应学生需求，紧跟时代发展，体现科技前沿，将科技教育作为办学特色，不断发扬"科学启智，教育立身"的校训精神。

案例 节日课程——"挑战天下"科技节

一、科技节理念

为积极响应科教兴国、人才强国、创新驱动发展的国家战略，着力激发青少年好奇心、想象力、探求欲，引领学生感受前沿科技，激发学生科学探索的热情与兴趣，中关村第一小学特此创办一年一度的科技节。学校作为中国科学院早期人才培养基地，地处中关村自主创新高科技园区，位于中国科学院核心地带，被19家科研院所环绕，长期浸润在浓厚的科技氛围中。依托这一独特的地理资源优势，学校确立了"科学启智，教育立身"的校训，将科技教育作为办学特色，始终致力于科技教育特色的培养和发展。

科学教育是立德树人工作的重要组成部分，是提升全民科学素质、建设创新型国家的基础。小学科学教育对从小激发和保护孩子的好奇心和求知欲，培养学生的科学精神和实践创新能力具有重要意义。学校深刻认识到，科学教育要抓住学生能力发展的关键期，在此期间激发和保持儿童的科学兴趣，让儿童逐渐形成科学本质观，并能够自主对科学领域进行探索，形成初步定向并夯实这一根基。为此，学校通过开展丰富多彩的科技实践活动，如科技节、飞行节等，来深化科学教育。

实践活动课程化的理念主要体现在以下几个方面：

（一）以项目化的流程实施实践活动

学校鼓励孩子们像科学家一样思考与行动，在具有真实性、复杂性的问题情境中进行调查、探究。这种方法不仅让学生掌握科学知识，更重要的是培养他们的科学思维和探究能力。例如，在科技节活动中，学生需要完成从设计到实施的完整项目，如制作太空舱模型或设计海洋清洁装置等。

（二）激发学生的好奇心和创新精神

学校通过精心设计的活动主题和内容，如"太空环游记""奇遇海洋之旅"等，激发学生对科学世界的好奇和探索欲望。这些活动不仅有趣味性，还能让学生了解科学技术与日常生活和社会发展的密切联系。

（三）将科技教育纳入全员育人的体系中

科技实践活动不是孤立的，而是与德智体美劳全面育人相结合。例如，在制作环保主题的科技作品时，学生不仅学习了科学知识，还培养了环保意识和社会责任感。

（四）保护和激发儿童的探究欲

学校注重保护和激发儿童的好奇心、求知欲和探求欲，努力发掘每一个孩子心中的科学梦。这种理念体现在活动设计的开放性和包容性上，鼓励学生大胆假设、勇于尝试。

（五）注重实践和体验

科技节和飞行节等活动强调"做中学"，让学生通过亲身实践来理解科学原理，培养动手能力和创新思维。例如，在飞行节中，学生需要亲自设计、制作和测试飞行器，这个过程中他们不仅学习了空气动力学知识，还体验了工程设计的全过程。

（六）跨学科整合

实践活动的设计注重跨学科知识的整合，体现 STEAM 教育理念。例如，在制作太空舱模型时，学生需要运用物理、化学、生物、工程、艺术等多学科知识。

（七）面向未来的前瞻性

活动主题和内容紧跟科技前沿，如太空探索、海洋科技、人工智能等，旨在培养学生的未来意识和创新精神，为国家培养可担当民族复兴大任的时代新人。

二、科技节内容

（一）主题设计

每届活动都设置特定主题，紧跟时代发展，体现科技前沿，激发学生兴趣。例如，第十九届科技节的主题是"太空环游记"，第二十届科技节的主题是"奇遇海洋之旅"，第七届飞行节的主题是"迎风启航　劳动与梦想"。这些主题的设置不仅考虑了科技发展的热点，也结合了国家战略和学生兴趣。以

"太空环游记"为例,这个主题紧跟我国载人航天工程的发展,让学生了解国家重大科技成就,同时也激发了学生对宇宙探索的好奇心。"奇遇海洋之旅"主题则引导学生关注海洋科学,体现了我国对海洋资源开发和保护的重视。"迎风启航　劳动与梦想"将飞行科技与劳动教育相结合,体现了全面育人的理念。

（二）活动板块

活动通常包括多个板块,如主题巡游活动、集体项目比赛和个人挑战项目等。这种多元化的设计能够满足不同年级、不同兴趣学生的需求,也能全面培养学生的各项能力。例如,在第十九届科技节中,主题巡游活动让学生以班级为单位展示对主题的理解和创意;集体项目比赛如"神舟竞速""太空快递""太空旅游"等,培养学生的团队合作能力和创新能力;99个挑战小屋的个人项目则提供了丰富多样的个人挑战机会;科学家互动展示活动为学生与科技前沿接轨创造了平台。这种多板块设计确保了每个学生都能找到感兴趣的参与方式,最大限度地调动学生的积极性。

（三）分级设计

根据学生年龄特点和认知水平,对不同年级的学生设置不同难度和内容的活动。这种分级设计既考虑到了学生的认知发展规律,也为学生提供了适度的挑战。以第十九届科技节的主题巡游活动为例:

低年级（一、二年级）主题为"飞向太空",侧重于让学生了解基本的航天知识。

中年级（三、四年级）主题为"太空漫步",要求学生展现更多的航天应用。

高年级（五、六年级）主题为"太空基地",需要学生进行更复杂的设计和思考。

这种分级设计既保证了活动的趣味性,又确保了每个年级的学生都能得到适合的挑战和成长。

（四）跨学科整合

活动设计融入多学科知识,如科学、技术、工程、艺术、数学等,实现STEAM教育理念。这种跨学科整合不仅拓宽了学生的知识面,也培养了学生的综合思维能力。例如,在"太空旅游"项目中,学生需要设计戈德堡装置,制作一个这样的装置需要运用物理学知识设计机械传动、应用工程学原理确保装置的稳定性、利用美术知识设计外观、使用数学计算来优化装置性能，这种跨学科的设计让学生理解知识的内在联结性，培养了他们的综合应用能力。

（五）在各项活动中充分发挥实践性和探究性

活动设计强调动手实践和探究过程，如制作模型、进行实验、解决实际问题等。这种设计理念源于"做中学"的教育思想，旨在通过实践加深学生对科学原理的理解。例如，在"神舟竞速"项目中，学生需要设计和制作能承载同学的纸船、测试和改进纸船的设计、在比赛中实际操作纸船，这个过程不仅让学生学习了船舶设计的基本原理，还培养了他们的工程思维和问题解决能力。

（六）鼓励学生大胆创新

鼓励学生发挥创意，开放性地设计和制作作品，培养创新思维。活动设计通常不给出固定答案，而是鼓励学生自主思考和创新。例如，在"太空基地"主题中，学生可以自由想象未来的太空生活，设计各种创新的太空设施。这种开放性的设计极大地激发了学生的创造力和想象力。

（七）创造学生合作与交流的机会

设置团队合作项目，培养学生的协作能力和交流能力。很多项目都需要学生组队完成，这培养了他们的团队合作精神。例如，主题巡游活动就是以班级为单位进行的，需要全班同学共同努力，这不仅培养了学生的合作能力，也增强了班级凝聚力。

（八）采用多元化评价方式

评价方式包括教师评价、同伴评价、家长评价和社会评价等。这种全方位的评价体系不仅全面反映了学生的表现，也让学生从不同角度认识自己的优势和不足。例如，在主题巡游活动中，评价方式包括：老师评价——关注活动的教育意义和科学性；同学评价——关注创意性和趣味性；家长评价——关注孩子的参与度和成长；社区居民代表评价——提供社会视角的反馈。这种多元评价方式不仅全面反映了活动的效果，也为学生提供了多角度的反馈，有助于他们更好地认识自己和改进不足。

（九）活动内容注重衔接性

科技节和飞行节不是孤立的活动，而是学校科技教育体系中的重要组成部分。每年举办的这些活动形成了一个连续的科技教育链，让学生在长期参与中逐步积累经验、提升能力。例如，学生可能从低年级参与简单的科技制作，到高年级时能够独立设计复杂的科技项目。这种长期性的参与对培养学生的科学素养和创新能力起到了重要作用。

三、节日课程目标

中关村第一小学的科技实践活动课程化目标是多元化和全面的，旨在培养学生的综合素质和核心素养。具体目标包括：

培养学生的科学探究与交流能力。通过设计开放性的探究任务，如科技节中的"太空环游记"主题活动，学生需要自主设计实验、收集数据、分析结果，并在小组内部和班级间进行交流展示。这个过程培养了学生的科学探究能力、逻辑思维能力和科学交流能力。

发展学生的科学思维与创新能力。科技节和飞行节的活动设计强调创新性思维，鼓励学生突破常规思维模式。例如，在设计海洋清洁装置时，学生需要运用创新思维来解决实际问题，这不仅培养了他们的创新能力，也锻炼了他们的批判性思维和问题解决能力。

培养学生的科学态度与责任意识。通过参与环保主题的科技项目，如设计海洋垃圾回收装置，学生不仅学习了相关的科学知识，还培养了环保意识和社会责任感。这种活动帮助学生认识到科学技术在解决社会问题中的重要作用，培养他们用科学造福人类的责任意识。

提高学生的动手实践能力和团队合作能力。科技节和飞行节的许多项目都需要学生亲自动手制作，如制作纸船、投石机、飞行器等。这些活动不仅提高了学生的动手能力，还培养了他们的空间想象力和工程思维。同时，大多数项目都需要团队合作完成，这培养了学生的协作能力、沟通能力和领导力。

增强学生对科学技术的兴趣和对科学事业的热爱。通过生动有趣的主题活动，如"太空环游记""奇遇海洋之旅"等，激发学生对科学的兴趣和热情。这些活动让学生感受到科学的魅力，培养他们对科学事业的热爱，为未来可能从事科学研究工作奠定情感基础。

培养学生的设计思维和创造力。在科技节的主题巡游活动中，学生需要设计和制作各种模型和装置，这个过程培养了他们的设计思维和创造力。例如，在"太空基地"主题中，学生需要设计未来的太空生活场景，这种创造性活动极大地激发了学生的想象力和创造力。

提升学生的综合素质和核心素养。科技实践活动不仅关注科学知识的学习，更注重培养学生的核心素养。例如，通过项目式学习，培养学生的自主学习能力、信息处理能力、创新思维等21世纪核心素养。

培养学生的国际视野和民族自豪感。通过了解我国在航天、海洋等领域的科技成就，培养学生的爱国主义情怀和民族自豪感。同时，通过了解国际前沿科技发展，培养学生的国际视野。

四、活动方案

（一）主题巡游活动（见图 5-1）

图 5-1　主题巡游活动

主题巡游活动是科技节的重要组成部分，它不仅展示了学生的创意和动手能力，也是一次生动的科普教育过程。活动分为三个主题："飞向太空""太空漫步"和"太空基地"，分别对应不同年级的学生。

1. 飞向太空（一、二年级）

从 1970 年中国第一颗人造地球卫星"东方红一号"发射成功，到 2003 年中国第一艘载人飞船神舟五号顺利升空，再到"天问一号"开启火星探测之旅，直至神舟十三号载人飞船顺利返回，我国航天事业从无到有，凭借自力更生的不懈努力，逐步具备了进入太空的能力，我国成为世界公认的航天大国。"飞向太空"活动旨在鼓励同学们自主学习与航天相关的科学知识，并以主题巡游的方式展现航天技术发展历程（造卫星、造火箭、发射卫星、发射飞船……）。

2. 太空漫步（三、四年级）

我国航天领域不断创造出一个又一个惊人奇迹。载人航天、北斗导航、嫦娥探月、天问探火，一次次历史性飞跃，不断刷新着航天的新高度。除了国家安全的战略需要外，航天技术早已经渗透到我们生活的方方面面，电视、通信、导航，航天带来的生活改变，已经无处不在；资源普查、气象数据、应急救援等，更是与航天技术密不可分，航天科技还将为我们的经济生活带来更深远的变革。

　　未来，我们要探索更浩瀚的宇宙，就要把整个太阳系里的行星、小行星、卫星的情况了解清楚。"太空漫步"主题巡游活动请同学们发挥创造力，可以展现人类利用太空资源的能力，比如应用卫星服务社会与经济；可以模拟展示航天员出舱活动；可以体现空间飞行器交会对接；可以畅想太空垃圾的处理办法；可以模拟展示空间实验室活动；可以模拟展现深空探测（登月、登火星……），比如把"玉兔"月球车带到月球、把"嫦娥四号"送到月球的背面、"嫦娥五号"带回月球样品增进对月球土壤的研究等。总之，呈现出空间科学活动的特点。

　　3. 太空基地（五、六年级）

　　太空是一个超低温、强辐射和高真空的环境，航天员能在太空过上与在地球上一样的生活，这与航天器环境控制与生命保障系统密不可分。环控生保系统是保障航天员在太空环境里生存、生活和工作的基础措施，是载人航天器的一个关键组成部分，为航天员在太空创造一个适合人类生活和居住的环境。

　　未来，太空上的生物如何生活，需要依赖闭环生保系统，它是基于地外星球表面环境特点而人工建造的密闭微生态循环系统。以植物的光合作用为出发点，通过利用各种先进技术，合理、高效、可控地组合和运用"生产者（植物）""消费者（人 / 动物）"和"分解者（微生物）"之间的关系，实现有限资源的重复再生利用，是一种全封闭、基本自给自足和自主物质循环的生命保障系统。

　　"太空基地"主题巡游活动中，请同学们大胆想象太空生活，可以尝试设计生命保障系统，呈现生命保障系统特点，比如太空农业（植物舱）；也可以猜测太空基地里有什么，比如太空超市、太空交通……

　　4. 展现形式

　　体现主题理念。为了方便同学们操作展示，巡游中可以有主体结构，也可以没有主体结构而以同学们扮演的形式进行展示（如果有主体结构，则结构大小应不超过 2 米 × 2 米 × 2 米，在结构设计上，建议利用在科学课、科学家课程、科技场馆、科普读物中学到的科学原理制作设计，提倡展示"可活动"的结构设计。此外，建议用废旧材料搭建与制作，创意地使用各种废旧物品，充分贯彻体现可持续发展理念）。服饰与展品呈现的样式效果应围绕各年级主题，呈现形式可任意设计，诸如声、光、电、机械传动效果等形式均可采用。所有巡游班级要保证材料安全、用电安全、展览安全等，不得有安全隐患。此外，供电设备必须低于36V，不得使用有毒、有腐蚀性的化学用品及试剂制作等。

5. 巡游人员及路线

巡游过程中，限最多10名同学进行巡游活动。巡游活动在操场上规定线路进行，条件允许的情况下会在社区里展示。

6. 评价方式

教师、家长、同学、社区居民代表将对巡游的成果设计与整体表现进行投票，选出优胜者予以表彰。

（二）集体项目比赛

集体项目比赛是科技节的另一个重要组成部分，它通过具体的动手实践项目，让学生将所学知识应用到实际问题中，培养他们的实践能力和团队合作精神。

1. 三年级挑战项目——神舟竞速

（1）核心任务。

从出发点驾驶"神舟"纸船，沿环形航道行驶至终点站，完成绕圈一周的航行，以完成任务时间最短者为胜。

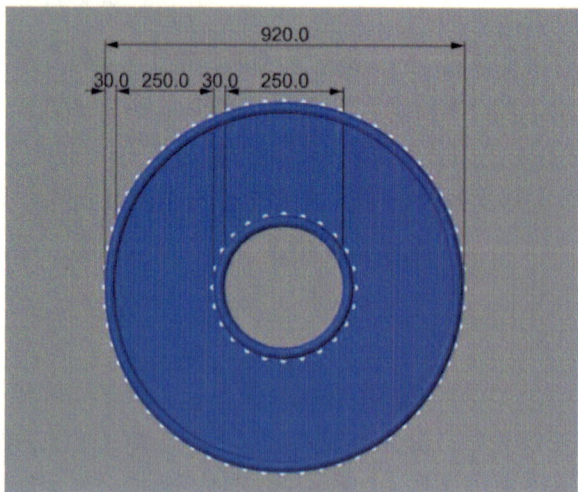

图5-2 环形航道（单位：厘米）

（2）比赛说明。

· 参赛班级制造一艘纸船，要能搭载一名同学。纸船长80—130厘米，宽不小于 60 厘米，高不小于 15 厘米，平底。

·船体可以使用各种纸质材料，不得使用木头、橡胶、布料、塑料等，可以使用液体胶水或透明胶条。纸船做好后可以在表面刷清漆，纸船外观可参考航天器外形。

·建议纸船的底板用厚纸箱做，可以在做好的纸船里铺上木板，以增加纸船底板的牢固程度，防止脚踩坏纸船。

·可以自制船桨，也可以用乒乓球拍等物代替船桨。船桨划水时不得接触到水池底部。

·水池尺寸如图 5-2 所示。高 30 厘米，水深 20 厘米（学校提供）。

·比赛时由一位同学坐到纸船里，听信号从起点开始，划桨航行（见图 5-3）。

·参赛班级提前进行预赛，每班指定一艘纸船进行比赛。

图 5-3　神舟竞速

2. 四年级挑战项目——太空快递

（1）核心任务。

动手制作投石机（见图 5-4），向月球表面指定位置投放太空快递（用水弹模拟太空快递，见图 5-5），"塑料瓶柱体"位置为物资投放点，太空快递投放到物资点多者获胜（即水弹打倒"塑料瓶柱体"多者获胜）。

图 5-4　制作投石机

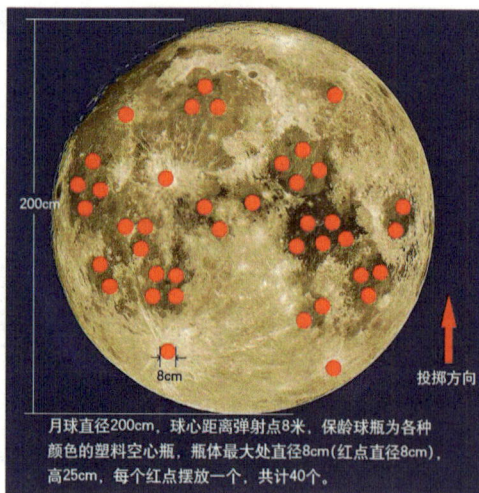

图 5-5　模拟月球设计

（2）比赛说明。

·参赛班级制作一个可以一次投掷多枚水弹的投石机（投石机总高度不超过 1.5 米）。投石机制作材料不限，外观可参考中国古代投石车。

·投石机投掷自制水弹（小气球装满水，每个气球装水量不超过 750 毫升）。

·投掷前有 1 分钟调试时间，试验落地点，调整配重及投石机摆放角度。

·投掷目标为 7 米外分散的塑料瓶柱体，投掷一次，以打倒塑料瓶柱体多者为胜（类似打保龄球）。

·参赛班级提前进行预赛，每班指定一个投石机进行比赛。

·投石机美观程度加分：a等级奖励三个塑料瓶柱体；b等级奖励两个塑料瓶柱体；c等级奖励一个塑料瓶柱体。

3.五年级挑战项目——太空旅游

（1）情境。

戈德堡装置利用各种材料制作多个机关传动，以迂回曲折的方法完成一些非常简单的工作，例如，倒一杯茶、一颗蛋，等等（见图5-6）。设计者必须计算精确，使机械的每个部件都能够准确发挥功用，因为任何一个环节出错，都极有可能令原定的任务不能达成。

图5-6 戈德堡装置

（2）核心任务。

·在场地内摆放一套自制的戈德堡装置。

·通过戈德堡装置的机械传动，触发机关呈现太空门票（自主设计太空门票，尺寸、样式不限），太空门票的呈现方式最好给人以意想不到的效果。

（3）比赛说明。

·每班一个参赛队（不超过10名同学），制作一套由最少5个机关或机械传动组件组成的装置，最终组合的整套装置长、宽、高均小于3米（装置放在3×3米的场地内）。

·该装置必须使用生活中常见物品或是废旧材料来制作，但不得使用有毒有害及腐蚀性物质，制作工具和工艺不限。出于安全考虑，装置使用电压不能高于36V，也不能含有高压装置。

·装置起始操作是一名参赛队员将一个小球（体积小于或等于网球即可）

放到装置上，经过一系列的机关传动，最终释放太空门票。

·起始操作的小球和最终释放的太空门票由参赛队自行准备。

（4）计分方法。

·该装置含有至少 5 项机关变化，变化明显并具有一定的观赏性，每项顺利完成可得 10 分，最高 50 分。

·整套装置的外观质量、工艺由裁判评 1—20 分。

·太空门票的展示方式创意性得 10—20 分。

·从起始到结束（释放小球—机关传动—出现太空门票）一次成功，得 10 分。

·从释放小球开始到出现太空门票计时结束，须在 5 秒以上，1 分钟以内完成。若途中装置停止传动，可以有人为调整机会，调整一次（20 秒之内）扣减 10 分，最多扣减 50 分（扣减 50 分则比赛结束），除此以外，参赛队员不得以任何人为触碰或遥控方式干预装置操作。

·参赛队从安装装置到比赛结束不超过 5 分钟，5 分钟时间到则比赛结束。

·比赛过程中若裁判发现任何安全问题可随时停止该参赛队比赛。

（三）个人项目：99 个挑战小屋

每个挑战小屋都有一个特别有意思的挑战题，学生以组为单位（不超过 4 名同学为一组），在参加各年级集体挑战活动后可以参与自己喜欢的挑战小屋的活动（见图 5-7）。挑战小屋按年级分区域布置，比赛手册在科技节之前会发到学生手中，活动的所有裁判和组织者均为六年级学生。期待学生们通过自己的努力挑战自我，团结协作，展现最好的自己。

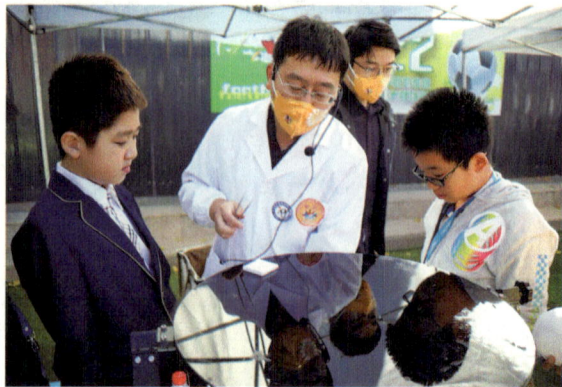

图 5-7　挑战小屋活动现场

2. 作业创新拓展，实践能力提升

在科技教育的征程中，我校矢志不渝、奋力前行，在探索创新教育模式之路上，尤其在作业设计领域，迈出了勇敢而坚定的步伐，显著提高了学生的实践能力，并点燃了他们对科学学习的无限热情与浓厚兴趣。学校精心设计了丰富多样的作业活动，涵盖科学实验、种植饲养、思维导图、"翻翻书"、科学绘本、宣传海报、科技制作、工程实践等，且分层分类供学生自由选择。这种新颖的作业模式，彻底颠覆了传统作业的刻板印象，细致入微地关照到每位学生的独特性与兴趣所在，犹如为学生们铺设了一条条通往科学殿堂的神秘通道。无论是偏爱动手实践、乐于探索未知的学生，还是擅长逻辑推演、善于创意表达的天才，都能在这片广阔的天地里找到属于自己的舞台，满怀激情地投身于科学探索的壮丽征程。

科学实验作业让学生们亲自动手操作，从实验设计、数据收集到结果分析，每一个环节都充满挑战与乐趣；种植饲养作业则将课堂延伸到自然环境中，让学生们亲手培育植物、照顾小动物，观察它们的生长过程和生活习性；思维导图和"翻翻书"作业鼓励学生对所学科学知识进行梳理和整合，以独特的方式呈现出来。学生们尽情施展创造力，把深奥的科学概念转化为直观生动的图形与页面；科学绘本与宣传海报作业，为学生搭建了展现科学创意与表达才华的舞台，他们借助绘画、文字等多元形式，将科学知识演绎得既通俗易懂又引人入胜，有效传播给同学们。科技制作和工程实践作业更是激发了学生的创新实践热情。学生们利用各种材料，设计并制作出具有一定功能的科技作品，如简易机器人、太阳能装置等。作业形式的创新拓展对学生的科学素养提升、综合能力发展、深化科学知识理解以及科学教育的整体推进都起到了积极的促进作用。

3. 社团多元赋能，创新人才成长

我校科技类社团活动丰富多样，涵盖多个学科领域，为学生提供了广泛的兴趣发展和能力培养空间，在学校的科技教育体系中发挥着重要作用。这主要体现在：

（1）多元领域激发学生兴趣，高参与度凸显社团魅力。

学校精心打造了一系列围绕科学科技主题的社团，涵盖模型、机器人、科技创新、劳动技能与智能设计、天文、信息技术、STEM、DI等多个领域。分类细化、领域多元的社团为学生们提供了多元化的选择，满足了不同学生对科技的兴趣需求，吸引了众多学生积极参与。

学校科学科技主题社团的蓬勃发展源于学生的广泛参与认可。例如，模型社团每次活动都能吸引来自不同年级的百余名学生参与，他们热衷于制作和操控各类航空航天模型，在动手实践中感受科技的魅力；科技创新社团自一年级起便致力于培养学生的创新思维，学生随着年级提升，不断积累探索经验，深入钻研科技创新项目，营造了浓厚的科技探索氛围。

（2）竞赛佳绩见证社团实力，营造科技氛围。

在科学探索的广袤天地里，我校科学科技类社团的同学们在各类科技竞赛的舞台上勇敢开拓、展现智慧，屡获佳绩。近三年，我校模型社团、机器人社团、DI 社团、科技创新社团、STEM 社团、信息技术社团、天文社团、劳动技能与智能设计社团等，在国家级、市级、区级赛场上频频亮相，在全国青少年航空航天模型锦标赛、2023—2024 赛季 VEX 机器人亚洲公开赛华北交流赛、第十四届蓝桥杯全国软件和信息技术专业人才大赛、第四十届北京学生科技节等近 50 项各级各类比赛当中荣获一、二、三等奖，取得了众多优异成绩。这既是学生主动将所学应用于真实情境的生动实践，更是我校科学教育成果的有力体现。

（三）学生个案

在科学教育这一宏伟画卷中，每位学生均以其独有的个性、梦想、兴趣及潜能，勾勒出各自成长道路上的独特风景线。为深入洞察学生的成长轨迹，精准挖掘并培育科学兴趣，我们特此甄选了一系列具有代表性的学生个案，旨在通过详尽的叙述与深入的分析，全面展现他们在科学学习探索、日常生活及兴趣培养等方面的非凡经历与显著成就。这些个案不仅生动记录了学生们在遭遇挑战时的坚韧毅力与不屈精神，更深刻揭示了他们在教师、家长及同伴的悉心引导下，如何实现自我突破，成就更加卓越的自我。通过对这些个案的深入剖析，我们期望能为教育工作者、家长乃至社会各界提供宝贵的洞见，共同探寻促进学生全面发展、激发内在潜能的有效策略与路径。

个案 1 格物路修远，一生物理人 [1]

我在中关村第一小学的科学教育中不仅收获了丰富的科学知识，更锻

---

[1] 此案例来自中关村第一小学 2017 届 8 班齐晨桐。

炼了自己的科学研究方法。在我的成长过程中，中关村第一小学科学教育的能力培养与品格磨砺一直陪伴着我，从小学、中学到大学，鼓励我成为勇敢逐梦的更好的自己。

中关村第一小学多层次的科学课程学习丰富了我的知识储备。在低年级的科学课堂中，不管是对天气情况的每天实例介绍，还是通过演示实验的方式对相变进行定性讨论，抑或通过模型对人体消化系统进行直观体验，我认识到了生活中随处可见的现象背后的知识点。从这些知识点出发，那些曾经困扰我的神奇现象都可以用普适的科学原理解释，这激发了我对物质世界本质的好奇，更激起了我学习自然科学的兴趣。在科学老师带领下，在高年级的科学课上，除了初具体系的知识学习外，动手实践的机会也多了起来。亲自上手用显微镜观察植物细胞，和同伴一起探究定、动滑轮绳上受力的性质，用碘液探究不同食物中淀粉含量，课本上的知识化为眼前清晰的细胞壁、弹簧测力计上迥异的读数、食物上泛起的紫晕。在一堂堂充满欢笑与思索的科学课中，我亲身体验着物理、化学、生物等自然科学的多彩，对物质世界的认识随知识的积累不断深入。

特别是中关村第一小学开设了由科学家授课的可选择课程，给我们拓展了更为广阔的科学空间。我选择了由我校李实老师和科学院专家共同授课的"自然观察家"课程，从科学方法到科学思维得到了全面的提升。一、二年级时，我在老师的带领下开始尝试从理性的角度观察生活。从地图阅读，到树叶标本拓印，在反复的实践中，总有疲惫的时候，但是在老师的激励下，我坚持完成了对自家小区的树木种类调研。我尝试模仿科研工作者用可理解的简单数据与图像整理出了小区的"树木地图"，收笔那一刻的成就感鼓励我在科学的道路上不懈坚持。

进入三、四年级，在老师的鼓励下我开始练习用文字记录自己的生活，物质世界中玄妙的规律引人入胜，精神王国中童趣的暖阳熠熠生辉，生活的色彩用尽可能准确的语言再现在日记本上，感性的涂抹与理性的勾勒绘出心中的花园（见图5-8）。

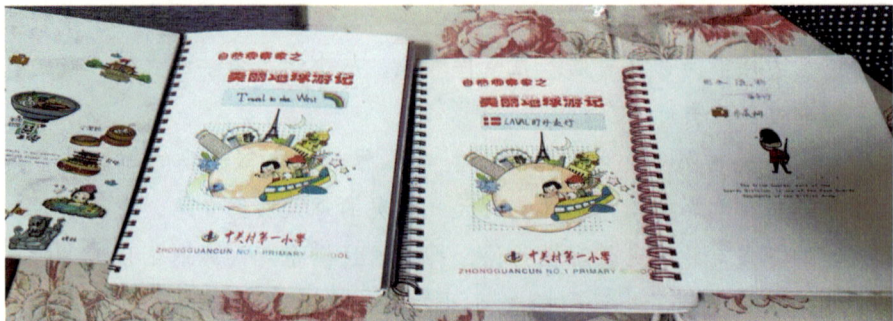

图5-8 《自然观察家之美丽地球游记》

　　六年级后我在老师的指导下开始进行项目学习。在查阅了图书《感受到的力》后，我很快确定了自己的研究题目:《冰箱里的气球》。根据热胀冷缩的原理，我的假设是气球放入冰箱后会变小。在老师引导下，我将6个气球分为两组，一组放入冰箱，另一组放在空气中作为对照组，按照书中的描述测定气球的体积变化。我的方案很快通过了同学们的讨论，进入到实验阶段。但是一周过去了，我迟迟没有拿出实验结果与大家分享。又一周过去了，老师感觉到了我的沮丧，于是让我介绍自己的研究进展。我带着哭腔说自己的实验失败了。因为当我兴冲冲地开始实验后，却发现冰箱里的气球体积并没有缩小，于是我又把时间延长到了24小时，但放在冰箱里的气球仍然没有缩小。

　　老师的作用是帮助我们分析实验。从实验设计到操作没有发现明显的问题，但是结果却与书中的描述不一致。望着我失望的眼神，老师引导道:"书里说的有没有可能是不对的呢?"我受到了启发，因为用书中描述的方法无法准确测量气球的缩小量，所以书中推荐的实验方法是错误的。当我自信地走上第六周的讲坛，用自己的研究经历告诉同伴不能人云亦云，要通过严谨的研究过程提出质疑时，这也是可选择课程自主研究的成功体现。在体验了科学方法的全过程后，我对科学素养的理解进一步深入，体会到了科学的严谨之美，培养了敢于质疑的精神。

　　在空中小农庄的课外社团活动中，李实老师指导我开展了一年的种植实践。我结合科学课上学过的不同种类的食物生产需要消耗许多水资源的章节，想到是否可以通过从种子生长到收获果实的种植全过程探究农作物生长中的水资源消耗情况呢?在与老师交流讨论后，我将这个计划付诸了实践。在一次次搬盆、浇水的重复中，我坚持统计每次浇水的总量，每天整理好数据，为优化种植水量提供了基础数据。在得到最终结果时，怀中熟透的西红柿、对自己坚持的感谢与满满的成就感是盛夏最甜美的果实。

进入中学后，我对科学的兴趣不减。小学时期对世界本质的探索，逐步塑造了认知方式，也让我对物理产生了浓厚的兴趣。现象背后的本质概括成简练的原理，理论与实验的一步步磨合让人们不断逼近万物运动的真相，都深深吸引着我。在最累的时候，我常常回想起中关村第一小学科学老师对我的鼓励，然后继续用好奇的精神探索世界，用坚持的态度刻苦努力。怀揣着对物理的兴趣，我进入了北京大学物理学院进一步深造。

大学的学习使我在物理与数学方面的知识储备达到了前所未有的丰富程度。在中关村第一小学进行的"提出问题—做出假设—进行实验—整理数据—误差分析—总结展望"的科学探索流程让我对物理实验与科研有了更深的认识，在文献阅读、演讲汇报等环节更加游刃有余；从小养成的坚持的习惯让我在遇到实验困难时可以以平常心面对。我积极参加实验与科研训练，继续在科学的道路上行走。

从葵园出发，青年逐梦的步履要走向星辰大海。一路上，"科学启智，教育立身"为我打下了坚实的基础，给了我无数激励。对科学的兴趣与对科学的探索，来自懵懂时中关村第一小学的培育。面对未来的挑战，我希望可以对自己负责，与同伴共进步，成为最好的自己的同时，推动祖国的腾飞与人类的进步（见图5-9）。

图 5-9　格物路修远，一生物理人

【学生感言】

回忆起在中关村第一小学的岁月，总能想起同学们在科学教室里做实验的快乐时光，总能想起那些和伙伴们在空中小农庄搬盆、浇水、统计数据的汗水与欢笑，总能想起在可选择课程、毕业课程进行最终汇报前一遍遍梳理逻辑、反思自己每一步实验是否具有科学性时的紧张与充实。在中关村第一小学的六年，不仅收获了科学知识，更收获了科学的方法与科学的态度。进入中学后，质疑精神与好奇心让我不断深入物理世界，喜欢上了这个理论与实验紧密结合、在一次次修正中不断逼近本质的学科，这也使我最终选择物理作为自己的本科专业。想起中关村第一小学，也会想到2013年"挑战天下"科技节，那年进行主题词征集，在全校师生的投票下"坚持"遥遥领先。科学的严谨、坚持的态度，陪伴我走过离开中关村第一小学后的磕磕绊绊，也将陪伴我在漫漫人生路上，"做最好的我，用真才实学，报效我的祖国"！

【家长感言】

在中关村第一小学的学习为孩子进入中学和大学打下了坚实的基础。我们最常听他兴奋说起的是空中小农庄，跟着李实老师一起在种植中学习植物学知识以及培养坚持、耐心细致的科研品质。中关村第一小学给我们家长留下最深印象的还有每年的科技节，那是孩子们的快乐节日。用纸做船竞速，创意无限，挑战不可能。

个案2　小小探索者：启航科学梦之旅①

在中关村第一小学这片充满智慧的沃土上，我不仅汲取了深厚的科学知识，更在科学的海洋中锤炼了自己的研究方法和探索精神。在这里，科学的种子在我心中生根发芽，茁壮成长。

"科学启智，教育立身"是中关村第一小学的精神，我的成长之旅，是中关村第一小学科学教育的生动缩影。在这里，我不仅学到了如何观察、提问、实验和分析，更重要的是，我学会了如何思考、如何创新、如何解决问题。这些科学研究的方法，如同一把把钥匙，为我打开了通往知识宝库的大门。

---

① 此案例来自中关村第一小学2020届9班崔若晗。

在中关村第一小学的每一天，我都在科学的陪伴下成长。从小学的课堂上，到课外的实践活动、参加各类科技竞赛，再到科技节的精彩展示，我始终被鼓励着去追求梦想，去挑战自我，去成为更好的自己。这种鼓励，如同阳光和雨露，滋养着我的心灵，激发着我的潜能。品格的磨砺，同样是中关村第一小学科学教育的重要组成部分。在这里，我学会了坚持和毅力，学会了合作和分享，学会了尊重和谦逊。这些品格，将成为我人生旅途中的宝贵财富，引领我走向更加广阔的天地。

（1）树立理想信念，播种一颗爱科学的种子。

每年中关村第一小学的科技节是所有"葵花们"翘首期盼的节日（见图5-10），"好奇点燃梦想，科学照亮世界"，对于同学们来说，葵园科技节不仅是一句口号，更是心中对科学的无限向往。在这一天，我和同学们一同沉浸在科学的海洋中，体验科技带来的无限可能。

图5-10　2020届四年级9班的同学们在第二十届科技节开幕式

科技节当天，我们聆听了来自不同领域的科学家们的精彩讲座，从他们的智慧和经验中汲取灵感，对科学有了更深刻的理解。第二十届科技节魏辅文院士通过线上方式带来了关于生物多样性的科普讲座，与"小葵花们"一起了解了濒临灭绝的海洋生物以及保护策略，深刻感受海底生物的神奇，体会到海洋生态环境保护的重要性。在实验室里，在老师们的指导下，我亲手操作实验、观察现象、记录数据，体验了科学探究的过程，感受到了科学实验的严谨与乐趣。99个科学小屋，每个小屋都藏着一个科学问题或实验。我和同学们一起挑战，不仅锻炼了解决问题的能力，也培养了团队合作精神。纸船竞速、投石机等项目，让我体验到了科学与技术的结合，感受到了集体智慧的力量。

各年级的同学们以不同的主题，展现了他们对海洋的独特理解和创意。我和同学们一起带着对海洋的好奇与向往，踏上了海洋探秘的旅程，通过实践学习海洋科学知识，体验探索海洋的乐趣。在创作过程中，以海洋环境保护为己任，我们设计出各种海洋环保服饰和宣传品（见图5-11、图5-12），以此宣传保护海洋环境的重要性，倡导树立海洋环保意识。在合作设计和动手实践中，我们充分发挥了自己的创造力和团队协作能力。

图5-11　花车巡游

图5-12　保护海洋环境，与花车合影

通过这些活动，我们不仅学习了海洋科学知识，还培养了环保意识和创新能力。我们在科学家精神的指引下，用自己小小的力量，为保护我们共同的海洋家园贡献了一份力量。这是一次寓教于乐的学习之旅，也是一次意义深远的环保行动。

（2）锤炼科学品质，为梦想注入科学力量。

在四年级，我参加了第二十四届海淀区中小学生金鹏科技论坛，活动的主题是"参加科技实践，求真知，促成长"。在中关村第一小学科技老师的指导下，我开展了一项旨在解决城市交通拥堵问题的创新项目，目标是开发一种能够根据实时车流量自动调节的智能交通信号灯。

在老师的启发下，我观察并分析了城市交通的实际情况，发现了传统交通信号灯在高峰时段的不足（见图5-13）。

图 5-13　观察生活实际，发现问题

第一阶段是确定与草图绘制。我确定了使用超声波传感器的初步方案，并绘制了详细的设计草图。

第二阶段是材料准备与路面搭建。我利用回收的纸箱、木板等环保材料搭建了模拟路面，并安装了传感器和红绿灯（见图 5-14）。

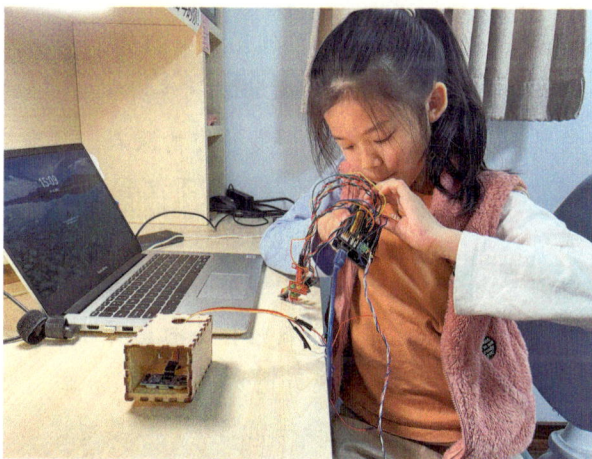

图 5-14　编写程序，加入红绿灯、超声波模块

第三阶段是硬件测试与问题发现。在这一关键阶段，我经过一系列初步测试，发现了超声波传感器在实际应用中的误判问题（见图 5-15）。这一发现，也为我的研究带来了新的挑战。面对这一难题，老师们及时伸出了援手，提供了专业的建议和指导。他们不仅从技术角度分析了问题，更从思维方法上给予了我启发。在老师们的引导下，我开始思考如何采用更

先进的技术手段来优化和改进解决方案。

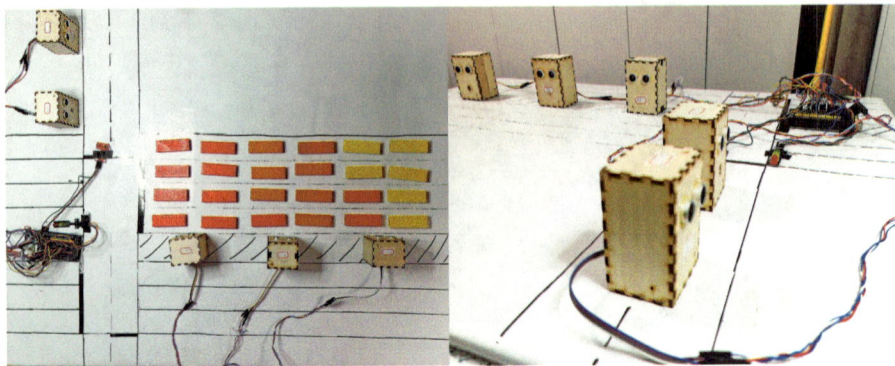

图5-15　硬件测试，发现误判问题

这一阶段的经历，让我深刻体会到了科学研究的严谨性和挑战性。我明白了科学探索的道路从不平坦，但正是这些坎坷和挑战，塑造了我坚韧不拔的品格，激发了我不断前行的动力。在未来的科学探索中，我将以更加坚定的步伐、更加开阔的视野，去迎接更多的挑战，去实现更多的可能。

第四阶段是AI摄像头方案的采纳。在老师的建议下，我转向使用AI摄像头作为交通信号灯的"眼睛"，以提高系统的准确性和智能化水平。

第五阶段是数据收集与标注。随着研究的深入，我迎来了第五阶段的挑战——数据收集与标注。这一阶段，我不仅要学习使用复杂的标注软件，还要完成对大量车辆照片的拍摄和标注工作（见图5-16）。这不仅是对我技术能力的考验，更是对我耐心和细心的挑战。通过不断实践，我逐渐掌握了软件的使用方法，理解了数据标注的重要性。我知道，准确的标注是训练AI模型的基础，是实现智能识别的关键。面对400多张车辆照片，我没有退缩。我细致地观察每一张照片，认真地标注每一辆车。这不仅是一项重复且耗时的工作，更是一项需要极高专注力和精度的任务。我深知，每一张照片的标注都关系到最终模型的准确性和可靠性。

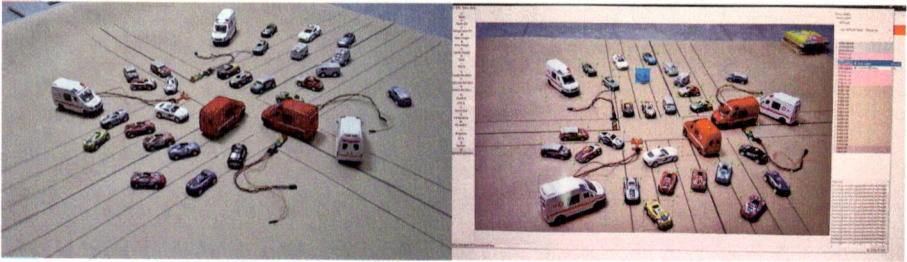

图 5-16　拍摄照片，学习标注照片的软件

虽然过程艰难，但我从中体会到了科学研究的严谨和细致。我在标注的过程中，不仅锻炼了观察力和专注力，更培养了耐心和毅力。我明白，科学研究就像一场马拉松，需要坚持和耐力，更需要对每一个细节的精益求精。

第六阶段是数据智能训练（见图 5-17）。我利用标注好的照片，进行数据智能训练，不断优化 AI 摄像头的识别能力。

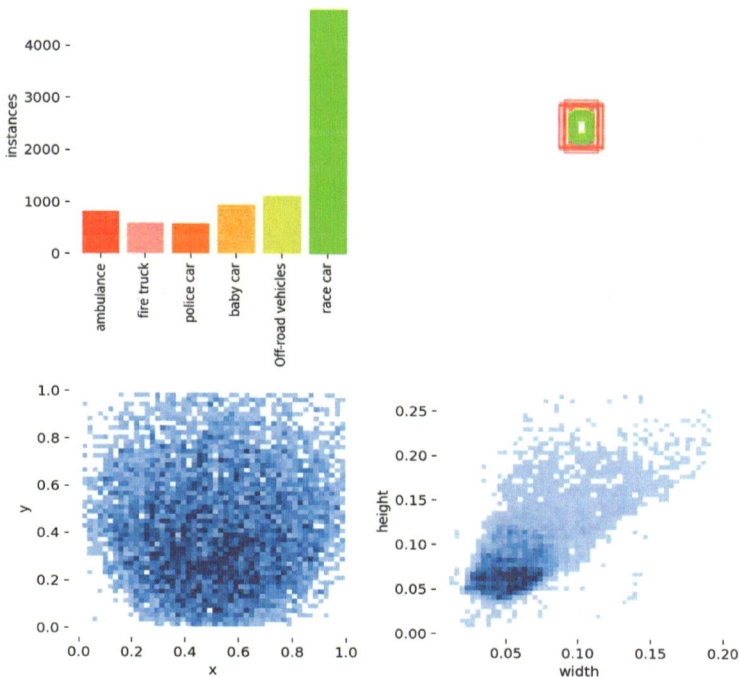

图 5-17　数据智能训练

第七阶段是程序编写与测试。经过反复推敲，我编写了完整的程序，并进行了系统测试，确保了智能交通信号灯的稳定运行。

在这次创新项目中，我遇到了许多技术难题和挑战，但在老师的耐心指导和学校提供的丰富资源支持下，我不仅学到了专业知识，更体会到了团队合作和创新思维的重要性。

最终，作品在这次比赛中获得一等奖。在未来的科学探索中，我将继续以这种严谨的态度和不懈的努力，去完成更多的任务，去解决更多的问题。我将带着在中关村第一小学科学教育中培养的科学精神和研究方法，勇敢地迈向科学的更深处、去发现更多的奥秘、去创造更多的可能。

【学生感言】

自 2020 年踏入中关村第一小学的校门，我便开始了与科学的不解之缘。在这里，我不仅积累了丰富的科学知识，更掌握了严谨的研究方法。这些宝贵的财富，如同一盏明灯，照亮了我前行的道路。

在中关村第一小学的科学教育中，我学会了如何观察现象、提出问题、设计实验、分析数据；学会了如何在失败中寻找答案，在挑战中寻求突破。这些科学研究的方法，不仅让我在学术上取得了进步，更让我在品格上得到了锤炼。

在未来的旅途中，无论是面对学术的难题，还是生活中的挑战，我都将以中关村第一小学科学教育为荣，以中关村第一小学培养的勇敢逐梦的精神，去探索未知、去发现新奇、去创造可能。

我将带着中关村第一小学赋予的好奇心和探索欲，勇敢地迈向未来。我将用自己的智慧和勇气，去解决更多的问题、去实现更大的梦想、去成为更好的自己。中关村第一小学的科学教育，不仅是我知识成长的摇篮，更是我精神成长的沃土。在未来的道路上，我将不断超越自我，用科学的力量，点亮梦想、照亮世界。

个案 3　学生科学实验研究案例——活性炭和活性炭纤维烟雾吸附能力的对比实验①

我对科学研究和实验充满了热情，我喜欢在实验室里探索未知，发现自然界的奥秘。每次实验成功或有所发现，都让我感到无比兴奋和满足。

---

① 此案例来自中关村第一小学六（11）班张鹿鸣。

中关村一小"科学启智，教育立身"的精神，丰富的科学课程培养了我善于观察、勤于思考、求真务实的良好品质。我在日常生活中发现令人困扰的问题后总是积极地探索研究，试图寻找解决方法。针对生活中令人烦恼的烟雾问题，我进行了实验研究。

（1）选题背景。

吸烟损害自己的身体健康，更损害他人的健康。

在公共场所禁止吸烟，是对更多人的保护，但是在电梯上，有些大人还是拿着烟进来，搞得电梯里全是烟味。有人上前提醒，他还满不在乎地说："我并没有吸烟，只是拿着点着了而已。"还有许多次，我从外面进入电梯，电梯里没人，可是却满是烟味。我想，肯定是前面上电梯的人在里边吸烟，搞得电梯里"乌烟瘴气"。还有，小区地下停车库里，空气特别难闻，充斥着汽车尾气，我每次下去，都特别不舒服。对于长期在地下车库看守汽车的管理人员来讲，尾气更是损害着他们的健康。

有一次爸爸带我参加一个聚会，一起到餐厅的包间吃饭，过了不久就有叔叔开始拿出香烟，连平常不太抽烟的爸爸也一起抽起来。烟把我熏得一直咳嗽、头晕，当时我就想，能不能发明一种东西，让大家都可以免受这种有害气体的侵扰。

有一次从外面回来，爸爸怕我累着，就把车开进了地下车库。我的身体当时不舒服，结果一闻到地下车库的味道就更加难受了，咳嗽不止。所以我想，能不能发明一种东西，可以消除地下车库里有害的汽车尾气，也能去除电梯里令人不适的烟味。

在姥爷的帮助下，我先是在网上找资料，了解能够有效去除烟雾、尾气的一些材料的性能，分析、比较它们的特性。通过网络搜索我得知，活性炭纤维是一种新型高效吸附剂。

什么是活性炭纤维呢？它虽然也是一种纤维，但不是天然纤维，也不是尼龙之类的合成纤维。这种纤维是经过特殊处理过的，因此在细细的纤维上，如果用放大镜观察，可以看到有成千上万的微小的孔，正是这些极微小的孔，产生了非常强大的吸收功能。这种材料的主要成分是碳，经过燃烧，就变成了二氧化碳，不会产生致癌物质之类的毒素，基本不会污染环境。经过简单处理，还可以反复使用，是一种环保可再生材料。

（2）研究方法与过程。

①查找相关资料：在老师和家长的指导下，我从网上查询了活性炭和活性炭纤维的相关资料，了解到它们对水具有净化和除臭去毒的功效，但尚未找到二者对烟雾净化和吸附功能的说明。

②请教专家：通过向中国科学院化学研究所、北京化工大学有关专家请教，我了解了更多的专业知识。在实验过程中，专家给予了我许多的参考意见。

③对比实验：准备三个瓶子，其中两个分别装入活性炭和活性炭纤维，另一个保持空置状态，什么都不装。向三个瓶子中释放同样时间的烟雾，观察哪一个瓶子烟雾消失得快，并做好记录。

④实验总结：对记录结果进行分析，得出结论。

（3）原理。

为什么活性炭和活性炭纤维有超强的吸附能力呢？原因在于活性炭和活性炭纤维表面积都很大，且内部密布着大量细小的孔——毛细管。毛细管具有惊人的吸附能力，而活性炭和活性炭纤维凭借巨大的表面积，能够与烟雾充分接触，一旦烟雾颗粒碰到毛细管，就会被吸附，从而起到净化作用。

（4）实验设计。

①实验的主要材料：活性炭纤维约10克，活性炭约20克，玻璃瓶3个，橡胶瓶塞3个，天平1个，手表1块，香烟1包，打火机1个，放大镜1个。

②实验步骤：点燃6支烟，每两支为一组分别伸入3个玻璃瓶中，等瓶子全是烟雾时，马上盖上盖子。

用天平称活性炭纤维10克和活性炭20克，迅速打开两个玻璃瓶瓶盖，同时分别投入活性炭纤维和活性炭，并立即盖好瓶盖，防止烟雾逸出。随即开始计时，将观察到的现象记录于预先设计好的表格中。在1、3、5、10、15、30分钟时分别用肉眼和放大镜观察瓶内烟雾状况，并做好记录，以便后续进行对比分析。

③再生实验：将用过的活性炭纤维或活性炭，放入家用烤箱，120度烘烤30分钟，再用来做实验，方法同上。一共做两次再生实验（见图5-18）。

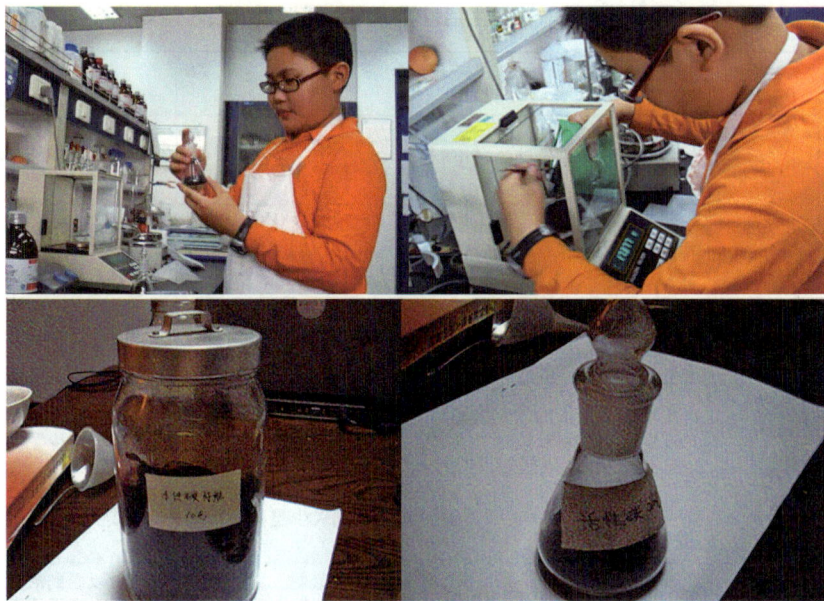

图5-18　实验过程

（5）实验记录。

实验结果如表5-1至表5-3所示。

表5-1　实验材料的吸附烟实验

实验时间（分钟）	活性炭纤维	活性炭	空瓶子
1	肉眼观察不到变化，利用放大镜可观察到烟雾颗粒减少了一些	肉眼及放大镜观察不到烟雾颗粒的变化	肉眼及放大镜观察不到烟雾颗粒的变化
3	肉眼观察烟雾稍有减少，利用放大镜可观察烟雾颗粒减少较多	肉眼观察不到变化，用放大镜可观察到烟雾颗粒稍微减少了一些	肉眼及放大镜观察不到烟雾颗粒的变化
5	肉眼观察基本透明，用放大镜观察到极少量烟雾颗粒	肉眼观察烟雾稍有减少，用放大镜观察到烟雾颗粒减少很多	利用放大镜可以看到烟雾颗粒稍有变化
10	肉眼观察透明，用放大镜观察不到烟雾颗粒	肉眼观察基本透明，利用放大镜观察到少量的烟雾颗粒	利用放大镜可以看到，烟雾颗粒有所减少
15	瓶子透明	肉眼观察基本透明，利用放大镜观察到较少量的烟雾颗粒	利用放大镜可以看到烟雾颗粒减少，烟雾浓度有所降低
30	瓶子透明	肉眼观察基本透明，用放大镜观察到极少量烟雾颗粒	肉眼可以看到瓶内变得较为清晰

表5-2　第一次再生活性炭纤维和活性炭的吸附烟实验

实验时间（分钟）	活性炭纤维	活性炭	空瓶子
1	肉眼观察不到变化，利用放大镜可观察到烟雾颗粒减少了一些	肉眼及放大镜观察不到烟雾颗粒的变化	烟雾没有较大的变化
3	肉眼观察不到变化，利用放大镜可观察烟雾颗粒减少很多	肉眼观察不到变化，利用放大镜可观察到烟雾颗粒稍微减少了一些	烟雾使瓶子十分模糊，没有变化
5	肉眼观察基本透明，用放大镜观察到极少量烟雾颗粒	用肉眼观察烟雾稍有减少，用放大镜观察到烟雾颗粒减少少许	利用放大镜可以看到，烟雾颗粒稍有变化
10	肉眼观察透明，用放大镜基本观察不到烟雾颗粒	肉眼观察有少量烟雾，利用放大镜观察到少量的烟雾颗粒	利用放大镜可以看到，烟雾颗粒明显减少了
15	瓶子透明	肉眼观察基本透明，利用放大镜观察到较少量的烟雾颗粒	利用放大镜可以看到，烟雾颗粒减少比较多，烟雾浓度降低
30	瓶子透明	肉眼观察很透明，用放大镜观察到少量的烟雾颗粒	肉眼可以看到烟雾有明显变化，瓶内变得清晰

表5-3　第二次再生活性炭纤维和活性炭的吸附烟实验

实验时间（分钟）	活性炭纤维	活性炭	空瓶子
1	肉眼观察不到变化，利用放大镜可观察到烟雾颗粒减少了一些	肉眼及放大镜观察不到烟雾颗粒的变化	烟雾没有较大的变化
3	肉眼观察烟雾稍有减少，利用放大镜可观察烟雾颗粒减少速度加快，减少较多	肉眼观察不到变化，利用放大镜可观察到烟雾颗粒稍微减少了一些	烟雾使瓶子十分模糊，没有变化
5	肉眼观察基本透明，用放大镜观察到极少量烟雾颗粒	肉眼观察烟雾稍有减少，用放大镜观察到烟雾颗粒减少少许	利用放大镜可以看到，烟雾颗粒稍有相对明显的变化
10	肉眼观察透明，用放大镜基本观察不到烟雾颗粒	肉眼观察烟雾稍有减少，利用放大镜观察到烟雾颗粒不见减少	利用放大镜可以看到，烟雾颗粒明显减少
15	瓶子透明	肉眼观察烟雾稍有减少，利用放大镜观察到烟雾颗粒不见减少	利用放大镜可以看到，烟雾颗粒减少比较多，烟雾浓度降低
30	瓶子透明	肉眼观察基本透明，用放大镜观察到少量的烟雾颗粒	肉眼可以看到烟雾有明显变化，烟雾的浓度降低比较明显

（6）实验结果。

①活性炭纤维吸收烟雾的速度快，吸收的烟多。1分钟即开始吸收，在5分钟内可以将瓶子中的烟雾基本吸收，肉眼观察不到有烟雾存在，用

放大镜也观察不到空气中有较多烟雾颗粒存在。而对比吸收材料活性炭，3分钟才观察到有吸收，10分钟后吸收即停止，此时观察到还有少量烟雾存在，即用活性炭是不可能将烟雾彻底吸收干净的。

②再生一次后，活性炭纤维和活性炭的吸收速度和吸收烟雾质量基本不变，不过活性炭还是不能彻底吸收烟雾。

③再生二次后，活性炭纤维的吸收速度和吸收量基本保持不变，而活性碳的吸收速度和吸收量都有明显下降，5分钟后，活性炭基本不再吸收烟雾，而且残留在空气中的烟雾还相当大。

（7）结论。

①活性炭纤维用作烟雾的吸收剂，在吸收速度及吸收量上都优于广泛应用的活性炭，能在极短时间内彻底吸收空气中的香烟烟雾，在相对封闭的空间内效果明显。

②活性炭纤维和活性炭虽然都能再生利用，但活性炭在第二次再生后便大大降低了对香烟烟雾的吸收量，而活性炭纤维经二次再生利用，它的吸收速度和吸收烟雾量基本不变，最终能将空气中的烟雾全部吸收。一次投入，反复应用，可以节省开支。

③活性炭纤维最终失效后可采用焚烧方法处理，由于它的主要成分是碳，焚烧后仅产生二氧化碳，不会产生对人体有害的物质，所以是一种环保产品。

④在我们的生活中，有许多地方的空气质量非常不好，电梯、汽车、餐厅包间及地下车库等相对封闭的地方，烟雾不易释放出去，如果长时间呼吸这些有害气体，将对身体产生极大的危害。倘若我可以把我的想法变成现实，那么就可以让大家免受有毒气体的伤害了。

（8）收获和体会。

经过这次科学实验，我有许多的收获和体会。

①在我实验的过程中，需要很多烟雾，但是因为我对烟味非常厌恶，所以有好几次想要放弃。但是在妈妈的不断鼓励下，我终于坚持了下来。我从这次科学实验中明白了坚持就是胜利的道理。

②在这次科学实验中，我领会到了中国科学院科学家做事认真、细致的态度。我立志成一名科学家，下定决心，今后做任何事都要像他们一样，保持严谨的态度。

③在此次实验中，为获得更多、更详细的数据，从对竹炭（因效果不明显而放弃）、活性炭和活性炭纤维材料的收集，到寻找适宜的材料、实验地点及查阅资料，我投入了大量时间、精力。为了坐在汽车里做烟的吸附实验，把家里的汽车搞得满是烟味。但通过这些实验，我提高了动手能力和解决问题的能力，同时我也深刻体会到，做事一定要有不怕吃苦、持之以恒的精神。

个案4 我和微观世界①

小时候，我经常在奶奶家，那里的田间山林，是我儿时的乐园。春天挖笋、摘枇杷，秋天采橘子，自然是我最亲密的伙伴。我深深地被大自然的壮丽和神秘吸引，每一次与自然的亲密接触，都给我带来无尽的快乐，而我也产生了许多关于生命体的问题，比如，为什么其他动物跟我们的差别很大？为什么我和自己的爸爸妈妈长得很像？我们身体的器官那么复杂，是如何长出来的呢？带着这些问题，我走进了细胞魔方，这里有4台大型台式显微镜，100种不同植物、动物、人体器官的切片，还有丰富的实验用品。感谢学校多层次的科学课程和孙老师每节课给我们的展示讲解，让我得到了许多问题的答案。我和同伴一同动手实践，用显微镜观察了许多种类的细胞，并且自己动手做临时装片，我对生物的好奇心逐渐被点燃，也拓展了一些关于生命的知识。

五年级时我参加了学校微观世界的社团，下面是我的学习收获。

（1）生命是什么。

首先，我们认识了生命是什么，知道了生物的一些特征：生长发育、繁殖、需要的食物、能够呼吸等，并且知道生命体的基本单位是细胞。

（2）发现细胞城。

我知道了显微镜的发展历史：安东尼·范·列文虎克是现代显微镜的奠基者，也是微生物的发现者。学习使用显微镜，先从了解它开始，小型台式显微镜由目镜、物镜、载物台、压片夹、镜柱、镜臂、镜座、反光镜、细准焦螺旋和粗准焦螺旋构成。我们在老师的指导下观察标本，练习

---

① 此案例来自中关村第一小学五（11）班舒谟奇。

使用显微镜，接着制作临时洋葱鳞片内表皮切片。为了让我们学会制作植物临时装片，老师拿来了一个洋葱块进行示范，过程可以大致分为六步：擦、滴、撕、展、盖、染。先用纱布把载玻片擦干净，再在载玻片的中间滴一滴清水，用镊子从洋葱里边撕下薄薄的透明膜，在水中展开，拿出一个盖玻片，轻轻将盖玻片的一端接触到水面，手慢慢地放下，使盖玻片与标本完全贴合，如果有气泡可以用手轻轻地压盖玻片，把其压出去。最后一步是滴一滴碘酒到盖玻片的一端，然后用吸水纸从对面吸，待碘液慢慢地把盖玻片覆盖了，我们的标本就染色成功了。放到显微镜下观察会发现有很多平行四边形框，框中都套着小黑点（见图5-19、图5-20）。

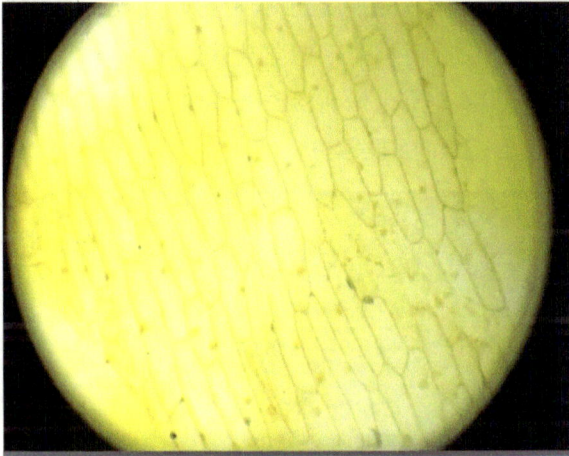

图5-19　洋葱鳞片叶内表皮细胞临时装片

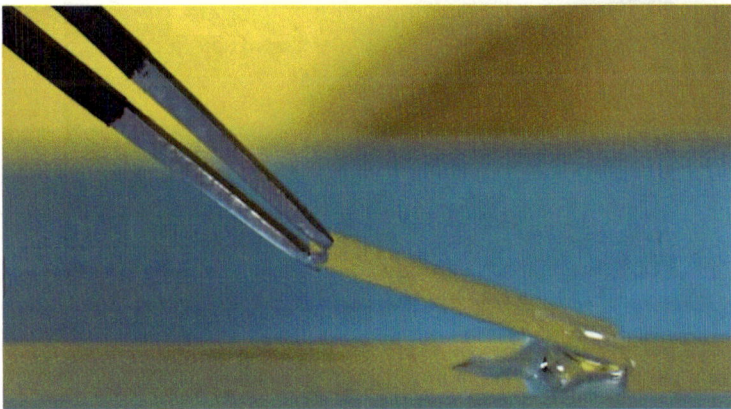

图5-20　盖盖玻片操作

（3）来到细胞城。

在老师的指导下，我学习了植物细胞的结构：细胞壁、液泡、细胞质、叶绿体、内质网、高尔基体、核糖体、线粒体、溶酶体和细胞核。接下来，我们开始制作口腔上皮细胞临时装片，进一步学习动物细胞的结构，并知道如何提取标本。

通过比较我们知道，植物细胞有细胞壁和能进行光合作用的叶绿体，而动物细胞只有相对薄的细胞膜。

生物体的生长是因为细胞变大或变多。细胞以分裂的方式来增加数量。老师给我们播放293T细胞在白光下的形态视频。视频中，把一组293T细胞进行正常培养；另一组细胞用乙醛处理，并加入台盼蓝染色液，放入培养箱培育一段时间，之后制作玻片，用高倍镜观察，发现死亡的细胞被染成蓝色并且膨大无光泽，活细胞不仅没着色，还保持正常状态，而且有光泽（见图5-21、图5-22）。

图5-21　自制土壤标本

图 5-22　自制小爬虫标本

（4）细胞城历险记。

课上老师为我们演示一个关于植物生长的实验：把 8 棵麦苗分成 4 组，每组两棵。我们发现，在阳光下浇水的麦苗正常生长，在暗盒中浇水的麦苗生长得很慢，在阳光下不浇水的麦苗枯死了，在阳光下浇水也浇酒精的麦苗枯萎了。这组实验说明，充足的阳光和水分是植物正常生长的关键要素，同时，酒精对植物生长具有明显的损害作用。

这节课结束后老师为每两位同学发一份小番茄的种植盒，里边有营养土、番茄种子和两个铲土修理工具。我先带回家开始种植。当我按说明把种子一颗颗撒在营养土上的时候，心里有些怀疑，真的能长出秧苗吗？然而不到一周，有两个绿色的小嫩芽从土里钻了出来，它们长得还有点歪，身上沾着土，上边有两片叶片。我拍照片发给同伴。接下来的几天，陆陆续续一共长出了 12 棵番茄苗（见图 5-23）。万物有灵，这一刻，我感受到了生命的力量！

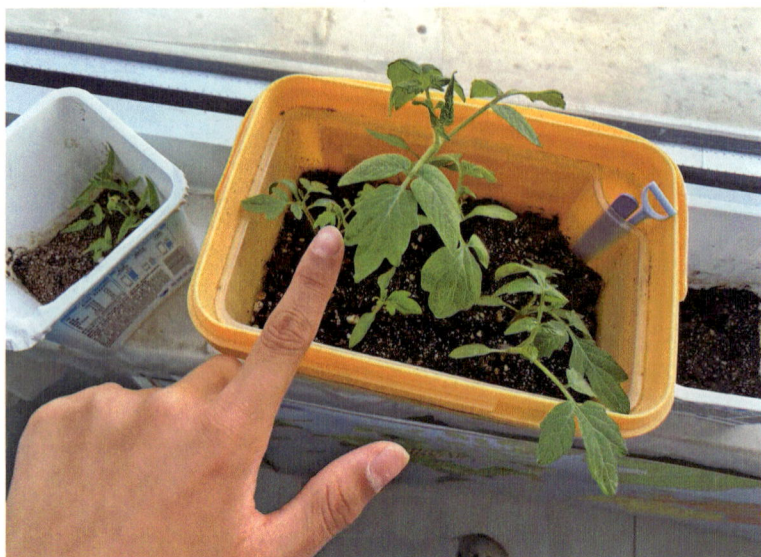

图 5-23　培育小番茄

（5）细胞城与人体王国。

老师带领我们了解人体器官和它们的作用：心脏可维持血液循环；肝脏具有解毒、合成营养物质的功能；肾脏能够净化血液、形成尿液；肺脏维持人体的呼吸功能。

（6）细胞病毒大作战。

我们了解了各种病毒和细胞之间的战斗，知道入侵的病毒叫外源病原体，帮我们抵御它们的是免疫系统。通过学习《细胞总动员》绘本，我了解了免疫系统的各种细胞和它们的作用，比如巨噬细胞是通过把病毒吃掉来消灭它们的，NK 细胞抵御病毒感染，中性粒细胞是吃病毒的（见图 5-24）。还知道我们发烧是因为病原体和免疫系统战斗。此外，我还认识了人体的多种细胞，如干细胞、骨细胞、血液细胞、肌肉细胞、脂肪细胞、皮肤细胞、神经细胞……

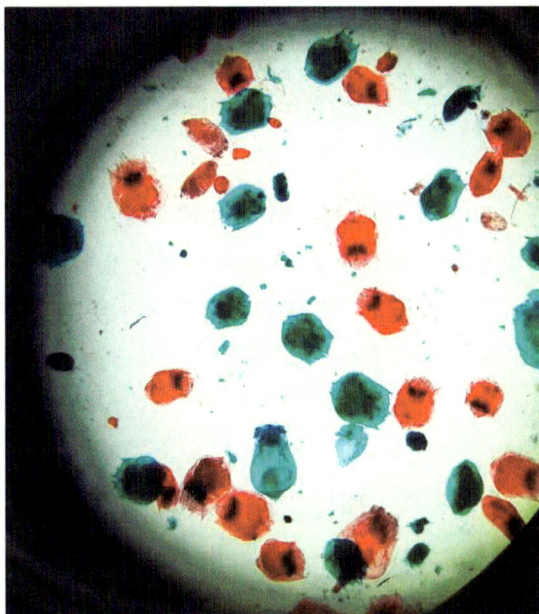

图 5-24　细菌标本（红绿灯）

（7）生命的种子。

我们把未拆封的塑料棒伸进超净台，打开包装，拿出塑料棍，这样做的目的是避免它被空气中的其他物质污染。接着用塑料棒的一端蘸一点酵母菌，在固体预混培养基上作画，之后我们放到生物培养箱里培养三天，老师帮我们把培养好的酵母菌放在冰箱里保存，下一周上课时大家欣赏到了"奇妙的作品"。

我们认识干细胞并做了涡虫再生实验，知道了有些动物，例如斑马鱼、蝾螈、壁虎，都具有很强的再生能力，这得益于它们体内丰富的干细胞以及相关再生调控机制。而衰老与干细胞减少存在密切关系。

老师把装有一半水和三只涡虫的培养皿发放给大家，每人一份。我们戴上实验室手套，用手术刀将涡虫横着切成三份，进行观察。我们发现，每段涡虫都往培养皿的壁上游。我取出一份，把它做成一个临时装片进行观察，发现刚被切开的涡虫与没被切涡虫的形态是一样的，都是弯曲的。我将涡虫带回家继续观察，发现第二天涡虫长出了黑色的小眼睛，第五天它的身体明显变长了，第七天它基本恢复了原来的形态。老师说因为涡虫的干细胞很多，且再生相关基因易于表达，所以再生能力很强。

老师又给我们讲了干细胞的作用：干细胞可以帮助我们恢复伤口，比如你把皮肤划破了，血液中的血小板会帮助你把血液凝固，干细胞可以帮助恢复伤口。

【学生感言】

生命是美丽而值得探索的，微观世界的学习让我更加了解生命、敬畏生命，并把从生命世界感受到的美好运用于生活和学习中。"纸上得来终觉浅，绝知此事要躬行。"感谢中关村第一小学丰富多彩的科学和科技类活动，培养了我的学科素养、开拓了我的科学视野、提升了我的动手能力，让我收获满满！

个案 5　科技之苗　兴趣之路[①]

在中关村第一小学的学习历程中，我积极参加学校各项科技活动，一路上得到老师们的精心指导与帮助，科研兴趣在细雨润物中不断生根、萌芽、开花、结果……

（1）生根——班级活动的科技兴趣探索之旅。

从刚入葵园的一年级开始，班主任苏晓艳老师便组织开展了多期形式活泼、内容丰富的"家长课堂"（见图 5-25），主题包括"从抓娃娃机看统计学奥秘""显微镜下的微观世界""'电'小二趣谈"等，涵盖多个学科领域，为我和同学们开启了多扇科技之窗，让科研探索的兴趣种子在懵懂孩童的心中不断生根。我在帮助爸爸和妈妈进行家长课堂的备课过程中，亲身示范，做起了科研小帮手，近距离感受了科技的魅力。例如，妈妈在讲解电的有关知识时，我用家里的电路实验装置配合搭建了串联、并联线路，并且用滑动变阻器演示和讲解小灯泡亮度的变化过程，这些参与讲解示范经历，让我从小就融入科技活动中，并且不断学习如何在自己理解的基础上，把知识清晰地讲解给他人。

---

① 此案例来自中关村第一小学 2024 届 14 班冯煜尧。

图 5-25　参与"家长课堂"的动手实验

（2）萌芽——校园节日的科技兴趣传承之旅。

进入到三年级后，中关村第一小学的科技节、飞行节等特色活动开展得如火如荼（见图 5-26）。我和同学们积极参加划船赛、做花车、小屋闯关游戏等活动，在每年不同主题的科技节中感受粮食节约、深空探索、海洋环保等特色内容，在查阅资料和动手制作的过程中增长了知识，开阔了眼界。此外，对于飞行迷的我来说，每年的飞行节都是我翘首期盼的盛会。三年级的飞行节，我将废弃的卫生纸筒再利用，在张清玉老师的指导下制作了节能版商用飞机模型，并且撰写了藏头诗，有幸成为学生代表之一赴怀柔校区体验虚拟现实的飞行模拟驾驶。后续年级的飞行节我录制了隐形飞机设计讲解视频，绘制解说了自创的 AI 智能飞行器（见图 5-27），在张冬雪等老师的指导下获得了飞行节活动的定制版徽章。回顾小学时光，每年的飞行节徽章我都一个不落地获取并珍藏起来，让兴趣之苗在中关村第一小学的传统科技活动中不断萌芽。

图 5-26 参加中关村第一小学飞行节活动

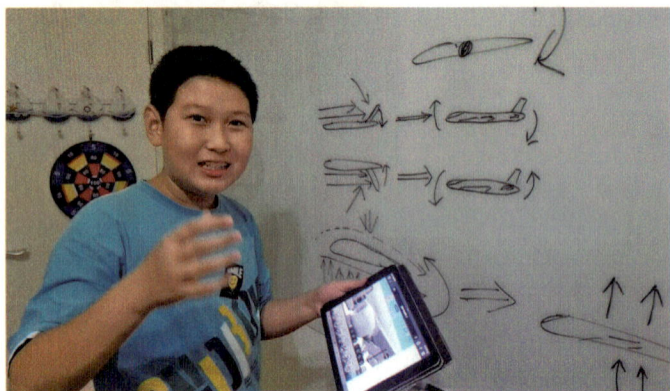

图 5-27 飞行迷正在讲解飞机构造原理

（3）开花——项目比赛的科技兴趣践行之旅。

升入高年级后，我在代立超老师的指导下接连参加了小院士比赛、青少年科技创新大赛、金鹏科技论坛等活动。每个项目对于我来说都是一次全面的科研实践探索，我将以前的小创意小蓝图通过系统性的调查研究和实验分析进行全盘设计梳理，这对于我来说既是压力也是挑战。代立超老师耐心地指导我每个比赛的选题构思、研究方法、呈现方式，对于我入门正式研究的项目给予了全面的帮助。在青少年科技创新大赛和金鹏科技论坛中，我结合疫情期间点外卖发现的多送餐具的问题，开展调查研究。通过前期网上查阅资料、中期线上线下调研走访（见图 5-28），后期实验检测建议效果等环节，系统性地运用了学习到的各种研究方法。在科研的各项活动中，我不断成长蜕变，让科技兴趣绽放出践行之花。

图 5-28 进行金鹏项目的调查研究

（4）结果——成果展示的科技兴趣感悟之旅。

在小学毕业之前，我有幸获得了金鹏科技论坛的北京市一等奖和专项奖，获得了青创赛和小院士活动三等奖。在代立超老师的带队指导下，我不仅在北京学生科技节活动中展示了获奖项目，还将研究内容完善成为毕业汇报成果。同时，我带动班级小伙伴们一起开展环保的宣传推广，在参加联合国日内瓦总部的可持续发展活动中进行介绍分享（见图5-29）。这些成果的展示让我深刻感受到，科技研究不应仅仅停留在成果的撰写上，更需要广泛的宣传推广以及实践应用，这样才能避免成果成为束之高阁的文档，从而真正为社会大众谋利造福。在展示成果的过程中，我也观摩学习了其他获奖同学的优秀作品，在思想的碰撞中进一步激发科研的灵感和学习的热情。我在与小伙伴们切磋请教的过程中了解到了很多自己以前没有接触过的领域和方向，也为今后的科研之路打开了全新视野。

图 5-29 进行获奖项目的北京市活动分享

六年小学生涯，我像一颗葵花种子，在葵园吸收着阳光雨露，历经生根、萌芽、开花、结果，茁壮成长。中关村第一小学的宝贵学习探究经历也将伴随我在未来的研究之路中继续坚持观察思考、创新突破、造福社会。让"科学启智，教育立身"激励着我成长为最好的自己，在挑战中不断成长，在探索中不断突破。

【学生感言】

在中关村第一小学的学习生活，培养了我对于科学探索的浓厚兴趣。在老师们的指导下，我和小伙伴们组建团队进行飞行设计展示，和班级成员合作开展项目活动……这些经历为我的小学生涯留下了难忘的回忆，也成为我成长路上宝贵的财富。

【家长感言】

小学六年的中关村第一小学学习生涯，为孩子们科研兴趣的培养、科技前沿的学习、科学未知的探索打下了良好的基础。不论是市内、学校还是班级的各种活动，中关村第一小学都积极鼓励孩子们参加，并且广泛吸收各类资源为孩子们营造良好的科研氛围，激发研究探索的兴趣。衷心感谢中关村第一小学的栽培，衷心感谢老师们的教导，让孩子们在学习中快乐成长，在研究中成就自我。

个案6 科技翱翔，创新无界——笃学求索绽芳华 [①]

我是中关村第一小学的一名学生，在学校科学教育的熏陶下，我在科学研究、科技创新方面取得了显著的成长。学校科学教育在我成长过程中发挥着举足轻重的作用，不仅丰富了我的科学知识储备，培养了我严谨的科学态度和实践能力，更为重要的是教授了我科学研究的方法论，鼓励我开拓想象的边界，支持我在创新的道路不断探索。

科学是一门包罗万象的学科，中关村第一小学的科学课程设计循序渐进又充满趣味，别具匠心地将多元化的教育目标包含在不同年级的课程中，润物细无声地滋养着我们的求知欲和好奇心。在低年级，课程主要侧

_____

① 此案例来自中关村第一小学 2019 级六年级（8）班袁瑜辰。

重于引导我们认识并理解世界，点燃我们的探索热情。课程往往以我们日常生活中的常见事物和现象为切入点，如太阳、月相变化、天气模式、各种材料的性质以及植物的生长等，鼓励我们自主提问，并学习观察、分析、推理以及归纳总结的方法。在这一过程中，我逐渐学会了如何在生活中发现自然规律，对自然现象提出自己的见解，并对未知的部分学会借助人类已有的知识进行解读。随着年级的升高，课程内容则更加注重培育我们的科学思维与问题解决能力，同时激发我们的创新精神。科学研究的一个重要方向是利用科学知识来应对人类所面临的实际挑战。我在学习中逐渐掌握了以理性的态度去发现问题、剖析问题，并运用科学知识寻求解决方案。我不仅常有奇思妙想，更勇于将这些想法付诸实践，希望通过自己的创新为世界的进步贡献力量。

中关村第一小学的科学课程具备一个鲜明特色，那就是注重实践，以实验为基石，从实际操作中引出理论知识。举例来说，为了让我们直观理解不同形状的高密度材质在水中如何产生更大的浮力，老师精心设计了一个实验。该实验要求我们分别利用橡皮泥和锡纸制作小船，并探索何种船形能够承载更大的重量。通过亲自动手实验，我不仅掌握了制作小船的技巧，还深入理解了浮力的原理。在此基础上，我尝试不断增加船的底面积，以优化浮力效果。值得一提的是，老师强调了在相同条件下至少重复实验三次的重要性，这不仅教会了学生们实验的复现性，也加深了我们对科学实验严谨性的认识。我对多次实验的结果进行了详细统计，甚至进一步探索了基础的统计学知识，这一经历无疑极大地丰富了我的学习体验。

而有些需要较长时间进行的实验是以家庭作业的形式布置给学生的，比如有一项家庭作业是要求学生们通过精心设置不同的实验条件，来深入探究阳光、水分、土壤等因素对种子发芽的影响以及哪些因素是必要条件。我兴致勃勃地接受了这项挑战。回到家中，我有条不紊地准备了多个实验组，并严谨地控制了实验中的各种变量，以确保实验结果的准确性。在持续的实验观察中，我一丝不苟地记录和对比了各项数据，最终发现不同的种子发芽所需的必要条件并不相同，光照、土壤、氧气对于有些种子发芽来说并非必要条件，但是对于绝大多数种子来说，水分都是发芽的必要条件。这次实验让我深刻感受到了科学研究的严谨与趣味,在实验过程中,我全神贯注地追踪着每一个数据的细微变化,在观察种子从静默无声到破土而出的过程中,我感受到了生命的奇妙和自然的伟大。每一次数据的变化,每一次种子的发芽,都给我带来了惊喜和成就感。

学校的科学课程不仅传授了知识,更在我的心中播下了探索与创新的种子,帮助我锤炼出敏锐的洞察力和出色的解决问题能力。我不断进行科学探索,运用科技为我在日常生活中碰到的问题提供创新型解决方案。例如,在五年级的科学课上,对生态系统和生态链的深入探究让我深刻理解到维护生态平衡的紧迫性以及保护环境的责任。特别是水资源的珍贵性,在我心中占据了举足轻重的地位。我意识到,水不仅是生命的源泉,更是维系整个生态系统稳定的关键因素。然而,在生活中,我注意到市政和小区绿化所采用的传统灌溉方式存在明显缺陷——无法精确掌控水量和灌溉范围,这不可避免地导致了水资源的严重浪费。为了解决这一问题,我设计并制作了一款基于计算机视觉的人工智能绿化喷洒车,旨在通过技术创新提升水资源利用效率,并推动节水型社会的构建。通过集成精准灌溉与智能化操作技术,打破传统灌溉方式中水资源浪费和分配不均的局限,为城市绿化、农业及园艺等领域提供全新的解决方案。该人工智能绿化喷洒车采用计算视觉技术,拥有先进的实时监测和智能控制功能,能够实时捕捉树木的位置和生长状态,并根据这些信息智能调整水泵的喷射方向和水量。这确保了每一滴水都能精准地滋润到植物,不仅提高了灌溉效果,也显著减少了水资源浪费。该作品由8个部分组成,主要包括:控制与处理系统(行空板)、人工智能计算视觉系统、寻线传感器系统、北斗定位系统、云台控制模块、水路系统、动力与移动系统、用户界面与显示系统。主要采用的技术包括计算视觉和图像处理、自动跟踪喷洒、智能路径规划、水量控制、作业记录与数据分析等。这个创新发明能够优化水资源利用、减少能源消耗,为绿色、智能的城市发展提供了新思路(见图5-30、图5-31)。

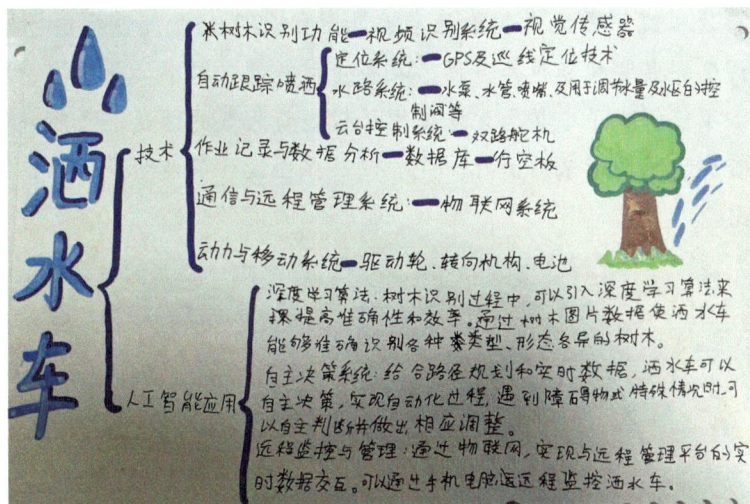

图 5-30 手绘设计思路思维导图

图 5-31 基于计算视觉的人工智能绿化喷洒车

运用科学技术创新的道路不是一蹴而就的，而是积跬步以至千里。在更早的时候，我便开始了在科技创新领域的探索与尝试。四年级的时候，我发现大部分中低年级的小学生没有手机，无法使用手机 APP 来了解天气预报。即便是拥有手机的人，也常在匆忙出门前忘记查看天气，从而遭遇诸多不便。为了解决这一难题，我与好友共同研发了一款名为"小学生提醒式气象管家"的创新工具。该发明融合了主动提醒功能和精准天气监测技术，采用多种先进传感器和相匹配的算法，实时准确地监测天气信息。针对天气变化主动发出提醒警报，并实现了与家门的互联，确保在用户出门时再次提醒。提醒式气象管家（见图5-32）的检测和提醒功能包括雨滴、湿度、温度和雾霾等方面，具备主动提醒、精准天气监测、家门互联功能，不仅解决了小学生无法使用手机查看天气的问题，还能有效防止因忘记查询天气而带来的困扰。此外，其界面设计简洁明了，非常便于小学生使用。

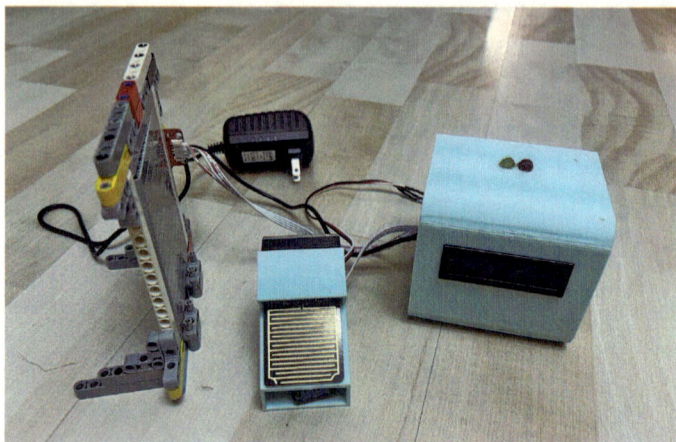

图5-32　小学生提醒式气象管家

　　科学发展与技术创新相辅相成，而计算机技术既是科学研究的杰出成果，也是推动科学研究不可或缺的工具。中关村第一小学特别开设的计算机课程和编程社团，为我提供了一个难得的学习与成长的平台。在这里，我进一步夯实了编程语法基础，强化了逻辑思维能力。我自一年级起便踏入了编程的世界，从直观的图形化编程起步，逐步深入到Python，再进阶到复杂的C++。在这一过程中，我不仅跨越了从具体到抽象的思维鸿沟，还领略了逻辑从简洁到深奥的演变。在探索机器语言的奥秘中，我深刻体会到了数学与科学的交融之美。

　　科技创新路漫漫其修远兮，科技将不断拓展想象的疆界。中关村第一小学的科学教育所播下的种子，是我开始不断求索的原点，我也将在笃学求索中绽放自己的芳华。

　　【学生感言】

　　从小，我就对世界如何运转以及为何如此运转怀有浓厚的好奇心。来到中关村第一小学后，这里的科学课程仿佛洞察了我的内心疑惑，它不仅教授我探究世界真相和原理的方法，更激发了我进一步思考如何运用科学技术优化世界的运行。尽管我知道，我们对世界的认知是基于前人一代代的探索，而到目前为止的所有探索都是有限的，所谓生也有涯然学也无涯，不管是前人还是我辈，都只是在努力地不断接近真相和真理。但如果能小小地拓展人类知识的边界，那也将产生巨大的意义。我喜欢科学课上老师用有趣的方法抛出问题并让我们通过观察和实验来寻求自己的答案；我喜欢和同学们共同合作制作科技节的作品；我喜欢学习机器语言和人工智能的工具，因为它们能帮助我走得更远；我喜欢自己提出问题并创造解决方案，这种自主性和创造性让我感受到了学习的真谛。我喜欢在中关村第一小学的学习经历，这段时光不仅丰富了我的知识库，更塑造了我勇于挑战、不断创新的精神。我将携带着这些宝贵的经验和技能，勇往直前，去冲击人类知识的边界，去创造更多的可能。

【家长感言】

重视科学教育是中关村第一小学的核心特色，这一点深深刻印在学校的基因之中。学校通过精心设置的科学课程、课后实验安排、丰富多彩的社团活动、年度科技节与飞行节，以及行业专家精彩纷呈的讲堂，为学生们提供了多层面、多形态的学习和实践的机会。这种教育方式鼓励孩子好奇求知、质疑求真、创新求解，使孩子将求知与践行结合起来。在这个过程中，我们陪伴着孩子成长，见证了她在家庭实验设计中的有条不紊，面对问题时的深入思索，进行调研时的严谨态度，以及在制作发明和创新作品时展现出的兴奋与执着。我们衷心感谢这一路上的汗水和收获，更感谢中关村第一小学为孩子们提供的支持与引导。正是这样的教育环境，让孩子们的科学素养得到了全面提升，为他们的未来发展奠定了坚实基础。

后记：科学教育加法展望

　　"科学精神和创新意识的培育"是一项系统工程，需从小学阶段抓起，贯穿大、中、小学各教育阶段，立足于学生终身发展的宏观视角，整体构建课程建设体系。这一体系旨在引导学生从科学乐趣中萌芽兴趣，进而深化为志趣，最终转化为专业特长，乃至升华至科学精神和创新意识的高度。

　　展望未来，科学教育工作的深化需聚焦于几个关键生长点：首先，需进一步优化完善科学教育课程体系，确保课程内容紧密贴合学生生活实际，及时反映社会与科技的最新进展，以满足学生多元化发展的需求；其次，完善学生科学教育评价机制，充分发挥评价在激发潜能、彰显个性、培育创造性等方面的导向作用，构建一个能够真实反映学生科学素养提升情况的评价体系；再次，加强教师队伍建设，秉持"强教必先强师"的理念，着力提升教师的创新能力，打造一支师德高尚、业务精湛、结构合理、充满活力的专业化教师队伍，以更好地服务于学生的全面发展；最后，进一步强化数字赋能，积极探索科学教育实施的新路径，开辟教育发展的新赛道，塑造教育发展的新优势，通过数字化手段提升学生个性化学习能力，培养其终身学习的良好习惯。我们矢志不渝地引导学生"崇尚科学、热爱科学、创造性应用科学"，积极厚植"躬耕教坛、强国有我"的志向和抱负，在激发儿童科学兴趣和科学精神的道路上，我们将不懈奋斗、勇于担当，为培养具备科学素养的高质量社会主义建设者和接班人奠定坚实基础。